INGLÉS *para* LATINOS

Nivel Dos

William C. Harvey, M.S.

BARRON'S

EL CONTENIDO

Introduction [introdákchon]
(Presentación)

Hi, Friend! [jái, fren]
(¡Hola, amigo!)

¡Bienvenido al segundo nivel de *Inglés para Latinos*! Cuando escribí el primer nivel de mi libro, nunca imaginé que mi exclusivo método para el aprendizaje de un idioma extranjero tendría una acogida tan increíble. En lugar de métodos y lecciones tradicionales, mi libro con casetes ofreció una variedad de sugerencias prácticas y fáciles de seguir para una comunicación exitosa. Este concepto ha tenido gran éxito, demostrado por la enorme demanda que ahora existe por un nuevo libro que continúe por el mismo camino.

Inglés para Latinos, Nivel Dos, ha sido creado para los estudiantes del idioma inglés que están listos para "viajar" más allá de los conocimientos básicos. Si tú puedes entender un poco de inglés y contestar con unas cuantas palabras, entonces este es el programa perfecto para ti.

Con la ayuda de atajos y pequeños consejos, en muy poco tiempo podrás comunicarte en inglés en un nivel superior y mucho más interesante. Como viajeros del espacio, nos aventuraremos de un "planeta" a otro, adquiriendo el nivel intermedio y avanzado a lo largo del camino. ¡Todos a bordo!

Your teacher, [iór tícher]

Bill

Ready to Go? [rédi tu gou]
(¿Listo para irte?)

Antes de comenzar tu viaje a territorios poco familiares, asegúrate de estar bien equipado. Hay mucho que debes repasar, así que toma tu tiempo con los siguientes párrafos. Están llenos de importante información que necesitarás para progresar y tener éxito.

- **¡Escucha inglés continuamente!**
  Escucha regularmente a personas que hablan inglés con fluidez y tanto tu gramática como tu pronunciación mejorarán. Escucha estaciones de radio o música en cintas o discos compactos en inglés. También mira televisión o películas de video en ese idioma. Crea tu propia manera de aprender inglés sin necesidad de tener que gastar mucho dinero.

- **¡Usa el inglés que ya conoces!**
  Di en voz alta palabras y frases en inglés que te sean familiares. Gradualmente, experimenta con el nuevo vocabulario y las formas verbales que aparecen en este libro, pero no te esfuerces en hablar con fluidez. Debes adquirir primero un poco de confianza antes de seguir adelante, así que agrega nueva información a lo que ya conoces sólo cuando te sientas listo para hacerlo.

- **¡Entérate de las diferencias culturales entre hispanos e ingleses!**
  La comunicación en cualquier idioma incluye mucho más que la palabra hablada. El lenguaje del cuerpo, incluyendo los gestos con las manos y las expresiones del rostro, dicen mucho en países de todo el mundo. Infórmate sobre los mensajes no hablados que los norteamericanos usan entre ellos. Mientras te encuentras haciendo esto, averigua también acerca de las costumbres y las tradiciones de este país. Aprende más sobre la cultura de los Estados Unidos y tu habilidad de comunicarte en el idioma inglés mejorará drásticamente.

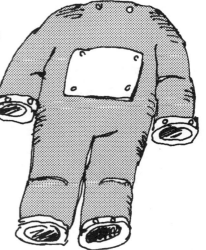

- **¡Siempre relájate y tómalo como una diversión!**

  Estudia y practica el inglés a tu propio ritmo. Ser fluido en un nuevo idioma toma tiempo, así que planea entretenerte tan seguido como puedas. ¡Tómalo con calma! Acuérdate que la persona de habla inglesa con la cual estás tratando de comunicarte está probablemente teniendo tanta dificultad como tú. Mantente alegre, ten confianza en ti mismo y todo lo que aprendas, de una manera u otra, comenzará a tener sentido.

- **¡Practica, practica y practica!**

  Júntate con gente que habla bien el inglés y trata de practicar tus nuevos conocimientos del idioma lo más seguido que puedas. Practicar entre dos personas es óptimo. No olvides, eso sí, que toda práctica debe ocurrir en un ambiente donde te sientas cómodo. Obviamente, mientras más leas, escribas, hables o escuches el inglés, más perito te volverás. La perfección siempre llega con la práctica.

- **Sigue estos atajos que te llevarán a una comunicación exitosa:**

  —Sé amigable y usa todas las expresiones de cortesía que conoces. ¡Las personas con personalidades agradables tienden a comunicarse mejor!

  —Cuando escuches inglés, trata de reconocer las palabras que suenan como su equivalente en español.

  —Muestra tu comprensión a los que te hablan, apuntando, moviéndote o tocando cosas.

  —Repite varias veces palabras o frases nuevas antes de tratar de emplearlas con el público.

  —Durante conversaciones, haz preguntas a menudo y no te des por vencido cuando te confundas.

- **Más sugerencias antes de comenzar:**

  —Si no puedes recordar alguna palabra, trata otra manera de expresarte.

  —Como con cualquier otro idioma, el inglés está lleno de expresiones idiomáticas informales. La gente normalmente emplea jerga, así que es una buena idea preguntar sobre las palabras o frases que no entiendas.

  —Deja que otros te corrijan. Los errores son normales y, en realidad, éstos te ayudan a aprender más rápido.

  —Los dialectos pueden variar, así que no te desanimes cuando ciertas palabras o sonidos no te parezcan familiares.

How to Use This Book
[jáo tu iús dis buc]
(Cómo usar este libro)

Inglés para Latinos, Nivel Dos, está dividido en ocho capítulos. Cada capítulo explora un campo de las conjugaciones verbales y terminología útil. Como los verbos forman una parte integral en el desarrollo del idioma, encontrarás una lista extensa de éstos al final del libro. De este modo, podrás encontrar rápidamente cualquier verbo que no puedas entender. Para encontrar cualquier otra palabra, usa el glosario inglés-español o español-inglés.

Este libro también te ofrece numerosos segmentos especializados, los cuales se encuentran a lo largo del texto. No pases de largo ese material: todo lo que leas es importante y te ayudará a acelerar el aprendizaje. Aquí están esos segmentos:

Advice! [adváis]
¡Consejos!

(Detalles del lenguaje que se te pueden pasar)

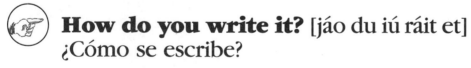

How do you write it? [jáo du iú ráit et]
¿Cómo se escribe?

(Ideas para escribir inglés correctamente)

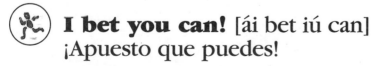

I bet you can! [ái bet iú can]
¡Apuesto que puedes!

(Ejercicios de práctica. Guíate por los números de los ejercicios para encontrar las respuestas al final del libro)

ATENCION
LAS GUIAS DE PRONUNCIACION EN ESTE LIBRO NO SON EXACTAS, ASI QUE TENDRAS QUE PRACTICAR CADA UNA DE ELLAS CON UNA PERSONA DE HABLA INGLESA. TAMBIEN HAY MUCHA TERMINOLOGIA GRAMATICAL, LA CUAL PUEDE REQUERIR CONSULTA DE UN LIBRO DE GRAMATICA.

 Grammar! [grámar]
¡La gramática!

(Sugerencias en el uso de la gramática inglesa)

 How do you pronounce it?
[jáo du iú pronáuns et]
¿Cómo se pronuncia?

(Secretos para la pronunciación del inglés)

1

CAPITULO *ONE* [uán]

The Great Review [de gréit riviú]

(El gran repaso)

Es cierto.

El nivel dos será muy difícil si tú no tienes idea acerca del nivel uno.

Yo espero que tú hayas aprendido todo lo que el programa original de *Inglés para Latinos* te ofreció, para que la siguiente información sea solamente un simple repaso. Pero si no lo has hecho no te preocupes, porque tiene remedio. Aquí tienes toda la información básica que necesitarás saber.

The English Alphabet
[de ínglech álfabet]
(El alfabeto inglés)

El alfabeto inglés es idéntico al español, pero no incluye las letras *ch, ll, ñ, rr*. En inglés, la mayoría de las letras del alfabeto se pronuncian casi igual que en español:

Letra Inglesa	Su Nombre en Inglés	Letra Inglesa	Su Nombre en Inglés
A	(éi)	N	(en)
B	(bi)	O	(óu)
C	(si)	P	(pi)
D	(di)	Q	(quiú)
E	(ii)	R	(ar)
F	(ef)	S	(es)
G	(lli)	T	(ti)
H	(éich)	U	(iú)
I	(ái)	V	(vi)
J	(lléi)	W	(dábol iú)
K	(quéi)	X	(ex)
L	(el)	Y	(uái)
M	(em)	Z	(tsi)

How do you write it?
(¿Cómo se escribe?)

Tómate unos momentos para repasar las letras del alfabeto. En el Nivel Dos, tú deberás saber cómo deletrear lo que estás tratando de decir. Los segmentos especiales titulados **How do you write it?** te proveerán todos los secretos que necesites. Por ahora, di cada letra en voz alta.

Advice!
(¡Consejos!)

- Esta frase es muy necesaria:

  | ¿Cómo se deletrea? | **How do you spell it?** [jáo du iú spel et] |
  | ¿Cómo se deletrea tu nombre en inglés? | **How do you spell your name in English?** [jáo du iú spel iór néim in ínglech] |

I bet you can!
(¡Apuesto que puedes!)

Pronuncia estas palabras comunes. Recuerda pronunciar en voz alta cada letra:

money [máni]	**telephone** [télefon]
baby [béibi]	**house** [jáus]
car [car]	**love** [lav]
yes [iés]	**please** [plis]
English [ínglech]	**beer** [bíer]
party [párti]	**thank you** [zenk iú]
O.K. [oquéi]	**friend** [frend]
book [buc]	**Santa Claus** [sánta clos]

How do you pronounce it?
(¿Cómo se pronuncia?)

En inglés, tienes que pronunciar cada parte de la palabra. Es decir, a veces será mejor que hables despacio. Acuérdate que la última letra de cada palabra es muy importante. Por ejemplo, **Ben** [ben] (Benjamín) y **Bend** [bend] (doblar) son muy diferentes.

My First Words [mái férst uórds]
(Mis primeras palabras)

Las letras forman palabras y, hacia donde estamos yendo, tú necesitarás saber muchas. Para principiantes, mira estos intercambios de palabras y saludos populares, y luego marca los que ya conoces:

¿Y usted?	**And you?** [and iú]
Con permiso	**Excuse me** [exquiús mi]
Buenas tardes	**Good afternoon** [gud áfternun]
Buenas noches	**Good evening** [gud ívnin]
Buenos días	**Good morning** [gud mórnin]
Adiós	**Good-bye** [gud bái]
Hola	**Hi** [jái]
¿Cómo está?	**How are you?** [jáo ar iú]
¡Qué tal!	**How's it going?** [jáos et góin]
Lo siento	**I'm sorry** [am sóri]
Me llamo...	**My name is...** [mái néim es]
¡Mucho gusto!	**Nice to meet you!** [náis tu mit iú]
¡Sin novedad!	**Nothing much!** [náding mach]
Por favor	**Please** [plis]
Igualmente	**Same to you** [séim tu iú]
Muchas gracias	**Thank you very much** [zenk iú véri mach]
Muy bien	**Very well** [véri uél]
¿Qué pasa?	**What's happening?** [uáts jápenin]
¿Cómo te llamas?	**What's your name?** [uáts iór néim]
De nada	**You're welcome** [iór uélcam]

 Advice!

- **Good night** también significa "Buenas noches".
- No encontrarás todas de las expresiones en inglés en esta guía.

Comienza tu propia lista especializada:

¡Muy bien!	**Great!** [gréit]
¡Más o menos!	**More or less!** [mor or les]
¿Puedo ayudarle?	**Can I help you?** [can ái jelp iú]
¡Ningún problema!	**No problem!** [no próblem]
¿Qué pasó?	**What's the matter?** [uáts de máter]
¿Quién habla?	**Who's calling?** [jus cólin]
¡Con razón!	**No wonder!** [no uónder]

¡Tanto mejor!	**All the better!** [ol de béter]
¡Por supuesto!	**Of course!** [of córs]
¡Buena idea!	**Good idea!** [gud aidía]
¿Verdad?	**Really?** [ríli]
¡Ojalá!	**I hope so!** [ái jop sóu]
¡Ya veo!	**I see!** [ái si]
¡Es cierto!	**That's for sure!** [dats for chur]
¡Me alegro!	**I'm so glad!** [am sóu glad]
¡Está bien!	**That's OK!** [dats oquéi]
¡Quizás!	**Maybe!** [méi bi]
¡Creo que sí!	**I think so!** [ái zinc sóu]
¡Yo tampoco!	**Me, neither!** [mi níder]
¡Lo que quieras!	**Whatever you want!** [uatéver iú uánt]
¡Yo también!	**Me, too!** [mi tu]
¡Cómo no!	**Why not!** [uái not]
¡De acuerdo!	**I agree!** [ái agrí]
¿Se puede?	**May I come in?** [méi ái cam in]
¡Pase!	**Go ahead!** [góu ajéd]
¡Depende!	**That depends!** [dat depénds]
¡Bien, gracias!	**Fine, thanks!** [fáin zenks]
¡Sí!	**Yeah!** [iéa]

- Pon tus expresiones en diálogos:

¿Se puede?	**May I come in?** [méi ái cam in]
¡Pase!	**Go ahead!** [góu ajéd]
Gracias	**Thanks.** [zenks]
De nada	**You're welcome.** [iór uélcom]

- Todos los idiomas contienen sinónimos, es decir, palabras que suenan distinto pero que tienen el mismo significado. Estos serán necesarios en este segundo nivel en inglés porque nuestras conversaciones serán más largas. Estudia estos ejemplos:

Mucho gusto Encantado A sus órdenes	**Nice to meet you** [náis tu mit iú]
Muchas gracias Mil gracias Muy amable	**Thanks a lot** [zenks a lat]
De nada No hay de qué Por nada	**You are welcome** [iú ar uélcam]

Look-alikes! [luç aláics]
(¡Las palabras afines!)

Una placentera sorpresa es que muchas de las palabras en inglés son idénticas a las palabras en español. Sin embargo, se pronuncian o acentúan de modo diferente. Practica estos ejemplos:

total [tótal]   **idea** [aidía]
chocolate [chócolat]   **natural** [náchural]
color [cólor]   **popular** [pápiular]
final [fáinal]   **terror** [téror]
hospital [jóspital]

Estas palabras no son escritas exactamente como el inglés, pero por su similaridad, tú podrás darte cuenta del significado:

intelligent [intélichent]   **university** [iunivérsiti]
interesting [ínteresting]   **impossible** [impásibol]
moment [móment]   **vocabulary** [vocábiulari]
plant [plant]   **dictionary** [díkchenari]
conversation [canverséichen]   **special** [spéchal]
television [televíchen]   **rapid** [rápid]

 # Advice!

• Aquí tienes un patrón que es muy bueno recordar. Tú podrás adivinar frecuentemente el significado de las palabras en inglés si te fijas en las últimas letras. Por ejemplo, las palabras terminadas en "ico" en español terminan en **ic** en inglés. Nota las siguientes terminaciones:

ico	**ic**
romántico	**romantic** [romántic]
oso	**ous**
delicioso	**delicious** [dilíchas]
ente	**ent**
diferente	**different** [díferent]
dad	**ty**
electricidad	**electricity** [electríciti]
ción	**tion**
construcción	**construction** [constrákchen]
rio	**ry**
necesario	**necessary** [nécesari]

dor	**tor**
elevador	**elevator** [elevéiter]
ismo	**ism**
turismo	**tourism** [turísm]

How do you pronounce it?

Lo que te va a gustar del inglés es que las palabras se dividen en par-tes o sílabas, tal como se hace en es-pa-ñol. Por lo tanto, para hablar como norteamericano, pon-las-par-tes-en-or-den:

En-glish-is-no-pro-blem-for-la-ti-nos.
[ínglech es no próblem for latínos]

Some Key Expressions [sam qui expréchons]
(Algunas expresiones claves)

Frecuentemente, la gente no hace más que conversar usando expre-siones cortas y amistosas. Así que, ¿por qué no hacer lo mismo en **English?**

¡Salud!	**Bless you!** [bles iú]
¡Felicitaciones!	**Congratulations!** [congrachuléichens]
¡Basta!	**Enough!** [ináf]
Me saluda a...	**Give my regards to...** [giv mái regárds tu]
¡Dios le bendiga!	**God bless you!** [god bles iú]
¡Buena suerte!	**Good luck!** [gud lac]
¡Feliz año nuevo!	**Happy New Year!** [jápi niú íer]
¡Que le vaya bien!	**Have a nice day!** [jav a náis déi]
¡Buen viaje!	**Have a nice trip!** [jav a náis trip]
¡Socorro!	**Help!** [jelp]
¡Vamos!	**Let's go!** [lets góu]
¡Feliz Navidad!	**Merry Christmas!** [méri crísmas]
¡Claro!	**Sure!** [chúar]
¡Bienvenidos!	**Welcome!** [uélcam]
¡Caramba!	**Wow!** [uáu]
¡Cúidate bien!	**Take it easy!** [téic et ísi]

Nota lo que está pasando acá. La palabra "que" tiene diferentes significados en inglés:

¡Que se mejore!	**Get well!** [get uél]
¡Que disfrute!	**Have a good time!** [jav a gud táim]
¡Qué triste!	**How sad!** [jáu sad]
¡Qué importa!	**So what!** [so uát]
¡Qué lástima!	**What a shame!** [uát a chéim]

 # Advice!

• Añade estas frases a tu lista de felicitaciones:

¡Feliz aniversario!	**Happy anniversary!** [jápi anivérseri]
¡Felices Pascuas!	**Happy Easter!** [jápi íster]
¡Felices fiestas!	**Happy holidays!** [jápi jólideis]

• Nota como, igual que en español, algunas frases en inglés hacen referencia al nombre de Dios. Pronuncia estas frases con la misma inspiración usada en español:

¡Si Dios quiere!	**God willing!** [god uílin]
¡Dios mío!	**Oh, my God!** [o mái god]
¡Gracias a Dios!	**Thank God!** [zenk god]
¡Dios le bendiga!	**God bless you!** [god bles iú]

• No te pongas nervioso acerca de todas las diferentes formas gramaticales dentro de estas expresiones. ¡Hablaremos sobre esto más tarde!

• Usa **and** [and] ("y"), **or** [or] ("o"), y **but** [bat] ("pero") lo más frecuente que te sea posible:

> **Have a nice day and take it easy!** [jav a náis déi and téic et ísi]

Again, Please [egén plis]
(Otra vez, por favor)

No lo niegues. Seguro que a menudo te quedas perdido cuando alguien te habla en inglés. Bueno, trata de relajarte y haz lo mejor que puedas con estas frases de más abajo. ¡Realmente ayudan!

¿Entiende usted?	**Do you understand?** [du iú anderstán]

No sé.	**I don't know.** [ái dont nóu]
No entiendo.	**I don't understand.** [ái dont anderstán]
Hablo poquito inglés.	**I speak a little English.** [ái spic a lítel ínglech]
Estoy aprendiendo inglés.	**I'm learning English.** [am lérnin ínglech]
Más despacio.	**More slowly.** [mor slóuli]
Gracias por su paciencia.	**Thanks for your patience.** [zenks for iór péichens]
¿Qué significa?	**What does it mean?** [uát das et min]
Letra por letra.	**Letter by letter.** [léter bái léter]
Número por número.	**Number by number.** [námber bái námber]
Palabra por palabra.	**Word for word.** [uórd for uórd]

More Fantastic Phrases [mor fantástic fréises]
(Más frases fantásticas)

¡Comienza tu conversación con estas palabras y frases cortas, y el resto se te hará fácil!

Además...	**Besides...** [bisáids]
Al principio...	**At first...** [at ferst]
A pesar de...	**In spite of...** [in spáit of]
A propósito...	**By the way...** [bái de uéi]
Así que...	**So...** [sóu]
Aún...	**Still...** [stil]
Aunque...	**Although...** [óldo]

En general...	**In general...** [in lléneral]
Entonces...	**Then...** [zen]
O sea...	**In other words...** [in áder uérds]
Poco a poco...	**Little by little...** [lítel bái lítel]
Por ejemplo...	**For example...** [for exámpol]
Por eso...	**Therefore...** [déarfor]
Por lo menos...	**At least...** [at list]
Según...	**According to...** [acórdin tu]
Sin duda...	**Without a doubt...** [uidáut a dáut]
Sin embargo...	**However...** [jauéver]
Todavía...	**Yet...** [yet]

> Little by little...
> however...
> in other words...

So, therefore, little by little, I'm learning English! [sóu déarfor lítel bái lítel am lérnin ínglech]

Advice!

- Tanto "sino" y "pero" son **but** en inglés.
- ¡Mira por patrones en el lenguaje! Aquí tienes unos ejemplos:

Cara a cara	**Face to face** [féis tu féis]
Mano a mano	**Hand to hand** [jand tu jand]
Paso a paso	**Step by step** [step bái step]

- Usa **how** [jáo] o **what** [uát] para expresar emoción en inglés. En forma escrita, estas oraciones necesitan un signo de exclamación al final:

What a beautiful baby! [uát a biútiful béibi]
How fantastic! [jáo fantástic]

Grammar!
(¡La gramática!)

Frecuentemente, se usa una espresión corta al final de una declaración para confirmar, preguntar o enfatizar un mensaje. Mira este ejemplo.

It's your car, right? [ets iór car, ráit]   Es tu carro, ¿no?

🏃 I bet you can!

¡Malas noticias! No tendrás respuestas en estos segmentos de repaso, así que tendrás que encontrar la respuesta correcta por ti mismo. Recuerda que las respuestas están al final del libro.

(1) Conecta cada expresión en inglés con la mejor respuesta:

What is happening?	**Thanks a lot!**
Can I help you?	**Yes, please!**
Congratulations!	**Nothing new!**

(2) Mira las últimas letras de cada una de estas palabras al mismo tiempo que las traduces:

the public _El public o_
convenient _covenin_
humanity _humatihur_

Survival English [serváival ínglech]
(Inglés para sobrevivir)

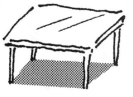

¿Hablas un poquito de inglés? Pruébalo nombrando estos objetos sin mirar la traducción. ¡Y fíjate en la pronunciación!

Everyday Things [évridei zíngs] (Las cosas diarias)

el agua	**water**	[uáter]
el carro	**car**	[car]
la casa	**house**	[jáus]
la comida	**food**	[fud]
el cuarto	**room**	[rum]
el dinero	**money**	[máni]
el lapicero	**pen**	[pen]
el lápiz	**pencil**	[pénsil]
el libro	**book**	[buc]
la luz	**light**	[láit]
la mesa	**table**	[téibol]
el papel	**paper**	[péipar]
el piso	**floor**	[flóar]
la puerta	**door**	[dóar]

la ropa	**clothing** [clóding]	
la silla	**chair** [chéar]	
el teléfono	**telephone** [télefon]	
el trabajo	**work** [uórc]	

People [pípol] (La gente)

el amigo	**friend** [fren]	
el bebé	**baby** [béibi]	
el hombre	**man** [man]	
el muchacho	**young man** [iáng man]	
la mujer	**woman** [uóman]	
el niño	**child** [cháil]	
el pariente	**relative** [rélativ]	
la persona	**person** [pérson]	

Descriptions [descrípchens] (Las descripciones)

alto	**tall** [tol]
bajo o corto	**short** [chort]
bonito	**pretty** [príti]
bueno	**good** [gud]
chico	**small, little** [smol, lítel]
feo	**ugly** [ágli]
grande	**big** [big]
guapo	**handsome** [jánsom]
joven	**young** [iáng]
largo	**long** [long]
malo	**bad** [bad]
nuevo	**new** [niú]
viejo	**old** [old]

 Advice!

- Enriquece tu vocabulario añadiendo estas palabras:

más grande	**bigger** [bíger]
lo más grande	**the biggest** [de bígest]
tan grande como	**as big as** [as big as]
un poco grande	**a little big** [a lítel big]
muy grande	**very big** [véri big]
demasiado grande	**too big** [tu big]
tan grande	**so big** [sóu big]

● Aquí tienes más descripciones que todo estudiante de inglés debe saber. Simplifica el proceso de aprendizaje y agrúpalas con sus opuestas.

barato	**inexpensive** [inexpénsiv]
caliente	**hot** [jat]
caro	**expensive** [expénsiv]
débil	**weak** [uíc]
delgado	**thin** [zin]
difícil	**difficult** [dífical]
fácil	**easy** [ísi]
frío	**cold** [cold]
fuerte	**strong** [strong]
gordo	**fat** [fat]
lento	**slow** [slóu]
limpio	**clean** [clin]
pobre	**poor** [púor]
rápido	**fast** [fast]
rico	**rich** [rich]
sucio	**dirty** [dérti]

● Hay varias maneras para decir lo mismo:

barato	**inexpensive, cheap** [inexpénsiv, chip]
delgado	**thin, skinny** [zin, squíni]
difícil	**difficult, hard** [dífical, jard]
fácil	**easy, simple** [ísi, símpol]
pequeño	**small, little** [smol, lítel]

● Estas palabras relacionadas con el salón de clase te deberán ser familiares:

el borrador	**eraser** [eréiser]
la clase	**class** [clas]
el cuaderno	**folder** [fólder]
el escritorio	**desk** [desc]
el estudiante	**student** [stiúden]
el maestro	**teacher** [tícher]
el pizarrón	**blackboard** [blácbord]
la tiza	**chalk** [choc]

● Una técnica muy efectiva para el aprendizaje de nuevos objetos es escribirlos en inglés en papelitos adhesivos y pegarlos en el objeto correspondiente.

- Al referirte a la gente, usa estas abreviaciones:

Señor (Sr.)   **Mr.** [míster]
Señora (Sra.)   **Mrs.** [mísis]
Señorita (Srta.) o Señora (Sra.)   **Ms.** [ms]

- Ninguna lista de personas estaría completa sin los
miembros de la familia:

la esposa   **wife** [uáif]
el esposo   **husband** [jásban]
la hermana   **sister** [síster]
el hermano   **brother** [bráder]
la hija   **daughter** [dóter]
el hijo   **son** [san]
la madre   **mother** [máder]
el padre   **father** [fáder]

 # Grammar!

A la forma comparativa de los adjetivos de una sola sílaba se les
añade la terminación **er**:

young—younger [iáng—iánger]
small—smaller [smol—smóler]
smart—smarter [smart—smárter]
sweet—sweeter [suít—suíter]
fast—faster [fast—fáster]
cold—colder [cold—cólder]
short—shorter [chort—chórter]
tall—taller [tol—tóler]

La forma comparativa de los adjetivos con más de una sílaba requiere
la palabra **more** [mor].

beautiful—more beautiful [biútiful—mor biútiful]
interesting—more interesting [ínterestin—mor
ínterestin]
expensive—more expensive [expénsiv—mor expénsiv]
difficult—more difficult [dífical—mor dífical]

La forma comparativa de los adjetivos es seguida por la palabra **than**
[dan].

Ella es mayor que su hermana.
She's older than her sister. [chis ólder dan jer síster]

Es más difícil de lo que piensas.
That's more difficult than you think. [dats mor dífical dan iú zinc]

 # How do you write it?

Recuerda que debes doblar la última letra en las palabras cortas que llevan una vocal en el medio:

big [big]	**bigger** [bíger]
fat [fat]	**fatter** [fáter]
sad [sad]	**sadder** [sáder]

Sin embargo, no todas las palabras obedecen a esta regla:

fun [fan]	**more fun** [mor fan]
bad [bad]	**worse** [uórs]

Muchas de las palabras sólo necesitan una **r** al final:

large [larch]	**larger** [lárcher]
nice [náis]	**nicer** [náiser]
cute [quiút]	**cuter** [quiúter]

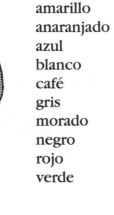

Pretty Colors [príti cólors]
(Colores bonitos)

amarillo	**yellow** [iélou]
anaranjado	**orange** [óranch]
azul	**blue** [blu]
blanco	**white** [uáit]
café	**brown** [bráun]
gris	**gray** [gréi]
morado	**purple** [pérpol]
negro	**black** [blac]
rojo	**red** [red]
verde	**green** [grin]

 **Advice!**

• Los estudiantes de inglés avanzado deben saber los nombres de muchos colores:

beige	**beige** [béich]
magenta	**magenta** [machénta]
oro	**gold** [gold]
plateado	**silver** [sílver]
rosado	**pink** [pinc]
violeta	**violet** [váiolet]

Number by Number [námber bái námber]
(Número por número)

Vamos a presentar los números por partes. Esto te ayudará para memorizarlos. Primero, practiquemos el grupo de números básico. Estos pueden ser un poco más difíciles de aprender, pero deberás memorizártelos:

0	**zero**	[sírou]
1	**one**	[uán]
2	**two**	[tu]
3	**three**	[zri]
4	**four**	[for]
5	**five**	[fáiv]
6	**six**	[six]
7	**seven**	[séven]
8	**eight**	[éit]
9	**nine**	[náin]
10	**ten**	[ten]
11	**eleven**	[iléven]
12	**twelve**	[tuélf]

Para continuar, estudiaremos los números en dos diferentes grupos, ya que éstos tienen casi el mismo sonido al final. Para que no te confundas, es importante practicarlos en voz alta (unos terminan con el sonido [-tin] y otros, con [-ti]):

-tin (**teen**)

13	**thirteen** [zértin]	20	**twenty** [tuénti]
14	**fourteen** [fórtin]	30	**thirty** [zérti]
15	**fifteen** [fíftin]	40	**forty** [fórti]
16	**sixteen** [síxtin]	50	**fifty** [fífti]
17	**seventeen** [séventin]	60	**sixty** [síxti]
18	**eighteen** [éitin]	70	**seventy** [séventi]
19	**nineteen** [náintin]	80	**eighty** [éiti]
		90	**ninety** [náinti]

-ti (**ty**)

Pronunciar los otros números es muy sencillo. Sólamente añadiremos los números chiquitos. Por ejemplo:

25   es **twenty** (20) - **five** (5)
52   es **fifty** (50) - **two** (2)
91   es **ninety** (90) - **one** (1)

💡 Advice!

- Te van a gustar los números más grandes en inglés:

100	**one hundred**	[uán jándred]
200	**two hundred**	[tu jándred]
1000	**one thousand**	[uán záosend]
2000	**two thousand**	[tu záosend]
1,000,000	**one million**	[uán mílion]
2,000,000	**two million...**	

123,456,789 por ejemplo, es **one hundred twenty-three million, four hundred fifty-six thousand, seven hundred eighty-nine.**

- No te olvides de los números ordinales. ¡Encuentra el resto tú sólo!

first [férst]	**1st**	primero
second [sécond]	**2nd**	segundo
third [zerd]	**3rd**	tercero
fourth [fórdt]	**4th**	cuarto
fifth [fífdt]	**5th**	quinto
sixth [síxdt]	**6th**	sexto
seventh [sévendt]	**7th**	séptimo
eighth [éidt]	**8th**	octavo
ninth [náindt]	**9th**	noveno

tenth [téndt]	**10th**	décimo
eleventh [ilévendt]	**11th**	undécimo
twelfth [tuélfdt]	**12th**	duodécimo

• Y siempre necesitarás palabras que describen **how much** [jáo mach]:

ambos	**both** [bod]
casi	**almost** [ólmost]
demasiado	**too much** [tu mach]
el resto	**the rest** [de rest]
ninguno	**none** [nan]
tanto	**so much** [sóu mach]
todo	**all** [ol]
varios	**several** [séveral]

 I bet you can!

3 Conecta cada palabra con su término opuesto:

old	**teacher**
clean	**woman**
father	**dirty**
black	**young**
student	**poor**
rich	**white**
man	**mother**

4 Traduce lo más rápido que puedas:

el libro	the book
la ropa	the cloten
el agua	the water
la silla	the chair
la comida	the food

5 Llena los espacios en blanco:

One, two, three	four
first, second, third	fourth
twenty, thirty, forty	fifty

Form a Phrase! [form a fréis]
(¡Forma una frase!)

Una técnica clave para añadir más detalle a una frase es unir unas cuantas palabras a una simple preposición:

con	**with** [uíd]	**with my friends** [uíd mái frens]
sin	**without** [uidáut]	**without money** [uidáut máni]
a	**to** [tu]	**to my house** [tu mái jáus]
de	**from** [from]	**from Lupe** [from lúpe]
en	**in** [in]	**in Los Angeles** [in los ángeles]
para	**for** [for]	**for the family** [for de fámili]
por	**by** [bái]	**by the chair** [bái de chéar]

 Advice!

- Mira las otras traducciones:

de	**of** [of]	**He's the President of Mexico** [jis de président of méxico]
	from [from]	**It's from María** [ets from maría]
en	**at** [at]	**She's at my house** [chis at mái jáus]
	on [on]	**It's on television** [ets on televíchen]
	in [in]	**He's in the bathroom** [his in de bázrum]

Singular and Plural
[síngiular and plúral]
(Singular y plural)

Tomemos unos minutos para repasar cómo se forma el singular y el plural en inglés. Esta es la información más importante:

• Pon **the** [de] ("el", "la", "los" o "las") delante de las palabras que nombran las cosas, las personas y los lugares. En general, **the** indica cosas que ya están entendidas. Se usa **the** con palabras singulares o plurales:

Look at <u>the</u> teacher.
[luc at de tícher]
Look at <u>the</u> teachers.
[luc at de tíchers]

She is at <u>the</u> school.
[chi es at de scul]
They are at <u>the</u> schools.
[dei ar at de sculs]

• Pon **a** [a] o **an** [an] ("un" o "una") delante de nombres de cosas, lugares y personas cuando éstos se refieren a cualquier cosa, lugar o persona. Siempre se usan con palabras singulares. Recuerda que **an** sólo va antes de las palabras que comienzan con las vocales **a, e, i, o, u.**

This is <u>a</u> book. [dis es a buk]
This is <u>an</u> apple. [dis es an apel]

• Para hablar de muchas cosas (el plural), pon casi siempre la terminación **s** o **es** en la palabra singular.

Look at the chair.
[luc at de chéar]
Look at the watch.
[luc at de uách]

Look at the chair<u>s</u>.
[luc at de chéars]
Look at the watch<u>es</u>.
[luc at de uáches]

• Recuerda que algunas palabras en inglés tienen una forma de plural irregular.

Look at the man.
[luc at de man]
Look at the fish.
[luc at de fich]

Look at the men.
[luc at de men]
Look at the fish.
[luc at de fich]

Look at the child.
[luc at de cháil]

Look at the children.
[luc at de chíldren]

Look at the tooth.
[luc at de tus]

Look at the teeth.
[luc at de tis]

Look at the foot.
[luc at de fut]

Look at the feet.
[luc at de fit]

 # How do you write it?

- Mira lo que pasa con los sustantivos que terminan con una consonante seguida de **y:** en el plural la **y** se cambia por la terminación **ies.**

una mosca   **one fly** [uán flái]
dos moscas   **two flies** [tu fláis]

- La mayoría de los sustantivos que terminan en **f** o **fe** en inglés, cambian su terminación en plural a la terminación **ves.**

half—halves [haf—hafs]
knife—knives [náif—náifs]
wife—wives [uáif—uáifs]

- Los sustantivos terminados en la letra **o** y que están precedidos por una consonante, forman el plural con la terminación **es.**

potato—potatoes [potéito—potéitos]
hero—heroes [jíro—jíros]

- Estudia los sustantivos que tienen plurales irregulares. Tendrás que memorizártelos:

sheep—sheep [chiip—chiip]
man—men [man—men]
mouse—mice [máus—máis]
foot—feet [fut—fit]
ox—oxen [ox—óxen]
woman—women [uóman—uímen]
child—children [cháil—chíldren]
tooth—teeth [tus—tis]
goose—geese [gus—gis]

I bet you can!

(6) Escribe la forma plural de las siguientes palabras.

book	**books**
box	**boxes**
class	_____
brother	_____
friend	_____
cousin	_____
watch	_____
cafeteria	_____
door	_____
window	_____
wish	_____
teacher	_____
pencil	_____
pen	_____
ox	_____
sheep	_____
lunch	_____
tooth	_____
man	_____
hero	_____

This and That [dis an dat]
(Esto y aquello)

Repasa estas palabras importantes antes de seguir adelante.

ese, esa, aquel, aquello, aquella   **that** [dat]
That American friend. [dat américan fren] Ese amigo americano.

estos o estas   **these** [dis]
These small cars. [dis smol cars] Estos carros pequeños.

este o esta   **this** [dis]
This yellow paper. [dis iélou péipar] Este papel amarillo.

esos, esas, aquellos, aquellas   **those** [dóus]
Those big men. [dóus big men] Esos hombres grandes.

 # How do you pronounce it?

Si se trata de pronombres, se añade **one**.

Quiero éste y ése.   **I want <u>this one</u> and <u>that one</u>.**
                            [ái uánt dis uán an dat uán]

 # I bet you can!

(7) A ver si te acuerdas. Cambia estas frases al plural:

the house   <u>the houses</u>

the bathroom   _____

that car   _____

a friend   _____

this chair   _____

Do You Have a Question? [du iú jav a quéschon]
(¿Tienes alguna pregunta?)

Las palabras y frases interrogativas son muy poderosas en inglés. Sigue adelante y repásalas:

¿Cuántos?	**How many?** [jáo méni]
¿Cuántos años?	**How many years?** [jáo méni iéars]
¿Cuánto?	**How much?** [jáo mach]
¿Cuánto cuesta?	**How much does it cost?** [jáo mach das et cost]
¿Cómo?	**How?** [jáo]
¿Cómo estás?	**How are you?** [jáo ar iú]
¿Qué?	**What?** [uát]
¿Qué pasa?	**What's happening?** [uáts jápenin]
¿Dónde?	**Where?** [uéar]
¿Dónde está?	**Where is it?** [uéar es et]
¿Cuál?	**Which?** [uích]
¿Cuál es?	**Which one?** [uích uán]
¿Cuándo?	**When?** [uén]
¿Cuándo es la fiesta?	**When is the party?** [uén es de párti]
¿Quién?	**Who?** [ju]
¿Quién es ella?	**Who is she?** [ju es chi]
¿De quién?	**Whose?** [jus]
¿De quién es el carro?	**Whose car is it?** [jus car es et]

 Advice!

• Ten en cuenta que no todas las frases interrogativas pueden ser traducidas literalmente. Aquí tienes un ejemplo:

How old are you?	¿Cuántos años tienes?
[jáo old ar iú]	(En vez de "¿Cuán viejo eres?").

- ¿Por qué? es **why?** [uái]. Para responder usa la palabra **because...**

¿Por qué está él en la casa?	**Why is he at home?** [uái es ji at jóum]
Porque está enfermo.	**Because he is sick.** [bicós ji es sic]

- Combina las palabras que ya conoces para crear nuevas frases interrogativas:

¿De dónde?	**From where?** [from uére]
¿Para cuándo?	**For when?** [for uén]
¿A quién?	**To whom?** [tu jum]
¿Con qué?	**With what?** [uít uát]

- Nota la diferencia para hacer preguntas en el plural:

¿Cuál es?	**Which one is it?** [uích uán es et]
¿Cuáles son?	**Which ones are they?** [uích uáns ar déi]
¿De quién es?	**Whose is it?** [jus es et]
¿De quiénes son?	**Whose are they?** [jus ar déi]

- Sigue esta fórmula para conducir una entrevista:

¿Cuál es tu...?	**What's your...?** [uáts iór]
nombre	**name** [néim]
dirección	**address** [ádres]
número de teléfono	**phone number** [fóun námber]
fecha de nacimiento	**date of birth** [déit of bérs]
edad	**age** [éich]
lugar de nacimiento	**place of birth** [pléis of bérs]
seguro social	**social security** [sóchial secúriti]
licencia de conducir	**driver's license** [dráivers láisens]

Tell Me Your Name! [tel mi iór néim]
(¡Dime tu nombre!)

Cuando te dirijas hacia otras personas por su nombre, te ayudará mucho ser capaz de pronunciar esos nombres correctamente, pues esto hace que la gente se sienta más cómoda. También recuerda que la mayoría de los norteamericanos sólo usan el apellido del padre:

Primer nombre **Mary**
First name [ferst néim]

Apellido paterno **Smith**
(Father's) last name [fáders last néim]

 # Advice!

• **What is your name?** [uát es iór néim] significa ¿Cómo te llamas? o ¿Cuál es tu nombre? en español.

• A veces, los norteamerianos, mencionan su **middle name** [mídel néim] o segundo nombre:

Mary <u>Ann</u> Smith

• Cuando una mujer se casa, usualmente ella se cambia el apellido paterno por el del esposo:

Mary Ann Smith se casa con **John David Jones**
Ahora se llama **Mary Ann Jones**

- **Who** [ju] se refiere a las personas y **Which** [uích] se refiere a los animales y las cosas.

 # How do you write it?

- Cuando escribes exclamaciones o preguntas en inglés, no necesitas poner los signos al principio:

How are you?	¿Cómo está?
Good-bye!	¡Adiós!

 # I bet you can!

¡Contesta estas preguntas en voz alta!

What's your name?
What's your address?
How old are you?
Who is your friend?
Whose book is this?

The Answers [de ánsers]
(Las respuestas)

Cuando te hagan todas estas **questions** [cuéschens] en inglés, tú deberás saber cómo responder. Aquí tienes las formas más informales. Comienza con estas relacionadas con la salud:

¿Cómo estás?	**How are you?**
aburrido	**bored** [bor]
así-así	**not bad** [nat bad]
bien	**fine** [fáin]
cansado	**tired** [táir]
enfermo	**sick** [sic]
feliz	**happy** [jápi]
mal	**not well** [nat uél]
más o menos	**pretty good** [príti gud]
preocupado	**worried** [uórid]
regular	**OK** [oquéi]
triste	**sad** [sad]

Ahora, repasa las palabras básicas de lugar, y no tengas miedo de
apuntar con el dedo:

¿Dónde está?	**Where is it?** [uéar es et]
abajo	**down** [dáun]
adelante	**straight ahead** [stréit ajéd]
adentro	**inside** [insáid]
afuera	**outside** [autsáid]
a la derecha	**to the right** [tu de ráit]
a la izquierda	**to the left** [tu de left]
al lado	**next to** o **beside** [next tu, bisáid]
allá	**way over there** [uéi over der]
allí	**there** [der]
aquí	**here** [jir]
arriba	**up** [ap]
cerca	**near** o **close to** [níar, clóus tu]
debajo	**under** o **below** [ánder, bilóu]
detrás	**behind** [bijáind]
encima	**above** o **on the top** [abóv, on de top]
en el fondo	**at the bottom** [at de bótom]
enfrente	**in front** [in front]
lejos	**far** [far]

¡Todos conocen las palabras relacionadas con la gente! ¿Todavía estás
apuntando?

¿Quién es?	**Who is it?** [ju es et]
Yo	**I** [ái]
Usted o Tú	**You** [iú]
El	**He** [ji]
Ella	**She** [chi]
Ellos o Ellas	**They** [déi]
Ustedes	**You** o **You guys** [iú, iú gáis]
Nosotros	**We** [uí]

¿De quién es?	**Whose is it?** [jus es et]
mi	**my** [mái]
tu	**your** [iór]
su (de ustedes)	**your** [iór]
su (de él)	**his** [jis]
su (de ella)	**her** [jer]
su (de ellos)	**their** [déar]
nuestro	**our** [áur]

Advice!

- Unas cuantas palabras de lugar que son frases completas:

enfrente de   **in front of** [in front of]
encima de   **on top of** [on top of]

- Cuando estés hablando acerca de más de una persona o cosa, los adjetivos posesivos no cambian de forma.

Son mis amigas.   Son nuestros amigos.
They are <u>my</u> friends.   **They are <u>our</u> friends.**
[déi ar mái frens]   [déi ar áur frens]

- Los pronombres pueden ser usados en referencia a las cosas y a la gente:

¿Y los libros, dónde están ellos?
And the books, where are they? [an de bucs uéar ar déi]

- **It** [et] es otro pronombre. Siempre indica una cosa, concepto, o animal.

The car? It is great! [de car et es gréit]
The dog? It is great! [de dog et es gréit]
Love? It is great! [lav et es gréit]

- ¡Nota como no hay diferencia en inglés entre la forma informal (tú) y la forma formal (usted)!

You are Tony.   Tú eres Antonio.
[iú ar tóni]   Usted es Antonio.

- Fíjate en todas la diferentes maneras en que estos pronombres pueden ser usados en inglés. Estaremos practicando cada una de estas maneras más adelante.

Yo quiero <u>mi</u> libro, así que démelo a <u>mí</u>. Es <u>mío</u>.
I want <u>my</u> book, so give it to <u>me</u>. It's <u>mine</u>. [ái uánt mái buc, so gív et tu mi. ets máin]

- ¿Quién sabe? Podrías necesitar un pronombre reflexivo de vez en cuando. Aquí tienes una lista. Practica todo sin preocuparte por la gramática:

yo mismo, misma   **myself** [maisélf]
usted, tú mismo, misma   **yourself** [iorsélf]
él mismo   **himself** [jimsélf]

ella misma	**herself** [jersélf]
ustedes mismos, mismas	**yourselves** [iorsélfs]
ellos mismos, ellas mismas	**themselves** [demsélfs]
nosotros mismos, nosotras mismas	**ourselves** [aursélfs]

Lo hizo ella misma.	**She did it herself.**
	[chi did et jersélf]
Lo hice yo mismo.	**I did it myself.**
	[ái did et maisélf]
Lo hicimos nosotros mismos.	**We did it ourselves.**
	[uí did et aursélfs]

• Ahora, trata con estas otras palabras que representan posesión. ¿Sabes lo que significan?

mío o mía	**mine** [máin]
¿El dinero? Es mío.	**The money? It's mine.**
	[de máni ets máin]
suyo o suya	**yours, his, hers, theirs**
	[iórs, jis, jers, dears]
¿La silla? Es suya.	**The chair? It's hers.**
	[de chéar ets jers]

• Crea tu propio grupo de tres o cuatro expresiones favoritas y úsalas todo el tiempo. Una vez que las tengas dominadas, comienza otra vez formando un grupo diferente.

al revés	**backwards** [bácuerds]
boca abajo	**upside down** [ápsaid dáun]
el otro lado	**the other side** [de áder sáid]

 # I bet you can!

Traduce y practica:

    Me? My name is Susan.
    Her? Her name is Kathy.
    Us? Our names are Susan and Kathy.

Advice!

- Si algo o alguien le pertenece a alguna persona o cosa, añade una **'s** al nombre del propietario. (Es decir, para formar el posesivo de cualquier palabra en singular, hay que añadir una **'s**.)

| Es el perro del estudiante. | **It is the student's dog.** |
| Es el gato del jefe. | **It is the boss's cat.** |

- Ahora, para formar el posesivo de cualquier palabra en plural que termina en **s**, basta con añadir un **'**.

| Es el perro de los estudiantes. | **It is the students' dog.** |
| Es el gato de los jefes. | **It is the bosses' cat.** |

- Finalmente, para formar el posesivo de cualquier palabra en plural que *no* termina en **s**, hay que añadir una **'s**.

Estas son ropas de mujeres.
These are women's clothes.

- Nota que no tienes que mencionar el objeto de posesión:

| **It's Bob's book.** | **It's Bob's.** |
| **She's at the doctor's office.** | **She's at the doctor's.** |

- Aquí tienes una tabla muy fácil para memorizar:

Singular	Plural
I - my - mine	we - our - ours
you - your - yours	you - your - yours
he - his - his	
she - her - hers	they - their - theirs
it - its - its	

When Is It? [uén es et]
(¿Cuándo es?)

Para comunicarte bien en un idioma extranjero, deberás incluir vocabulario referente a palabras que indican momento o tiempo:

ahora	**now** [náu]
antes	**before** [bifór]
ayer	**yesterday** [iésterdei]

de la mañana	**A.M.** [ei em]
de la tarde	**P.M.** [pi em]
desde	**since** [síns]
después	**after** [áfter]
durante	**during** [diúrin]
entonces	**then** [den]
hasta	**until** [antíl]
hoy	**today** [tudéi]
luego	**later** [léiter]
mañana	**tomorrow** [tumórrou]
mientras	**while** [uáil]
nunca	**never** [néver]
pronto	**soon** [sun]
siempre	**always** [ólueis]
tarde	**late** [léit]
temprano	**early** [érli]
todavía	**yet** [iét]

What Time Is It? [uát táim es et]
(¿Qué hora es?)

¿Por qué no te tomas algunos **minutes** [mínits] para repasar tu habilidad para decir la hora? Para contestar, simplemente da la hora, seguida por los minutos. Por ejemplo, seis y quince es **six-fifteen**. Lee en voz alta estos ejemplos:

Son las…	**It's…** [ets]
A las…	**At…** [at]
3:40	**three-forty**
10:30	**ten-thirty**
12:10	**twelve-ten**

 # How do you pronounce it?

Pronuncia cada palabra bien. No te apures:

when [uén]
why [uái]
which [uích]
what [uát]
where [uéar]

What Is the Date? [uát es de déit]
(¿Cuál es la fecha?)

¿Recuerdas las palabras en el calendario? Deberías estar diciéndolas todos los días:

Los días de la semana	**Days of the Week** [déis av de uíc]
lunes	**Monday** [mándei]
martes	**Tuesday** [tiúsdei]
miércoles	**Wednesday** [uénsdei]
jueves	**Thursday** [zérsdei]
viernes	**Friday** [fráidei]
sábado	**Saturday** [sáderdei]
domingo	**Sunday** [sándei]

Los meses del año	**Months of the Year** [mans av de íer]
enero	**January** [llánueri]
febrero	**February** [fébrueri]
marzo	**March** [márch]
abril	**April** [éiprol]
mayo	**May** [méi]
junio	**June** [llun]
julio	**July** [llulái]
agosto	**August** [águest]
septiembre	**September** [septémber]
octubre	**October** [octóber]
noviembre	**November** [novémber]
diciembre	**December** [dicémber]

 Advice!

- El fin de semana es el **weekend.** [uíquen]
- Para decir la hora exacta, usa **o'clock.** [oclác]

Son la dos.	**It's two o'clock.** [ets tu oclác]
A las ocho.	**At eight o'clock.** [at éit oclác]

- Examina estas otras frases de tiempo:

un cuarto para	**a quarter till** [a cuórter til]
y media	**half past** [jaf pas]
de la noche	**in the evening** [in de ívnin]

a mediados de	**in the middle of** [in de mídel av]
medianoche	**midnight** [mídnait]
mediodía	**noon** [nun]
en punto	**on the dot** [on de dat]
anoche	**last night** [las náit]
el próximo mes	**next month** [next mándt]
la semana pasada	**last week** [las uíc]
hace una hora	**an hour ago** [an áur egó]
pasado mañana	**the day after tomorrow** [de déi áfter tumárrou]
anteayer	**the day before yesterday** [de déi bifór iésterdei]

- Tú también necesitarás los números ordinales:

El cuatro de junio.	**June fourth.** [llun foerdt]
El seis de octubre.	**October sixth.** [octóber sícsdt]
El catorce de febrero.	**February fourteenth.** [fébrueri fortíndt]

- Lee estos dos números separadamente:

1999	**nineteen ninety-nine**

 # I bet you can!

8 Conecta estas palabras opuestas:

sick	**never**
tomorrow	**happy**
sad	**after**
always	**today**
before	**fine**

9 Dilo en inglés:

11:45 P.M.
November 2, 2001
On Monday, at noon.

10 Llena los espacios en blanco:

January, February, _____, April, May, _____
Tuesday, Wednesday, _____, Friday, Saturday,
_____

 # How do you write it?

Prueba estos pequeños consejos sobre el uso de letras mayúsculas (**capital letters**) en inglés:

• La primera palabra de la oración siempre se escribe con letra mayúscula.

¿Cómo estás?   **How are you?**

• Los nombres propios de personas, lugares y cosas siempre se escriben con letra mayúscula:

Juan es de Cuba.   **John is from Cuba.**

• Los nombres de los días de la semana y los meses del año se escriben siempre con letra mayúscula:

lunes y martes   **Monday and Tuesday**

• Los nombres de religiones, nacionalidades e idiomas se escriben siempre con letra mayúscula:

español, inglés y francés   **Spanish, English, and French**

• Las primeras letras de las palabras claves en los títulos de los libros u obras de arte también son escritas con letra mayúscula.

Me encanta el libro ***English for Latinos.***

• Recuerda que las palabras en inglés no llevan acentos. Los signos ˜ (ñ) y ¨ (ü) tampoco existen.

The Interview [de interviú]
(La entrevista)

Cuando se trata de preguntas y respuestas, ¿cuál es la mejor manera de practicar? El Método de la Entrevista, por supuesto. La verdad es que tú siempre puedes aprender a comunicarte cuando estás forzado a hacerlo. Continúa entrevistando a las personas que conozcas y dominarás el idioma en poco tiempo. Así es como deberás proceder:

Buenos días, señor.	**Good morning, sir.** [gud mórnin ser]
Soy estudiante de inglés.	**I am an English student.** [ái am an ínglech stiúden]
¿Podría hacerle algunas preguntas?	**May I ask you some questions?** [méi ái asc iú sam cuéschens]

Traduce mientras repasas:

Where do you live?	**There, in that house.**
What's your name?	**Bob Brown.**
And how old are you?	**I'm thirty.**

 ## Advice!

• Durante tu viaje a través del inglés avanzado, la entrevista será parte de tu experiencia diaria. Y obviamente, cuanto más practiques este tipo de ejercicio, más rápidamente mejorará tu inglés. Para estar seguro de que estás preparado para seguir adelante, añade un grupo más de expresiones antes de comenzar con los verbos y la estructura de las oraciones.

algo **something** [sámsin]	alguien **someone** [sámuan]
cualquier cosa **anything** [énisin]	cualquier persona **anyone** [éniuan]
nada **nothing** [násin]	nadie **no one** [no uán]
todo **everything** [évrizin]	todo el mundo **everyone** [évriuan]
en alguna parte **somewhere** [sámuer]	en cualquier parte **anywhere** [éniuer]
en ninguna parte **nowhere** [nóuer]	en todas partes **everywhere** [évriuer]

Grammar!

- Se usan las palabras **someone, somebody, something** y **somewhere** en las oraciones afirmativas:

> Estoy buscando algo.
> **I'm looking for something.** [am lúquin for sámsin]

- Se usan las palabras **anyone, anybody, anything** y **anywhere** en las oraciones negativas:

> No puedo ver nada.   **I can't see anything.** [ái cant si énizin]

How Is the Weather? [jáo es de uéder]
(¿Cómo está el tiempo?)

¿Puedes llevar a cabo una conversación abreviada? Por lo menos aprende a hacer comentarios sobre el tiempo:

Esta es mi estación favorita.	**This is my favorite season.** [dis es mái féivorit síson]
Es…	**It's…** [ets]
la primavera	**spring** [sprin]
el verano	**summer** [sámer]
el otoño	**fall** [fol]
el invierno	**winter** [uínter]
Hace…	**It's…** [ets]
buen tiempo	**nice weather** [náis uéder]
calor	**hot** [jat]
frío	**cold** [cold]
sol	**sunny** [sáni]
viento	**windy** [uíndi]
Está…	**It's…** [ets]
despejado	**clear** [clíer]
lloviendo	**raining** [réinin]
lloviznando	**drizzling** [drízlin]
nevando	**snowing** [snóuin]
nublado	**cloudy** [cláudi]

AM, IS, and ARE [am, es, an ar]
(Soy, eres y somos)

Para tener una conversación normal, necesitarás las palabras **am, is** y **are.** Estas palabras se derivan del verbo **to be** [tu bi] que en español se traduce como "ser" o "estar". Ponles mucha atención:

I am... [ái am]	Yo soy/estoy
He or She is... [ji or chi es]	El o Ella es/está
You are... [iú ar]	Tú eres/estás o Ustedes son/están
They are... [déi ar]	Ellos o Ellas son/están
We are... [uí ar]	Nosotros somos/estamos

Mira los diferentes usos:

John is big. Juan es grande.	(descripción)
Mary is in the house. María está en la casa.	(ubicación)
Are you O.K.? ¿Estás bien?	(sentimientos)
I am Victor. Soy Víctor.	(nombres)
Are they doctors? ¿Son médicos?	(ocupación)
We are from Cuba. Somos de Cuba.	(origen)
She is Puerto Rican. Ella es puertorriqueña.	(nacionalidad)
Who is working? ¿Quién está trabajando?	(acción)
You are my friends. Son mis amigos.	(información)

 ## How do you write it?

Recuerda que muchas personas aplican la "Regla de Combinar" con **am, is, are:**

I'm a student.
You're correct.
He's Mexican.
We're intelligent.
They're in the office.

Advice!

• No se pueden usar las formas verbales solas. Tienes que mencionarlas con el nombre o el pronombre. Por ejemplo:

> **You are fine.** [iú ar fáin]
> **He is fine.** [ji es fáin]
> **I am fine.** [ái am fáin]

• A veces **am, is** y **are** no corresponden a "ser" o "estar". Observa:

> **It is cold.** [ets cold]   Hace frío.
> **I am hungry.** [ái am jángri]   Tengo hambre.
> **There are two apples.**   Hay dos manzanas.
> [der ar tu ápels]

• Usa **is** [es] cuando hables de **it** [et] (una cosa):

> **It is a chair.** [et es a chéar]   Es una silla.
> **It is important.** [et es impórtan]   Es importante.
> **It's five o'clock.** [ets fáiv oclác] Son las cinco.

• **Are** [ar] es muy importante en inglés, porque aunque lo puedes usar con **You** [iú] (tú), también lo decimos cuando hablamos de "más de uno" (ustedes, ellos, nosotros, etc.):

> **You are my friend.**   Tú eres mi amigo.
> [iú ar mái fren]
> **You are my friends.**   Ustedes son mis amigos.
> [iú ar mái frens]
>
> **She is American.**   Ella es americana.
> [chi es américan]
> **They are Americans.**   Ellas son americanas.
> [dei ar américans]
>
> **I am intelligent.**   Yo soy inteligente.
> [ái am intélillen]
> **We are intelligent.**   Nosotros somos inteligentes.
> [uí ar intélillen]

How do you pronounce it?

Para hacer las preguntas con **am, is** o **are** en inglés, pon estas pala-bras antes de todo, y sube la voz al final de la frase:

> **Is Richard a STUDENT?**
> **Are you HAPPY?**

 # I bet you can!

(11) A ver si puedes traducir algunas frases del inglés al español:

I am a student.
He is Mexican.
You are my friend.
Kathy is in the hospital.
The students are intelligent.
Susan and Carol are ten.
We are very happy.
Are you and John hot?
Is it ten-fifteen?
Is there a problem?

(12) Llena los espacios en blanco con **am, is** o **are:**

My friend _____ an excellent doctor.
The boys _____ in the car.
Mary's party_____ at 7:30 tonight.
I _____ twenty, and he _____ thirty.
_____ you a student?
Where _____ the tables?

NOT [not]
(No)

Ponemos **not** [not] después de **am, is** y **are** para decir "no":

I am not sick. [ái am not sic]	No estoy enfermo.
She is not in the house. [chi es not in de jáus]	Ella no está en la casa.
We are not from Texas. [uí ar not from téxas]	No somos de Texas.

Y puedes juntar palabras con la Regla de Combinar (las contracciones):

He isn't here. [ji esnt jir]	El no está aquí.
We aren't teachers. [uí árent tíchers]	No somos maestros.
It isn't green. [et esnt grin]	No es verde.

 Advice!

- Usa la palabra **any** para indicar la idea de "ninguno":

There aren't any books. [der árent éni bucs]	No hay libros.
There isn't any water. [der esnt éni uáter]	No hay agua.

- Estas cuatro palabras trabajan bien con **is** y **are**:

This isn't big. [dis esnt big]	Esto no es grande.
That isn't small. [dat esnt smol]	Eso no es pequeño.
These aren't my pens. [dis árent mái pens]	Estas no son mis plumas.
Those aren't my pencils. [dóus árent mái pénsils]	Esos no son mis lápices.

I bet you can!

(13) **Translate!** [tránsleit] (¡Traduce!)

Mr. Smith isn't here.
The books aren't blue.
I'm not from Chile.
It's not important.
This isn't my soda.

(14) ¡Di que NO con **NOT**! Completa las frases:

I am from Spain.   **I am not from Spain.**
Charlie is my brother.   **Charlie is not my brother.**
We are in the hospital.   **We** _____
It is seven o'clock.   _____
They are hungry.   _____

Spanish in Action! [spánich in ákchon]
(¡El español en acción!)

Juntar correctamente unas cuantas palabras en un nuevo idioma es una experiencia emocionante, pero la verdadera comunicación comienza cuando empiezas a usar los verbos (palabras de acción). Aunque la forma del verbo **to be** [tu bi] es muy usable, no expresa acción. Cuando aprendas a usar los verbos en inglés, podrás hablar acerca de lo que está pasando en el mundo a tu alrededor.

Empecemos con una lista simple:

caminar	**to walk** [tu uóc]
comer	**to eat** [tu it]
correr	**to run** [tu ran]
dormir	**to sleep** [tu slip]
escribir	**to write** [tu ráit]
hablar	**to talk** [tu toc]
ir	**to go** [tu góu]
lavar	**to wash** [tu uách]
leer	**to read** [tu rid]
limpiar	**to clean** [tu clin]

manejar	**to drive** [tu dráiv]
trabajar	**to work** [tu uérc]

Nunca podrás aprender suficientes palabras de acción en inglés. Al final de este libro encontrarás más de cien verbos en un diccionario especializado, para ser usados como referencia. Cuando te encuentres con un verbo al momento de estar estudiando o practicando, búscalo en inglés o español para que aprendas su origen y significado.

 # Advice!

• Tú sabes que muchas palabras en inglés se asemejan a su equivalente en español. Esto ocurre con bastante frecuencia en el mundo de los verbos. Mira:

absorber	**to absorb** [tu absórb]
controlar	**to control** [tu contról]
plantar	**to plant** [tu plant]
referir	**to refer** [tu rifér]
visitar	**to visit** [tu vísit]

• ¡Cuidado! ¡Las palabras parecidas pero no equivalentes están por todas partes!

to assist [asíst]	significa ayudar (no asistir)
to embarrass [embáras]	significa avergonzar (no embarazar)
to contest [cántest]	significa disputar (no contestar)

• Muchos verbos reflexivos en español son frases completas en el inglés:

acostarse	**to lie down** [tu lái dáun]
bañarse	**to take a bath** [tu téic a bas]
levantarse	**to stand up** [tu stan ap]
secarse	**to dry off** [tu drái of]
sentarse	**to sit down** [tu sit dáun]
vestirse	**to get dressed** [tu get drest]

The Infinitive Form
[de infinitif form]
(La forma infinitiva)

El problema al ir aprendiendo todos los nombres (infinitivos) de los verbos en inglés es el hecho de que muchos no se pronuncian como se escriben. Por eso, anda practicando en voz alta:

to eat [tu it]
to work [tu uérc]
to write [tu ráit]
to drive [tu dráiv]
to run [tu ran]

Sin embargo (¡buenas noticias!), todos los tiempos verbales repiten la misma palabra clave. Veamos estos ejemplos:

La Forma Infinitiva:
He wants <u>to work</u>. [ji uánts tu uérc]   Quiere trabajar.

Work! [uérc]   ¡Trabaja!
I'm working. [am uérquin]   Estoy trabajando.
I worked. [ai uérkdt]   Trabajé.
Joe works. [llóu uércs]   José trabaja.

Mira—si alguien menciona cualquier frase con **work,** ¡tiene algo que ver con trabajar! Es decir, para entender lo que te están diciendo, escucha la parte de la palabra que incluye "la acción".

También se usa la forma infinitiva del verbo para completar el significado de una variedad de verbos. Estudia los ejemplos:

Quiere trabajar.   **He wants to work.** [ji uánts tu uérc]
Le gusta dormir.   **He likes to sleep.** [ji láics tu slip]
Necesita comer.   **He needs to eat.** [ji nids tu it]

Haz tus propias frases:

He wants _____.
He likes _____.
He needs _____.

Advice!

• A veces deberás usar la forma infinitiva del verbo para completar el significado de una variedad de adjetivos y adverbios:

Es fácil para manejar.	**It is easy to drive.**
	[et es ísi tu dráiv]
Es imposible para leer.	**It is impossible to read.**
	[et es impásibel tu rid]

• Usa la forma infinitiva del verbo después de la frase **in order** para expresar la razón o motivo para hacer algo:

I work in order to eat! [ái uérc in órder tu it]

Demand it! [demánd et]
(¡Ordénelo!)

Una manera muy ventajosa de memorizar la forma básica de los verbos es a través del uso de órdenes o mandatos. La forma del verbo que determina una orden puede ser practicada todo el día, ya que lo único que estás haciendo es decirle a otros lo que tienen que hacer. (¡Respetuosamente, por supuesto!)

Estas órdenes no son más que verbos en la forma infinitiva. Mira el patrón:

hablar	**to speak** [tu spic]	caminar	**to walk** [tu uóc]
¡Hable!	**Speak!** [spic]	¡Camine!	**Walk!** [uóc]
escribir	**to write** [tu ráit]	ir	**to go** [tu góu]
¡Escriba!	**Write!** [ráit]	¡Vaya!	**Go!** [góu]
correr	**to run** [tu ran]	leer	**to read** [tu rid]
¡Corra!	**Run!** [ran]	¡Lea!	**Read!** [rid]

(15) Trata por tu cuenta:

caminar	**to walk**	¡Camine!	_____
comer	**to eat**	¡Coma!	_____
limpiar	**to clean**	¡Limpie!	_____

Y una de las formas más efectivas de usar las formas infinitivas del verbo es combinarlas con frases simples que expresan órdenes. Por ejemplo, mira lo que pasa cuando tú añades estos verbos en la forma infinitiva a la frase **Would you please...** [uód iú plis] que implica "Favor de..."

Favor de...	**Would you please...**
escribir el número	**write the number**
ir a la fiesta	**go to the party**
hablar en inglés	**speak in English**

Aquí tienes otro secreto. Añadiendo la palabra **Don't** al frente del verbo, tú comunicas la orden NO.

Favor de no comer la comida.
Please don't eat the food.

The Imperative Form
[de impératif form]
(La forma imperativa)

● La forma imperativa del verbo expresa una orden o pedido. El sujeto "tú" o "ustedes" (**you,** singular o plural) está sobreentendido, pero no es mencionado:

Regresa más tarde.	**(You) Come back later.** [cam bac léiter]
Espera afuera.	**(You) Wait outside.** [uéit autsáid]

● **Please**, usado al principio o al final de una oración en forma imperativa, hace a la expresión más amable:

Por favor regresa más tarde.	**Please come back later.**
Espera afuera, por favor.	**Wait outside, please.**

● Para dar una orden a más de una persona, usa las mismas palabras.

¡Hablen!	**Speak!**
¡Corran!	**Run!**

● Cualquier palabra puede ser aprendida rápidamente si se practica en conexión con las palabras que expresan una orden. Por ejemplo, para aprenderte los nombres de los muebles, haz que una persona de habla inglesa te ordene tocar, mirar o señalar los objetos alrededor de la casa. Este ejercicio no sólo da grandes resultados, sino que también puede ser muy divertido.

Toque…	**Touch** [tach]	**Touch the table.** [tach de téibol]
Mire…	**Look** [luc]	**Look at the lamp.** [luc at de lamp]
Señale…	**Point to** [póint tu]	**Point to the chair.** [póint tu de chéar]

Grammar!

Estudia esta lista de mandatos. ¿Puedes ver el órden de las palabras?

Ayúdeme	**Help me**	[jelp mi]
Démelo	**Give it to me**	[giv et tu mi]
Dígamelo	**Tell it to me**	[tel et tu mi]
Empújelo	**Push it**	[puch et]
Escríbamelo	**Write it for me**	[ráit et for mi]
Hágamelo	**Do it for me**	[du et for mi]
Míreme	**Look at me**	[luc at mi]
Muéstremelo	**Show it to me**	[chóu et tu mi]
Préndalo	**Turn it on**	[tern et on]
Sáquelo	**Take it out**	[téic et áut]
Sígame	**Follow me**	[fólou mi]
Tíremelo	**Throw it to me**	[zróu et tu mi]
Tráigamelo	**Bring it to me**	[bring et tu mi]

 # I bet you can!

16 Cambia las siguientes oraciones a la forma negativa. Mira el ejemplo:

(Sit) there.	<u>**Don't sit there.**</u>
(Give) this to him.	_____
(Close) the door.	_____
(Open) the book.	_____
(Wait) in the other office.	_____

Ahora, haz las oraciones del ejercicio previo más amables añadiéndoles **please** al principio o al final de cada oración.

(Sit) there.   (Please sit there. o **Sit there, please.)**

Words That Every Latino Should Know [uérds dat évri latíno chud nóu]
(Palabras que cada latino debiera saber)

Aquí tienes un grupo más de palabras de acción. Estas van a serte muy valiosas, así que ¡no te olvides de leerlas en voz alta!

caminar	**to walk** [tu uóc]
cerrar	**to close** [tu clóus]
cocinar	**to cook** [tu cuc]
comprar	**to buy** [tu bái]
contestar	**to answer** [tu ánser]
dar	**to give** [tu giv]
empezar	**to begin** [tu bigín]
escuchar	**to listen** [tu lísen]
estudiar	**to study** [tu stádi]
hablar	**to speak** [tu spic]
jugar	**to play** [tu pléi]
lavar	**to wash** [tu uóch]
limpiar	**to clean** [tu clin]
llamar	**to call** [tu col]
llegar	**to arrive** [tu arráiv]
llevar	**to carry** [tu cárri]
mirar	**to look** [tu luc]
pagar	**to pay** [tu péi]
parar	**to stop** [tu stop]
pasar	**to happen** [tu jápen]
preguntar	**to ask** [tu asc]
terminar	**to end** [tu end]
tomar	**to take** [tu téic]
trabajar	**to work** [tu uérc]
usar	**to use** [tu iús]

¡Más, más, y más! No te quejes, pues ya hemos visto muchas de ellas antes:

abrir	**to open** [tu ópen]
aprender	**to learn** [tu lern]
beber	**to drink** [tu drinc]
comer	**to eat** [tu it]
correr	**to run** [tu ran]
decir	**to say** [tu séi]

dormir	**to sleep** [tu slip]
entender	**to understand** [tu anderstán]
escribir	**to write** [tu ráit]
ir	**to go** [tu góu]
leer	**to read** [tu rid]
morir	**to die** [tu dái]
poner	**to put** [tu put]
recibir	**to receive** [tu risív]
salir	**to leave** [tu liv]
vender	**to sell** [tu sel]
venir	**to come** [tu cam]
ver	**to see** [tu si]
vivir	**to live** [tu liv]
volver	**to return** [tu ritérn]

 # Advice!

- Muchas de las palabras en inglés tienen más de una traducción en español.

jugar	**to play (games)** [tu pléi géims]
tocar	**to play (music)** [tu pléi miúsic]
salir	**to leave (to work)** [tu liv tu uérc]
dejar	**to leave (behind)** [tu liv bijáin]
ahorrar	**to save (things)** [tu séiv zíngs]
salvar	**to save (a life)** [tu séiv a láif]
regresar	**to return (somewhere)** [tu ritérn sámuer]
devolver	**to return (something)** [tu ritérn sámsin]
saber	**to know (something)** [tu nóu sámsin]
conocer	**to know (someone)** [tu nóu sámuan]

- Y no te olvides de estos sinónimos:

contestar	**to answer, to respond** [tu ánser, tu rispón]
hablar	**to talk, to speak** [tu toc, tu spic]
ocurrir	**to occur, to happen** [tu oquér, tu jápen]
terminar	**to end, to finish** [tu end, tu fínich]
empezar	**to begin, to start** [tu bigín]

- Algunos verbos cambian su significado cuando se combinan con otras palabras: **to get up** [tu get ap] (levantarse); **to get in** [tu get in] (entrar).

2

CAPITULO *TWO* [tu]

I Practice Every Day!
[ái práctis évri déi]

(¡Yo practico todos los días!)

Welcome to Planet Present Tense
[uélcam tu plánet présen tens]
(Bienvenidos al planeta del Tiempo Presente)

Ya nos hemos abastecido de combustible con el conocimiento básico del idioma y hemos despegado con un rápido repaso del uso de los verbos. ¡Nuestro vuelo hacia el inglés avanzado ha comenzado!

Más adelante se divisa un mundo de verbos con acción en el Tiempo Presente del Indicativo. Este es un lugar visitado frecuentemente y muy conocido por su abundancia de habitantes regulares e irregulares. No tengas miedo, ya que el planeta Tiempo Presente puede ser conquistado fácilmente. Todo lo que necesitas son unos cuantos atajos hacia una comunicación exitosa.

Al momento de entrar en esta útil área de las conjugaciones verbales, agárrate a cuantos verbos infinitivos te sea posible. Si me escuchas, ten la seguridad de que pronto notarás la diferencia. Como siempre, usa la lista de verbos al final de este libro como referencia.

Everyday Actions [évridei ákchons]
(Acciones cotidianas)

En este capítulo, exploraremos el uso de los verbos en el magnífico planeta Tiempo Presente, donde todo pasa repetidamente y en forma regular. Pronto descubrirás que comunicarte con verbos en inglés en las actividades diarias es fácil y divertido. Así que relájate, respira profundamente y ven conmigo.

Primero, en el Tiempo Presente del Indicativo, puedes usar las formas básicas (infinitivos) de los verbos para comunicar tus ideas:

I work there.	Trabajo allí.
You work there.	Trabaja allí.
They work there.	Trabajan allí.
We work there.	Trabajamos allí.

¿Te das cuenta? ¡Solamente necesitas el infinitivo **work** para hablar de mucha gente que trabaja! No olvides, eso sí, que si hablas de una sola cosa o persona, la forma básica cambia pues debes usar una **s** al final:

She works there.	Ella trabaja allí.
He works here.	El trabaja aquí.
My car works O.K.	Mi carro funciona bien.
It works great!	¡Trabaja excelente!

How do you write it?

Mira los ejemplos abajo. Algunas palabras de acción cambian un poco cuando la acción es hecha por una sola persona. Estudiaremos estas formas muy pronto:

I fish.	**We try.**	**They go.**
Ed fishes.	**Mr. Peterson tries.**	**She goes.**

I bet you can!

(17) Cambia los verbos de la izquierda según el ejemplo:

I work.	**José works.**
I drive.	**She** _____.
I play.	**Paula** _____.
I write.	**He** _____.
I walk.	**Mr. Smith** _____.

Advice!

• Este sistema es idéntico en todos los verbos regulares en inglés. Estudia las traducciones:

Hablar	**To Speak** [tu spic]
hablo	**I speak** [ái spic]
hablas	**You speak** [iú spic] (singular)
habla	**He speaks, She speaks** [ji spics, chi spics]
hablan	**You speak** (plural), **They speak** [iú spic, déi spic]
hablamos	**We speak** [uí spic]

• La tercera persona de la forma singular puede referirse a cualquier objeto o animal:

¡Come mucho!	**It eats a lot!** [et its a lat]
¡Se mueve!	**It moves!** [et muvs]

• Aquí puedes ver cómo se construyen tanto la negación como la pregunta. Hablaremos de estas formas muy pronto:

¿Vive en la casa?	**Does he live in the house?** [das ji liv in de jáus]
No, no vive en la casa.	**No, he doesn't live in the house.** [no, ji dasnt liv in de jáus]

• A veces el presente indicativo puede ser traducido en forma diferente en el inglés. Por ejemplo:

Yo siempre hablo español.	**I always speak Spanish.** [ái ólueis spic spánich]
	I always do speak Spanish. [ái ólueis du spic spánich]
	I'm always speaking Spanish. [am ólueis spíquin spánich]

Pero no te inquietes por eso. Te lo menciono sólo para que no te extrañes cuando veas frases que no están construidas exactamente como aparecen en este libro. El inglés es muy flexible y con el tiempo dominarás estas diferencias sin mucho trabajo.

- Una forma excelente de recordar los cuatro formas de conjugar los verbos es escribirlas en pequeñas tarjetas de cartón. En un lado escribe los cuatro tiempos del verbo y en el otro lado escribe en letras grandes la forma infinitiva. Tu tarea será tratar de recordar los cuatro tiempos del verbo sin voltear la tarjeta. Desarrolla maneras de simplificar tu aprendizaje:

> **I, You, They, We speak**
> **He, She, It speaks**

- Muy pronto, estudiarás una variedad de formas conjugadas del verbo en inglés. Para aprender las formas más rápido, mira la lista en la parte de atrás de este libro. Por medio de la práctica de los patrones, aprenderás a hablar de los eventos en el tiempo pasado, presente y futuro. Para expresar bien tus pensamientos, será necesario que memorices todos los verbos que puedas.

The Present: More Information
[de présen mor informéichen]
(El Presente: más información)

Estudia y practica este grupo de verbos comunes. Recuerda que sólo requieren una letra extra para conversar en la tercera persona del singular. Necesitas traducir todo sin ayuda:

work	**She works in the office.** [chi uércs in de áfis]
write	**Tony writes in Spanish.** [tóni ráits in spánich]
sit	**He sits in the chair.** [ji sits in de chéar]
eat	**The dog eats meat.** [de dog its mit]
sleep	**Frank sleeps a lot.** [franc slips a lat]
speak	**Mrs. Martin speaks Spanish.** [mísis mártin spics spánich]
walk	**Mr. Smith walks to school.** [míster smid uócs tu scul]
drink	**The cat drinks milk.** [de cat drincs milc]

A propósito, algunas formas de la tercera persona del singular terminan con las letras **es**. Normalmente son los verbos que terminan con las letras **x, z, s, ch** y **s.** Estudia, por favor:

mirar	**to watch**	**watches** [uóchis]	**He watches TV.** [ji uóchis tiví]

pescar	**to fish**	**fishes** [fíchis]	**She fishes at night.** [chi fíchis at náit]
besar	**to kiss**	**kisses** [quísis]	**Mary kisses John.** [méri quísis llon]

Y no te olvides que algunos verbos son muy raros. En tales verbos, casi todas sus letras cambian en su forma y pronunciación. Estos son unos ejemplos:

tener	**to have**	**has** [jas]	**Mike has money.** [máic jas máni]
hacer	**to do**	**does** [das]	**Sandra does the work.** [sándra das de uórc]
ser	**to be**	**is** [es]	**Bob is my friend.** [bob es mái fren]

¡Sería una buena idea si empiezas a memorizar las palabras que necesitas usar diariamente!

How do you pronounce it?

Si tu sonido es diferente al final de una de las formas del verbo—no te preocupes. Mientras tus palabras básicas sean claras y fuertes, la mayoría de la gente se dará cuenta de lo que estás queriendo decir. ¡Ten cuidado! Cuando pronuncies las siguientes palabras, recuerda que la **s** suena más como una **z**:

jugar	**to play** [tu pléi]	**She plays tennis.** [chi pléis ténis]
correr	**to run** [tu ran]	**He runs fast.** [ji rans fast]
cantar	**to sing** [tu sing]	**She sings well.** [chi sings uél]
vivir	**to live** [tu liv]	**He lives here.** [ji livs jir]
leer	**to read** [tu rid]	**She reads books.** [chi rids bucs]

How do you write it?

Cuando la forma del verbo termina con una consonante junto a la **y,** las últimas letras cambian a **ies.** Así:

estudiar **study**   **studies**   **She studies English.**
          [stádi]   [stádiz]   [chi stádiz ínglech]

Recuerda que el cambio ocurre en la tercera persona del singular:

tratar **try**   **tries**   **Bob** _____
        [trai]   [traiz]

cargar **carry** **carries** **Susan** _____
        [quéri] [quériz]

volar   **fly**   **flies**   **Frank** _____
        [flái]   [fláiz]

¿Pronunciaste la **s** al final de estas palabras más como una **z?**

 # I bet you can!

(18) Debes saber cómo hacer este ejercicio:

I go   **He goes**
I play   **He plays**
I teach   **He** _____
I study   **He** _____
I drive   **He** _____

(19) Repite cada palabra tres veces y busca las traducciones:

dishes [díchis]   **boxes** [báxis]
classes [clásis]   **watches** [uóchis]
buses [básis]   **kisses** [quísis]
churches [chérchis]   **lunches** [lánchis]
dresses [drésis]   **beaches** [bíchis]

(20) Practica escuchando y pronunciando los sonidos diferentes para la letra **s.** En la lista abajo, escribe **s** o **z** para mostrar como se pronuncia la letra **s.** Mira los ejemplos:

also	s
busy	z
this	_____
these	_____
those	_____
was	_____
class	_____
his	_____
goes	_____
some	_____

 Grammar!

En inglés, la posición de los pronombres personales casi siempre está al revés. Compara los dos idiomas:

We talk to them. [uí toc tu dem]	Les hablamos.
I understand you. [ái anderstán iú]	Te entiendo.
She writes to us. [chi ráits tu as]	Ella nos escribe.
He has it. [ji jas et]	El lo tiene.
Do you send them? [du iú send dem]	¿Los mandas?

Nothing Like the Present [názin láic de présen]
(Nada como el Presente)

En el planeta Tiempo Presente, todo lo que escuchas se refiere a actividades regulares y repetitivas. Por eso, ¿por qué no añadir unas cuantas expresiones relacionadas con el tiempo que nos dicen cuándo es que una acción ocurre? Aprende cada una de estas expresiones que a menudo acompañan a comentarios hechos en el Tiempo Presente del Indicativo.

a diario	**daily** [déili]
a menudo	**often** [ófen]
a veces	**sometimes** [sámtaims]
cada semana	**each week** [ich uíc]

casi nunca	**seldom** [séldom]
con frecuencia	**frequently** [frícuentli]
nunca	**never** [néver]
siempre	**always** [ólueis]
todo el tiempo	**all the time** [ol de táim]
todos los días	**every day** [évri déi]
usualmente	**usually** [iúchuali]

Ahora, ¡pronuncia y traduce estos ejemplos!

They always drive fast. [déi ólueis dráiv fást]

Sometimes he sleeps in the living room. [sámtaims ji slips in de líving rum]

We watch TV every day. [uí uóch tiví évri déi]

 # Advice!

• Recuerda el número de la página anterior. Las palabras allí vistas pueden ser también usadas con acciones en el Tiempo Presente a lo largo de todo el capítulo.

• Hay algunas formas verbales que pueden combinarse con infinitivos para expresar mensajes completos e importantes. Mira la columna de la izquierda y nota cómo se combina con infinitivos:

I could... [ái cud]	Podría	**...walk.** [uóc]	caminar.
I like to... [ái láic tu]	Me gusta	**...sing.** [sing]	cantar.
I have to... [ái jaf tu]	Tengo que	**...work.** [uórc]	trabajar.
I need to... [ái nid tu]	Necesito	**...eat.** [it]	comer.
I want to... [ái uánt tu]	Quiero	**...go.** [góu]	ir.
I should... [ái chud]	Debiera	**...study.** [stádi]	estudiar.
I can... [ái can]	Puedo	**...read.** [rid]	leer.
I must... [ái mast]	Debo	**...laugh.** [laf]	reír.

- Mira el poder de esta frase:

Acabo de...	**I just finished...** [ái llast fínichd]
Acabo de leer.	**I just finished reading.** [ái llast fínichd rídin]

- Muchos verbos auxiliares solamente tienen una sola forma (el condicional):

Debiera...	**I should...** [ái chud]
Debieras...	**You should** (singular)... [iú chud]
Debiera...	**He should, She should...** [ji, chi chud]
Debieran...	**You should** (plural), **They should...** [iú, déi chud]
Debiéramos...	**We should...** [uí chud]

Es importante saber que el tiempo condicional **should** ("debiera, debieras, debiéramos" y "debieran") tiene mucha más fuerza en inglés que en español; es decir, cuando alguien te dice **You should go** ("Debieras ir"), realmente te está diciendo "Debes ir." Hablaremos más del tiempo condicional en el Capítulo 7. Por ahora, mira como cambia la intención cuando se usa **should**:

Inglés	Traducción	Intención
We should walk. [uí chud uóc]	Debiéramos caminar.	Debemos caminar.
She should not speak. [chi chud not spic]	No debiera hablar.	No debe hablar.
I should write. [ái chud ráit]	Debiera escribir.	Debo escribir.

- Para aclarar a quién te estás refiriendo, cuando hagas una pregunta coloca el pronombre personal antes de la forma del verbo:

¿Quiere usted mover la silla?   **Do *you* want to move the chair?**

- Recuerda que los verbos regulares no son los verbos auxiliares:

will [uíl] (futuro)	**I will go.**	Iré.
can [can] (habilidad)	**I can go.**	Puedo ir.

may	**I may go.**	Podría ir.
[méi] (posibilidad, permiso)		
might		
[máit] (posibilidad)	**I might go.**	Iría.
should, must		
[chud, mast] (obligación)	**I should go.**	Debo ir.

 # How do you pronounce it?

Hay muchos verbos en inglés que suenan casi igual (**watch-wash** [uách-uách], **kiss-keys** [kis-kis]). Por ahora, cuando te encuentres en tal situacíon, no contestes con una sola palabra sino con una frase que indique el significado de tu verbo.

 # I bet you can!

(21) ¡Conéctalas!

dream	nadar
fight	encontrar
find	llorar
help	cortar
swim	besar
should	deber
cut	soñar
cook	ayudar
kiss	pelear
cry	cocinar

Idiomatic Expressions
[idiomátic expréchons]
(Expresiones idiomáticas)

Mucha gente usa expresiones idiomáticas para expresarse. ¡Esta parte del inglés es difícil de aprender! Aquí tienes algunos ejemplos que usan verbos en el presente indicativo:

to put on	ponerse	**I always put on my shoes.** [ái ólueis put on mái chus]
to take off	quitarse	**She often takes off her jacket.** [chi ófen téics of jer lláquet]
to get on	subirse	**They get on the big bus.** [déi get on de big bas]
to get off	bajarse	**We get off here.** [uí get of jir]
to turn on	prender	**He turns on the light.** [ji terns on de láit]
to turn off	apagar	**You turn off the TV.** [iú tern of de tiví]

 Advice!

• Una expresión puede tener más de una traducción. Por ejemplo, **to get off** significa bajarse o salir del trabajo:

I get off at eight. [ái get of at éit]	Salgo del trabajo a las ocho.
I get off the car. [ái get of de car]	Me bajo del carro.

• Y mira lo que pasa con la palabra **take** [téic] cuando cambiamos la preposición al final:

to take off [tu téic of]	quitarse, despegar
to take out [tu téic áut]	sacar, llevarse algo, salir con alguien

to take up   empezar, emprender, ocupar
[tu téic ap]

to take on   retar, desafiar
[tu téic on]

to take in   comprender, acoger
[tu téic in]

● Aquí tienes más expresiones. Dilas en voz alta:

to give in [tu giv in]	rendirse	**I always give in to my friends.**
to find out [tu fáin áut]	descubrir	**Can you find out who he is?**
to look for [tu luc for]	buscar	**Please look for my book.**

● ¿Has visto cuántas expresiones idiomáticas son verbos reflexivos en español?

burlarse de	**to make fun of** [tu méic fan av]
caerse	**to fall down** [tu fol dáun]
cansarse de	**to get tired of** [tu get táird av]
darse prisa	**to hurry up** [tu jári ap]
dormirse	**to fall asleep** [tu fol aslíp]
olvidarse de	**to forget about** [tu forgét abáut]
preocuparse	**to worry about** [tu uóri abáut]

● En inglés, **to know** [tu nóu] significa "saber" y "conocer":

No sé el número.	**I don't know the number.**
¿Sabe mucho usted?	**Do you know a lot?**
Sabemos cocinar.	**We know how to cook.**
Conozco a su tío.	**I know your uncle.**
¿Le conoce a usted?	**Does he know you?**
Conocen a Luz.	**They know Luz.**

I bet you can!

22 Cambia las frases a la tercera persona del singular. Usa el pronombre **She:**

I study English every day.	**She studies English every day.**

I like to study Spanish.   She likes to study Spanish.

I live in Miami.   _____

I am a good student.   _____

I want to learn English well.   _____

I teach English.   _____

I am very busy today.   _____

I go to the movies very often.   _____

I do these exercises every day.   _____

I see Mr. Ryan on the bus every day.   _____

(23) Traduce las oraciones:

Please get up.   _____
Please look for the book.   _____
Please hurry up.   _____
Please take off your shoes.   _____
Please get on the bus.   _____

Don't! and Doesn't!
[dont an dásent]
(¡No!)

Durante tu aprendizaje del inglés, vas a descubrir muchos usos de la palabra **not.** Por ejemplo, ésta se combina con **do** para hacer la palabra **don't,** la cual se usa en muchas expresiones y frases comunes. Como ya aprendiste, **don't** significa "no" cuando se encuentra enfrente de las palabras de acción:

Don't run! [dont rán]	¡No corras!
Don't smoke! [dont smóuc]	¡No fumes!
Don't walk! [dont uók]	¡No camines!
Don't worry! [dont uéri]	¡No te preocupes!
Don't be afraid! [dont bi afréid]	¡No tengas miedo!
Don't do it! [dont du et]	¡No lo hagas!

Mira lo que pasa cuando pones los pronombres personales enfrente de **don't:**

I don't have it. [ái dont jav et]	No lo tengo.
You don't need it. [iú dont nid et]	No lo necesitas.
We don't want it. [uí dont uánt et]	No lo queremos.

Usa **doesn't** [dásent] con los verbos para decir "no" cuando hables de una sola persona o cosa (la tercera persona singular). Esta es la combinación de **does** con **not:**

Lucy does not (doesn't) smoke.
[lúsi das not dásent smóuc]
Lucy no fuma.
My car does not (doesn't) move.
[mái car das not dásent muv]
Mi carro no se mueve.
The store does not (doesn't) close.
[de stóar das not dásent clóus]
La tienda no cierra.

Advice!

• Observa más palabras de negación aquí. Estudia los significados:

I cannot stand it.   No lo aguanto.
[ái canát stand et]

I did not realize.   No me di cuenta.
[ái did nat rialáis]

We have not finished.   No hemos terminado.
[uí jav nat fínicht]

He could not come.   El no pudo venir.
[ji cud nat cam]

I will not do it.   No lo voy a hacer.
[ái uíl nat du et]

Grammar!

Sigue practicando los mandatos comunes con la forma negativa:

Levántese   **Stand up** [stand ap]
Siéntese   **Sit down** [sit dáun]
Acuéstese   **Lie down** [lái dáun]
Vístase   **Get dressed** [get dres]
Váyase   **Leave** [liv]

No se levante   **Don't stand up** [dont stan ap]

No se siente   **Don't sit down** [dont sit dáun]

No se acueste   **Don't lie down** [dont lái dáun]

No se vista   **Don't get dressed** [dont get dres]

No se vaya   **Don't leave** [dont liv]

Y nota el orden de estas palabras en inglés:

Don't stand up.   No te levantes.
Don't sit down.   No te sientes.
Don't lie down.   No te acuestes.
Don't get dressed.   No te vistas.
Don't leave.   No te vayas.

Don't tell it to me!   ¡No me lo digas!
Don't bring it to us!   ¡No nos la traigas!
Don't give it to him!   ¡No se lo des!
Don't buy it for her!   ¡No se lo compres!

I bet you can!

24 Llena los espacios en blanco con **don't** o **doesn't:**

I _____ like chocolate.
Sandra _____ like candy.
We _____ want new shoes.
She _____ want beer.
They _____ need an apartment.

25 Sigue el ejemplo:

I do not play.   **I don't play.**
She does not work.   _____
We do not fight.   _____
He does not drive.   _____
They do not sing.   _____

Do and Does
[du an das]
(Auxiliares)

Como ya sabemos, las palabras **don't** y **doesn't** siempre se usan en inglés para expresar "no" y se ponen antes de los verbos. Las palabras **do** y **does** también son importantes, porque se usan para formular preguntas. Mira los ejemplos que siguen:

Where do you live?	¿Dónde vives?
[uéar du iú liv]	
Do they like milk?	¿Les gusta la leche?
[du déi láic milc]	
What do you want?	¿Qué quieres?
[uát du iú uánt]	
Does she eat fish?	¿Come ella pescado?
[das chi it fich]	
When does he work?	¿Cuándo trabaja él?
[uén das ji uérc]	

Estas palabras también se emplean en afirmaciones. Por eso, cuando te pregunten algo, escucha por **does** y **do:**

Does he speak English?	**No, he doesn't.**
Do you understand?	**Yes, I do!**

 ## I bet you can!

 Traduce y pronuncia en voz alta:

Does your friend work every day?
Do you speak Spanish or Italian?
Does Fred drink coffee?

¡Practica!

He sings.	**He doesn't sing.**	**Does he sing?**
She dances.	**She doesn't dance.**	**Does she dance?**
Jim reads.	**Jim doesn't read.**	**Does Jim read?**

¡Conversa!

Where do you work?	**At the hotel. And you?**
I don't work. I'm a student.	**Really? Do you go to school?**
Yes, I go to the university.	**What do you study?**
English, Art, and Music.	**Wow! That's great!**

(27) Llena los espacios en blanco con **do** o **does**:

_____ **you read a lot of books?**

_____ **Samuel speak Spanish?**

_____ **they have bicycles?**

What _____ **Philip want?**

Where _____ **you guys live?**

When _____ **we work?**

 # Advice!

• Los verbos están en continua demanda, ya que ninguna conversación puede existir sin ellos. Dominarlos te tomará algo de esfuerzo, así que ponte a practicar con los siguientes ejemplos. Lee cada una de las oraciones en inglés en voz alta y trata de traducirlas sin mirar a la izquierda.

Trabajo en el restaurante.	**I work in the restaurant.** [ái uérc in de réstoran]
No estudiamos italiano.	**We don't study Italian.** [uí dont stádi itálian]
Habla usted español?	**Do you speak Spanish?** [du iú spic spánich]
Ella compra muchos libros.	**She buys a lot of books.** [chi báis a lat av bucs]
Los niños toman leche.	**The children drink milk.** [de chíldren drinc milc]
Comemos mucha fruta.	**We eat a lot of fruit.** [uí it a lat av frut]
Carlos vende carros.	**Carlos sells cars.** [cárlos sels cars]
¿Lee usted novelas románticas?	**Do you read romantic novels?** [du iú rid romántic nóvels]

El no corre en el parque. **He doesn't run in the park.** [ji dásent ran in de parc]

¡Siempre aprendemos inglés! **We always learn English!** [uí ólueis lern ínglech]

¿Dónde vives? **Where do you live?** [uér du iú liv]

Abro las puertas a las nueve. **I open the doors at nine.** [ái ópen de dóars at náin]

Pedro no recibe nada. **Peter doesn't receive anything.** [píter dásent ricív énizin]

Escriben en inglés. **They write in English.** [déi ráit in ínglech]

No permiten perros. **They don't allow dogs.** [déi dont aláu dogs]

• Puedes poner énfasis en algo que estás diciendo por medio de las palabras **do** y **does:**

She knows him.   **She <u>does</u> know him!** [chi das nóu jim]
I call you.   **I <u>do</u> call you!** [ái du col iú]
Sit down.   **<u>Do</u> sit down!** [du sit dáun]

• Los infinitivos se aprenden mejor cuando son estudiados como oraciones o frases completas:

marcar el número   **to dial the number** [tu dáial de námber]

tocar la puerta   **to knock at the door** [tu noc at de dor]

mirar televisión   **to watch TV** [tu uách tiví]

• Por lo general, debes juntar tus ideas de la misma manera. Sin embargo, en inglés las emociones y el significado pueden cambiar de acuerdo a la manera en que son colocadas las palabras. Fíjate:

Forma común:

Mi padre trabaja mucho en la oficina.
My father works a lot at the office.

Forma poco común:

En la oficina, mi padre trabaja mucho.
At the office, my father works a lot.

• Describe tus actividades añadiendo unas pocas palabras con la terminación **ly** [li]. En inglés, tales palabras son los adverbios. Para que aprendas más acerca de ellos, por favor observa:

claro	**clear** [clíar]	claramente	**clearly** [clíarli]
fácil	**easy** [ísi]	fácilmente	**easily** [ísili]
lento	**slow** [slóu]	lentamente	**slowly** [slóuli]
rápido	**quick** [cuíc]	rápidamente	**quickly** [cuícli]
triste	**sad** [sad]	tristemente	**sadly** [sádli]
valiente	**brave** [bréiv]	valientemente	**bravely** [bréivli]

I work quickly, but my friend works slowly.

I have it! [ái jav it]
(¡Lo tengo!)

Have [jav] significa "tener" or "haber" y es una de las palabras de más valor en el idioma inglés.

Do you have a problem?	¿Tienes un problema?
No, I don't have a problem.	No, no tengo un problema.
Do you have the money?	¿Tienen ustedes el dinero?
Yes, we have the money.	Sí, tenemos el dinero.

Has [jas] es otra forma del verbo **to have** y significa "tiene". Se usa cuando hablamos de una sola persona o cosa (la tercera persona del singular). Por ejemplo:

Tina <u>has</u> a book.	Tina tiene un libro.
My car <u>has</u> gas.	Mi carro tiene gasolina.
The country <u>has</u> fifty states.	El país tiene cincuenta estados.

 Advice!

• **Have** y **Has** tienen también otros usos. Por ahora, usa estas palabras tan solo para decir "tener".

• Para decir que no se tiene algo, necesitarás combinar **doesn't** o **don't** con **have**. Recuerda que **doesn't** se refiere a una sola cosa o persona:

We don't have one.	No tenemos uno.
You don't have time.	No tienes tiempo.
She doesn't have a coat.	Ella no tiene un abrigo.
He doesn't have a car.	El no tiene un carro.

• Una construcción usada a menudo en inglés se llama **tag ending** [tag éndin]. Esta se usa para hacer una pregunta o para confirmar un hecho que ya conocemos. Las **tag endings** están compuestas de un pronombre y un verbo auxiliar, y se emplean para expresar negación después de una oración afirmativa, o bien, al revés, para expresar afirmación después de una oración negativa. Por ejemplo:

> **She has a book, doesn't she?** [chi jas a buc, dásent chi]
> Ella tiene un libro, ¿no es así?
> **He doesn't have a pencil, does he?** [ji dásent jav a pénsil, das ji]
> El no tiene un lápiz, ¿o es que lo tiene?
> **They play tennis, don't they?** [déi pléi ténis, dont déi]
> Ellos juegan tenis, ¿no es así?
> **You don't drive, do you?** [iú dont dráiv, du iú]
> Tú no manejas, ¿o sí lo haces?

• Para hacer preguntas con **have,** empieza tus oraciones con **do, don't, does,** o **doesn't:**

| **Do you have a pen?** | **Don't you have a pen?** |
| **Does Tony have paper?** | **Doesn't Tony have paper?** |

• Las respuestas cortas se usan en inglés para contestar preguntas directas. Todo lo que necesitas es un sujeto y un verbo auxiliar. Mira estos ejemplos:

Do you have it?	**Yes, I do.**
Does she have a sofa?	**Yes, she does.**
Are they your friends?	**No, they aren't.**
Does Bob sing?	**Yes, he does.**
Is it 6:00?	**No, it isn't.**

• En inglés, el verbo **to be** se usa a veces como el verbo **to have:**

(tengo) miedo	**(I am) afraid** [am afréd]
(tienen) frío	**(they are) cold** [déi ar cold]
(tiene) quince años	**(she is) fifteen years old** [chi es fiftín íers old]
(tengo) calor	**(I am) hot** [ái am jot]

(tienen) hambre	**(they are) hungry** [déi ar jángri]
(tiene) sueño	**(he is) sleepy** [ji es slípi]
(tenemos) sed	**(we are) thirsty** [uí ar zérsti]
(tienes) razón	**(you are) right** [iú ar ráit]
(tengo) suerte	**(I am) lucky** [ái am láqui]
(tienen) cuidado	**(they are) careful** [déi ar quérful]

• Aquí tienes todas las formas del verbo **to have** en el tiempo presente. ¿Puedes traducirlas?

Singular	Plural
I have	**we have**
you have	**you have**
he has	**they have**
she has	
it has	

 # Grammar!

• En las conversaciones diarias en inglés, evita comenzar una pregunta con una preposición:

Correcto: **What are they looking at?** [uát ar déi lúquing at]

Incorrecto: **At what are they looking?**

Correcto: **What country does he come from?** [uát cántri das ji cam from]

Incorrecto: **From what country are they?**

 # I bet you can!

(28) Primero lee lo que sigue en voz alta y después escribe la traducción al español en los espacios en blanco:

Don't smoke in the house! _____

_____

We don't like hot food. _____

_____

I don't speak much English. _____

_____

My mother doesn't live in Mexico. _____

_____

That TV doesn't work well. _____

_____

He doesn't want the chair. _____

_____

Do you have beer? _____

_____

They don't have the money. _____

_____

Francisco doesn't have a job. _____

_____

(29) Escribe la forma correcta del verbo **to have** en cada uno de los espacios en blanco:

Helen has a red car.
I have many friends.
We _____ new clothes.
You _____ a good TV.
The dog _____ food.
This room _____ a big door.
I _____ an old house.
Mary _____ a black stereo.
John _____ a problem.
John and Henry _____ an excellent doctor.

How do you write it?

Con las palabras de acción, el prefijo **un** [an] en inglés generalmente significa "des-" en español:

enganchar	**to hook**	desenganchar	**to unhook**
	[tu juc]		[tu ánjuc]
hacer	**to do**	deshacer	**to undo**
	[tu du]		[tu ándu]
enchufar	**to plug in**	desenchufar	**to unplug**
	[tu plag in]		[tu ánplag]

We Practice at Home [uí práctis at jom]
(Practicamos en casa)

Como muchas de nuestras experiencias están relacionadas con la vida alrededor de la casa, debes ampliar tu vocabulario hogareño. La mayoría de los principiantes en el idioma inglés saben cómo se llama cada uno de los cuartos. Observa cuán bien se combina este vocabulario con los verbos en el tiempo presente:

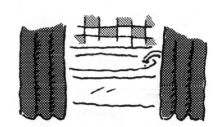

el baño	**bathroom** [básrum]
	We clean the bathroom.
el dormitorio	**bedroom** [bédrum]
	We study in the bedroom.
el garaje	**garage** [garách]
	We work in the garage.
la cocina	**kitchen** [quítchen]
	We eat in the kitchen.
la sala	**living room** [lívin rum]
	We talk in the living room.

Sigue adelante, pero esta vez crea tus propias oraciones:

el desván	**attic** [átic]
	_____
el sótano	**basement** [béisment]
	_____
la sala de familia	**den** [den]
	_____
el comedor	**dining room** [dáinin rum]
	_____
el vestidor	**dressing room** [drésin rum]
	_____
el cuarto de visitas	**guest room** [guést rum]
	_____
el pasillo	**hallway** [jóluei]
	_____
la biblioteca	**library** [láibreri]
	_____
la sala de juegos	**playroom** [pléirum]
	_____
el depósito	**storeroom** [stóarum]
	_____

Ahora, mira otras partes de la **house.** ¿Cuáles son las palabras más fáciles para recordar?

el balcón	**balcony** [bálconi]
el bar	**bar** [bar]
la cerca	**fence** [fens]
la chimenea	**chimney** [chímni]
la entrada para carros	**driveway** [dráivuei]
el fogón	**fireplace** [fáirpleis]
el gabinete	**cabinet** [cábinet]
la pared	**wall** [uál]
el patio	**yard** [iárd]
la piscina	**pool** [púul]
el piso	**floor** [flóar]
el pórtico	**porch** [porch]
el portón	**gate** [guéit]
la puerta	**door** [dóar]
el ropero	**closet** [cláset]
el techo	**ceiling** [sílin]
el tejado	**roof** [ruf]
la terraza	**terrace** [térras]
la ventana	**window** [uíndou]

 # Advice!

• Anota las formas de este popular verbo. Es ideal para conversaciones cotidianas sobre cosas del hogar:

Necesitar   **To Need** [tu nid]

necesito   **I need** [ái nid]
I need a fence. [ái nid a féns]

necesitas   **You need** (sing.) [iú nid]
Do you need the bathroom? [du iú nid de básrum]

necesita   **He needs, She needs** [ji nids, chi nids]
He needs a new kitchen. [ji nids a niú quítchen]

necesitan   **You need** (pl.), **They need** [iú nid, déi nid]
They don't need a pool. [déi dont nid a pul]

necesitamos   **We need** [uí nid]
We need more windows. [uí nid mor uíndous]

Furniture and Fixtures
[férnichur an fíxchers]
(Los muebles y los artefactos)

Estoy seguro que ya puedes nombrar en inglés a muchos de los muebles sin ninguna ayuda. Trata de traducir estas palabras en inglés sin mirar al español.

el armario	**armoire** [ármuar] _____
el banquillo	**stool** [stul] _____
el baúl	**chest** [chest] _____
la cama	**bed** [bed] _____
la ducha	**shower** [cháuer] _____
el escritorio	**desk** [desc] _____
el estéreo	**stereo** [stéreo] _____
el excusado	**toilet** [tóilet] _____
el fogón	**stove** [stóuv] _____
la lámpara	**lamp** [lamp] _____
el lavabo	**bathroom sink** [básrum sinc] _____
el lavadero	**kitchen sink** [quítchen sinc] _____
el librero	**bookshelf** [búkchelf] _____
la mesa	**table** [téibol] _____
la mesita de noche	**nightstand** [náistan] _____
la pintura	**painting** [péintin] _____
el refrigerador	**refrigerator** [rifricheréitor] _____
el reloj	**clock** [clac] _____
la silla	**chair** [chéar] _____
el sillón	**armchair** [ármchear] _____
el sofá	**sofa** [sófa] _____
el teléfono	**telephone** [télefon] _____
el televisor	**television** [televíchen] _____
la tina	**bathtub** [bástab] _____
el tocador	**dresser** [dréser] _____

How do you pronounce it?

Este sonido da problemas a muchos estudiantes hispanos, pues en español la "v" a menudo se pronuncia igual que la "b". Debes recordar que en inglés su pronunciación requiere poner los dientes superiores sobre el labio inferior:

Pronounce the V [pronáuns de vi] (pronuncia la "v":)

live
very
visit
have
five
love

La "v" inglesa nunca debe pronunciarse como la letra "b". Aquí tienes dos frases para practicar:

Vivian visits Victor in the valley.
In Virginia, I live near five rivers.

More Household Things [mor jáusjol sings]
(Más cosas caseras)

Sigue caminando por la casa, señalando y nombrando cosas en inglés. ¡Sé tan detallado como quieras!

las alfombras	**rugs** [rags]
las barandas	**banisters** [bánisters]
los cajones	**drawers** [dróers]
las cortinas	**curtains** [quértens]
las escaleras	**stairs** [stéars]
los escalones	**steps** [steps]
los grifos	**faucets** [fósets]
las lámparas	**lamps** [lámps]
los mosquiteros	**screens** [scríns]
las pantallas	**lampshades** [lámpcheids]
los postigos	**shutters** [cháters]
las repisas	**shelves** [chelfs]
los sofás	**sofas** [sófas]

In the Yard [in de iár] (En el patio)

el basurero	**trash can** [trach can]
la hamaca	**hammock** [jámoc]
la parrilla	**barbecue grill** [bárbeqiú gril]
la silla de patio	**lawn chair** [lon chéar]
la silla de playa	**beach chair** [bich chéar]
la sombrilla	**umbrella** [ambréla]

The Appliances [de apláianses] (Los electrodomésticos)

Aquí tienes una manera muy práctica de repasar los nombres de los artefactos caseros. ¡Sólo añade una orden y comienza a entretener a tus amigos y familiares!

Prenda...	**Turn on...** [tern on]
Apague...	**Turn off...** [tern of]
Traiga...	**Bring...** [bring]
Mire...	**Look at...** [luc at]
Recoja...	**Pick up...** [pic ap]
Mueva...	**Move...** [muv]
Toque...	**Touch...** [tach]
Enchufe...	**Plug in...** [plag in]
Desenchufe	**Unplug...** [ánplag]
Limpie...	**Clean...** [clin]

el abridor de garajes	**garage door opener** [garách dóar ópener]
el acondicionador de aire	**air conditioner** [ér condíchoner]
la báscula	**scale** [squéil]
el calentador	**heater** [jíter]
el calentador de agua	**hot water heater** [jat uáter jíter]
la computadora	**computer** [compiúter]
el congelador	**freezer** [fríser]
el contestador telefónico	**answering machine** [ánserin machín]
el detector de humo	**smoke detector** [smóuc detéctor]
el horno	**oven** [óven]
el horno microonda	**microwave** [máicroueiv]
la lavadora	**washer** [uácher]
el lavaplatos	**dishwasher** [dichuácher]
el casetero	**cassette player** [casét pléier]
la máquina de coser	**sewing machine** [sóuin machín]
el radio	**radio** [rédio]

la secadora	**dryer** [dráier]
el secador de pelo	**hair dryer** [jéar dráier]
la tostadora	**toaster** [tóuster]
el ventilador	**fan** [fan]
la videocasetera	**VCR** [visiár]

 # Advice!

- No a todo se le puede pegar el nombre o tocar:

la tubería	**plumbing** [plámin]
la calefacción	**heating** [jítin]
la electricidad	**electricity** [electríciti]

- Estos artefactos y dispositivos deben aprenderse para emergencias:

la alarma	**alarm** [alárm]
el botiquín	**medicine chest** [médisin chest]
la caja de fusibles	**fusebox** [fiúsbox]
la caja de primeros auxilios	**first aid kit** [fers éid quit]
el enchufe	**electrical outlet** [eléctrical áutlet]
el extintor	**fire extinguisher** [fáier extínguicher]
el interruptor	**light switch** [láit suích]
el medidor de gas	**gas meter** [gas míter]
el sistema de seguridad	**security system** [sequiúriti sístem]
el termostato	**thermostat** [térmostat]
la válvula de agua	**water valve** [uáter válv]

- ¿Cuán específico quieres ser?

el buzón	**mailbox** [méilbox]
la cerradura	**lock** [loc]
la perilla	**doorknob** [dóarnob]
el timbre	**doorbell** [dóarbel]

- **And for Decoration...** [an for decoréichen] (Y para decoración...)

Necesito...	**I need the...**
Vendo...	**I sell the...**
Tengo...	**I have the...**

la alfarería	**pottery** [páteri]
la alfombra	**rug** [rag]
la canasta	**basket** [básquet]
el cenicero	**ashtray** [áchtrei]
el espejo	**mirror** [míror]
la estatua	**statue** [stáchiu]
el florero	**vase** [véis]
la leña	**firewood** [fáieruod]
la maceta	**flower pot** [fláuer pat]
el marco	**picture frame** [píkcher fréim]
el ornamento	**ornament** [órnament]
el pedestal	**pedestal** [pedéstal]
la planta artificial	**artificial plant** [artifíchal plant]
el retrato	**portrait** [pórtreit]
el tapete	**mat** [mat]
el tapiz	**tapestry** [tápestri]

- **In the Kitchen** [in de quítchen] (En la cocina)

Trata de nombrar en inglés todos los artefactos de la cocina, los utensilios y los electrodomésticos. Menciona algunas actividades sobre la vida alrededor de la cocina, usando el tiempo presente de los verbos:

cocinar	**to cook** [tu cuc]
	I need to cook.
	_____
beber	**to drink** [tu drinc]
	_____
comer	**to eat** [tu it]
	_____
vaciar	**to empty** [tu émpti]
	_____
llenar	**to fill** [tu fil]
	_____
preparar	**to prepare** [tu pripéar]
	_____
meter	**to put inside** [tu put insáid]
	_____

sacar	**to take out** [tu téic áut]
usar	**to use** [tu iús]
lavar	**to wash** [tu uóch]

los platos	**dishes** [díches]
	They use white dishes.
los cubiertos	**silverware** [sílveruear]
	She has nice silverware.
los utensilios	**utensils** [iuténsils]
	Where are the utensils?

¡No pares ahora!

el plato hondo	**bowl** [bóul]
el plato	**plate** [pléit]
la loza de porcelana	**china** [cháina]
la fuente	**platter** [pláter]
la taza	**cup** [cap]
la olla	**pot** [pat]
el tenedor	**fork** [forc]
la rejilla	**rack** [rac]
el frutero	**fruit dish** [frut dich]
el asador	**roasting pan** [róustin pan]
el embudo	**funnel** [fánel]
el rodillo	**rolling pin** [rólin pin]
el vaso	**glass** [glas]

el salero	**saltshaker** [soltchéiquer]
la plancha	**griddle** [gridl]
la cacerola	**saucepan** [sóspan]
el cuchillo	**knife** [náif]

¿Quieres aprender más?

el platillo	**saucer** [sóser]
el cucharón	**ladle** [ladl]
la espátula	**spatula** [spáchula]
el molde	**mold** [mold]
la cuchara	**spoon** [spun]
la servilleta	**napkin** [nápquin]
el colador	**strainer** [stréiner]
el sartén	**pan** [pan]
la tetera	**teakettle** [tiquétl]
el pelador	**peeler** [píler]
el termo	**thermos** [térmos]
el pimentero	**pepper shaker** [péper chéiquer]
las tenazas	**tongs** [tongs]
el cántaro	**pitcher** [pítcher]
la bandeja	**tray** [tréi]
el mantelito individual	**placemat** [pléismat]

Advice!

- Algunos alimentos van en recipientes especiales. Observa los diferentes nombres:

mantequilla	**butter** [báter]	la mantequillera	**butter dish** [báter dich]
café	**coffee** [cáfi]	la cafetera	**coffeepot** [cáfipat]
salsa	**gravy** [gréivi]	la salsera	**gravy boat** [gréivi bóut]
ensalada	**salad** [sálad]	la ensaladera	**salad bowl** [sálad bóul]

How do you pronounce it?

Cuidado con las palabras que se pronuncian casi igual pero que se escriben distinto. Para la mayoría de tales palabras nos resulta imposible ofrecerte pronunciaciones que muestren la diferencia. Por eso, busca las traducciones y usa las palabras con gente que habla buen inglés; escuchándolas oirás las diferencias entre unas y otras:

their [déar]	**there** [der]
sun [san]	**son** [san]
wait [uéit]	**weight** [uéit]
threw [zru]	**through** [zru]
weak [uíc]	**week** [uíc]
cent [sent]	**sent** [sent]
flower [fláuer]	**flour** [fláur]
sale [séil]	**sail** [séil]
but [bat]	**bat** [bat]
hear [jíar]	**here** [jir]
some [sam]	**sum** [sam]
whole [jóul]	**hole** [jóul]
meet [mit]	**meat** [mit]
mail [méil]	**male** [méil]
our [áur]	**hour** [áur]
break [bréic]	**brake** [bréic]
pair [per]	**pear** [péar]
buy [bái]	**by** [bái]
so [sóu]	**sew** [sóu]
too [tu]	**two** [tu]

● **The Machines** [de machíns] (Las máquinas)

Me gusta...	**I like (the) ...** [ái láic de]
el abrelatas	**can opener** [can ópener]
la batidora	**mixer** [míxer]
el comprimidor de basura	**trash compacter** [trach compácter]
el desechador	**garbage disposal** [gárbich dispósal]
la hielera	**ice maker** [áis méiquer]
la licuadora	**blender** [blénder]
la máquina de palomitas	**popcorn popper** [pápcorn páper]
el procesador de alimentos	**food processor** [fud procésor]

 I bet you can!

(30) Conecta las palabras que pertenecen a la misma categoría:

pot	picture frame
fork	spoon
stove	pan
portrait	oven
rug	mat

Examina el vocabulario de las últimas páginas y llena los espacios en blanco. A ver, cuán creativo puedes ser.

We use the <u>knife</u> to <u>cut</u>.
We use the <u>blender</u> to <u>mix</u>.
We use the _____ to _____
We use the _____ to _____
We use the _____ to _____
We use the _____ to _____

 Advice!

● ¿Cansado? ¡No importa! El cansancio indica que estás aprendiendo. ¡Siempre cuando sea posible, no olvides señalar o tocar los objetos que mencionas en voz alta en inglés!

• No te sorprendas si a veces dos personas pronuncian distinto la misma palabra. Estados Unidos comprende un gran territorio y los residentes del sur y del norte tienden a tener acentos distintos y pronunciaciones que difieren en la extensión de las vocales.

• Las casas vienen en todas las formas y tamaños:

Vive en...	**He lives in the...** [ji livs in de]
el apartamento	**apartment** [apártmen]
la cabaña	**cabin** [cábin]
la casa rodante	**mobile home** [móbil jóum]
el condominio	**condominium** [condomínium]
la tienda	**tent** [tent]

• Aprende a ampliar tu conversación cuando hablas de un mismo tema:

el cuadro	**picture** [píkcher]
el dibujo	**drawing** [dróin]
la fotografía	**photograph** [fótograf]
la pintura	**painting** [péintin]
el retrato	**portrait** [pórtret]

3

CAPITULO *THREE*
[zri]

I'm Practicing Now!
[am práctisin náu]

(¡Estoy practicando ahora!)

What's Happening Now?
The Present Progressive!
[uáts jápenin náu, de présen progrésiv]
(¿Qué está pasando ahora?
¡El Presente Progresivo!)

Todavía hay mucho más terreno que cubrir en el planeta Tiempo Presente.

Para expresar bien tus ideas en inglés, necesitarás aprender la mayor cantidad de tiempos verbales que puedas. Muchos principiantes han tenido éxito con el tiempo Presente Progresivo (o Continuo) porque se refiere a lo que está pasando en este momento. El Presente Progresivo es similar a los verbos con las terminaciones "-ando" y "-iendo" en español.

A menudo, la terminación **ing** [ing] al final de una palabra nos indica que una acción está ocurriendo en el momento presente:

I'm working. [am uérquin]	Estoy trabajando.
John is speaking. [llon es spíquin]	Juan está hablando.
They're reading. [déir rídin]	Están leyendo.

Lo único que necesitas para usar esta terminación es una palabra de acción. Mira los siguientes ejemplos:

eat [it]	comer	**eating** [ítin]	comiendo
play [pléi]	jugar	**playing** [pléin]	jugando
learn [lern]	aprender	**learning** [lérnin]	aprendiendo

Para hacer oraciones completas, debemos usar **am, is** o **are**:

I am eating. [ái am ítin]	Yo estoy comiendo.
She is playing. [chi es pléin]	Ella está jugando.
We are learning. [uí ar lérnin]	Nosotros estamos aprendiendo.

 # Advice!

• Recuerda que en inglés siempre necesitas incluir los pronombres:

> **<u>Are you</u> working?** [ar iú uérquin]
> **<u>She</u> is running.** [chi es ránin]
> **<u>They</u> are speaking Spanish.** [déi ar spíquin spánich]

• ¡Mira! Ahora tienes una nueva manera de expresar las ideas más complicadas:

> **I am walking with my friends to the market because we don't have a car.**
> Estoy caminando al mercado con mis amigos porque no tenemos un carro.

Estudia este ejemplo. ¿Puedes traducirlo?

> **He is driving while she is looking at a map. The two friends are returning from their relaxing vacation in Florida.**

• Aquí tienes todas las formas del Presente Progresivo en inglés. Escribe una frase usando cada una de las formas del verbo:

To Go [tu go]   Ir

I am going (I'm going) [ái am góin, am góin]
I'm going to the market. _____

We are going (we're going) [uí ar góin, uír góin]

_____

You are going (you're going) [iú ar góin, iúr góin]

_____

He is going (he's going) [ji es góin, jis góin]

_____

She is going (she's going) [chi es góin, chis góin]

_____

It is going (it's going) [et es góin, ets góin]

_____

They are going (they're going) [déi ar góin, déir góin]

_____

• El tiempo Presente Progresivo describe una acción que está sucediendo ahora, hoy o mañana. Por ejemplo, **He's working!** podría significar que él está trabajando ahora mismo o que tiene un trabajo o que trabajará en el futuro.

(31) Traduce:

He's working now. _____
He's working today. _____
He's working tomorrow. _____

• Cuando te refieras al clima, usa la palabra **it** [et]:

It's raining. [ets réinin]   Está lloviendo.
It's cold. [ets col]   Hace frío.

• ¿Sabes qué? La frase **going to** [góin tu] también se usa para hablar de los eventos en el futuro:

Voy a comer.	**I'm going to eat.** [am góin tu it]
Vamos a estudiar.	**We're going to study.** [uír góin tu stádi]
Van a salir.	**They're going to leave.** [déir góin tu liv]

• En el tiempo Presente Progresivo, los verbos **come, leave, arrive** y **return** también describen una acción en el futuro. Mira:

We are coming tomorrow.
She is leaving next week.
They are returning in June.

 I bet you can!

¡Practica esta conversación con tus amigos! Cambia las palabras si quieres:

Where's Mary?	**She is working at the Italian Restaurant.**
What is she doing?	**She's cleaning tables and washing dishes.**

(32) Traduce y lee en voz alta:

Bill and Cecilia are kissing in the car. _____

_____

My father isn't listening to the stereo. _____

_____

The baby is crying and his sister is yelling. _____

_____

Those trees in the garden are growing fast. _____

_____

Is the secretary using a computer in the office? ___

_____

(33) Cambia el verbo entre paréntesis al tiempo Presente Progresivo:

Martin (go) to his class. _____
She (wait) for me. _____
Look! It (begin) to rain. _____
The men (paint) the office. _____
They (take) the books. _____
I (begin) to understand English. _____
We (make) new chairs. _____
Listen! The telephone (ring). _____
We (study) the words now. _____
He (leave) at this moment. _____

 # How do you write it?

Con algunos verbos, deberás cambiar las últimas letras antes de agregar la terminación **ing.** Fíjate como estos verbos tienen una letra repetida antes de la terminación:

abrazar	**to hug**	**hugging**	**He's hugging.**
	[tu jag]	[jáguin]	
brincar	**to hop**	**hopping**	**He's hopping.**
	[tu jop]	[jópin]	
correr	**to run**	**running**	**He's running.**
	[tu ran]	[ránin]	

empezar	**to begin** [tu beguín]	**beginning** [beguínin]	**He's beginning.**
parar	**to stop** [tu stap]	**stopping** [stápin]	**He's stopping.**
pegar	**to hit** [tu jit]	**hitting** [jítin]	**He's hitting.**
sentarse	**to sit** [tu sit]	**sitting** [sítin]	**He's sitting.**

Estos verbos pierden la letra **e** al final:

cerrar	**to close** [tu clóus]	**closing** [clóusin]	**She's closing.**
escribir	**to write** [tu ráit]	**writing** [ráitin]	**She's writing.**
manejar	**to drive** [tu dráiv]	**driving** [dráivin]	**She's driving.**
tomar	**to take** [tu téic]	**taking** [téiquin]	**She's taking.**
venir	**to come** [tu cam]	**coming** [cámin]	**She's coming.**
vivir	**to live** [tu liv]	**living** [lívin]	**She's living.**

A propósito, ¿te has fijado cuántas palabras se contraen en el inglés hablado?

He is talking.   **He's talking.**
She is not listening.   **She isn't listening.**

(34) Cambia el tiempo Presente Simple al tiempo Presente Progresivo. Asegúrate que comprendes la diferencia en el significado cuando estos tiempos del verbo cambian. El Presente Simple generalmente tiene que ver con actividades que se repiten consistentemente, mientras que el Presente Progresivo se refiere a acciones que ocurren en este mismo momento.

Henry sleeps on the sofa.
Henry is sleeping on the sofa.

She goes to the kitchen.

_____

They come to the apartment.

_____

The boy takes out the dishes.

_____

The girl fills the pitcher.

_____

We use those glasses.

_____

Alice puts the food in the pot.

_____

It cooks on the stove.

_____

I eat with a fork and knife.

_____

He eats lunch in the cafeteria.

_____

She does her work well.

_____

We learn English rapidly.

_____

He prepares dinner for us.

_____

He speaks very slowly. —lentamente

_____

He puts cream in his coffee.

_____

More Important Information [mor impórtan informéichen]
(Más información importante)

• El Presente Progresivo negativo se logra usando **not** después del verbo auxiliar **to be.** Generalmente el negativo se escribe en forma de contracción:

She _is_ studying English.   **She _is not_ studying English.**

She **isn't** studying
English.

• El Presente Progresivo interrogativo se logra usando el verbo
auxiliar **to be** antes del sujeto:

They <u>are</u> sleeping.   <u>Are</u> they sleeping?

 I bet you can!

A. Cambia las siguientes frases del Presente Progresivo afirma-
tivo al negativo sin contracción y después al negativo con contracción. Mira el ejemplo:

The telephone is ringing.
The telephone is not ringing.
The telephone isn't ringing.

Kathy is washing the dishes.

_____

_____

They are sitting at the table.

_____

_____

She is working on the fourth floor.

_____

_____

The man is cleaning the room now.

_____

_____

They are walking in the park.

_____

_____

You are having lunch outside.

_____

_____

John is doing well now.

_____

_____

We are watching a video.

_____

_____

He is looking for the book.

_____

_____

(36) B. Cambia las frases del ejercicio A a la forma interrogativa:

The telephone is ringing.
(Is the telephone ringing?)

(37) Cambia las siguientes oraciones del Presente Progresivo al Presente Simple y viceversa.

Estoy manejando a la oficina ahora con dos de mis amigos.
I'm driving to the office now with two of my friends. [am dráivin tu de áfis náu uíd tu av mái frens]

_____

_____

¿Están vendiendo las sillas negras en la tienda esta semana?
Are they selling the black chairs at the store this week? [ar déi sélin de blac chéars at de stóar dis uíc]

_____

_____

Raúl está escribiendo muchas cosas en inglés y español.
Raul is writing many things in English and Spanish. [raúl es ráitin méni zings in ínglech an spánich]

_____

_____

No trabajamos en el jardín hoy porque Roberto no está aquí.
We don't work in the garden today because Bob isn't here. [uí dont uérc in de gárden tudéi bicós bob ísent der]

_____

_____

Juan come su cena enfrente del televisor todas las noches.
John eats his dinner in front of the TV every night.
[llon íts jis díner in front av de tiví évri náit]

_____

_____

Me levanto temprano cada mañana porque yo limpio la casa.
I get up early every morning because I clean the house. [ái get ap érli évri mórnin bicós ái clin de jáus]

_____

_____

 # Advice!

Te lo repito: La terminación verbal **ing** generalmente se usa con cualquier forma del verbo **to be.** Mira:

I was working. [ái uás uérquin]	Estaba trabajando.
I have been working. [ái jav bin uérquin]	He estado trabajando.
I will be working. [ái uíl bi uérquin]	Estaré trabajando.
I had been working. [ái jad bin uérquin]	Había estado trabajando.
I could be working. [ái cud bi uérquin]	Podría estar trabajando.
I should have been working. [ái chud jav bin uérquin]	Debería haber estado trabajando.

Gerunds [llérunds]
(Los gerundios)

Las formas verbales terminadas en **ing** generalmente se llaman **gerunds** (gerundios). Además de usarse en el Presente Progresivo, como ya hemos visto, pueden también emplearse de otras maneras. Por ejemplo, después de algunos verbos pueden ser usados como sustantivos. Estudia los ejemplos:

He enjoys reading.　　Le gusta leer.
[ji enchóis rídin]

Please stop dancing.　Favor de no bailar.
[plis stap dánsin]

Do you like cooking?　¿Te gusta cocinar?
[du iú láic cúquin]

Let's start singing.　Vamos a cantar.
[lets star sínguin]

I hate working.　　　Odio trabajar.
[ái jéit uérquin]

We love swimming.　Nos encanta nadar.
[uí lav suímin]

She prefers sitting.　Ella prefiere sentarse.
[chi preférs sítin]

Los **gerunds** también se usan en expresiones idiomáticas:

It's worth seeing.　Vale la pena verlo.
[ets uérs síin]

It's no use trying.　No vale la pena tratar.
[ets no iús tráin]

I don't mind walking.　No me importa caminar.
[ái dont máind uóquin]

Y como los **gerunds** son sustantivos, también pueden ser usados con preposiciones:

We are tired _of_ running. [uí ar táier av ránin]
I need more practice _in_ speaking. [ái nid mor práctis in spíquin]
Thank you _for_ coming. [zenc iú for cámin]

He walks **without** falling. [ji uócs uidáut fólin]
We insist **on** paying. [uí insíst on péin]

 # I bet you can!

(38) Usando gerundios, completa las siguientes oraciones usando
tus propias palabras:

I am interested in _____.
He doesn't feel like _____.
Please start _____.
We love _____.
I thank you for _____.
They don't mind _____.

 # Advice!

• No sólo los gerundios son usados como sustantivos. Muchos
verbos básicos del inglés son también usados de la misma manera:

We work hard.	**Our work is hard.**
Trabajamos duro.	Nuestro trabajo es duro.
I love my family.	**There is love in my family.**
Amo a mi familia.	Hay amor en mi familia.

(39) ¡Más ejemplos! ¿Puedes traducirlos sin ayuda?

They kiss every day. _____
He smiles a lot. _____
Can I help you? _____
Do you drink beer? _____
I want to plan a party. _____
She's dressing now. _____
It's a little kiss. _____
Look at his smile. _____
I need help. _____
We want a drink. _____
We're looking at the plan. _____
She likes her dress. _____

• A propósito, la forma verbal con la terminación **ing** es también llamada presente del participio, **present participle** en inglés.

Lots of People [lats of pipl]
(Mucha gente)

Exploremos ahora el mundo del vocabulario en inglés. En el Capítulo **Two** aprendimos los nombres de los objetos alrededor de la casa. Esta vez, juntaremos palabras que se relacionan con la gente, o **people.**

Es probable que tú ya sepas algunas de estas palabras. Estas son muy básicas:

Es...	**It's the...** [ets de]
el adolescente	**teenager** [tinéicher]
el adulto	**adult** [ádult]
el anciano	**elderly person** [élderli pérson]
el compañero	**buddy** [bádi]
el socio	**partner** [pártner]

Es...	**It's the...** [ets de]
el amante	**lover** [láver]
el compañero de cuarto	**roommate** [rúmeit]
la dama	**lady** [léidi]
el enemigo	**enemy** [énemi]
el joven	**young person** [iáng pérson]
la novia	**girlfriend** [gérlfren]
el novio	**boyfriend** [bóifren]

Advice!

- Si están comprometidos para casarse, "novia y novio" son **bride and groom** [bráid an grum] en inglés.
- Siempre hay más palabras que aprender:

> **buddy** [bádi] **= pal** [pal]
> **young person** [iáng pérson] **= youth** [iúz]
> **lover** [láver] **= sweetheart** [suítjar]

 ## How do you write it?

Usa la coma (,) para separar las palabras, las frases y las oraciones. Nota que la coma también puede usarse antes de **and** ("y"):

> **We need books, pencils, and paper.**
> **We're eating dinner, watching TV, and going to bed.**

Usa la coma también para indicar los días de la semana, las fechas, las direcciones y los nombres geográficos:

> **He lives in Baltimore, Maryland.**
> **Today is Friday, October 19, 2001.**

A Lot of Family [a lat av fámili]
(Mucha familia)

Hablar acerca de la familia es muy importante, así que avanza lo más rápido que puedas con la lista que sigue:

la abuela	**grandmother**	[granmáder]
el abuelo	**grandfather**	[granfáder]
la cuñada	**sister-in-law**	[síster in lóu]
el cuñado	**brother-in-law**	[bráder in lóu]
la nieta	**granddaughter**	[grandóter]
el nieto	**grandson**	[gransán]
la nuera	**daughter-in-law**	[dóter in lóu]
el primo	**cousin**	[cásin]
la sobrina	**niece**	[nis]
el sobrino	**nephew**	[néfiu]
la suegra	**mother-in-law**	[máder in lóu]
el suegro	**father-in-law**	[fáder in lóu]
la tía	**aunt**	[ant]
el tío	**uncle**	[áncol]
el yerno	**son-in-law**	[san in lóu]

¿Puedes escribir algunas frases usando el tiempo Presente Progresivo?

(to work)	**My aunt is working a lot.**
(to live)	**Her brother-in-law is living here.**
(to make)	**Your cousin is making tacos.**
(to talk)	
(to study)	
(to eat)	
(to play)	
(to sleep)	
(to write)	
(to ask for)	
(to follow)	
(to go)	
(to read)	

Más y más familia:

los abuelos	**grandparents** [granpérens]
los bisabuelos	**great grandparents** [gréit granpérens]
los padres	**parents** [pérens]
los tatarabuelos	**great-great grandparents** [gréit gréit granpérens]
los tataranietos	**great-great grandchildren** [gréit gréit granchíldren]

 # Advice!

• Cada persona alrededor de nosotros puede ser identificada de una manera u otra. Apréndete los nombres de cada uno de estos individuos:

el ciudadano	**citizen** [sítisen]
el desamparado	**homeless** [jómles]
el extranjero	**foreigner** [fóriner]
el incapacitado	**disabled person** [diséibled pérson]
el inmigrante	**immigrant** [ímigran]
el residente	**resident** [résiden]
el vecino	**neighbor** [néibor]
el visitante	**visitor** [vísitor]

• Hablemos acerca de nuestras diferencias físicas:

ciego	**blind, visually impaired** [bláin, víchuali impéared]
diestro	**right-handed** [rái jánded]
femenino	**female** [fímeil]
masculino	**male** [méil]
minusválido	**handicapped** [jándicaped]
miope	**near-sighted** [níar sáited]
présbita	**far-sighted** [far sáited]
sordo	**deaf, hearing impaired** [def, jíarin impéared]
zurdo	**left-handed** [lef jánded]

• La mayoría de estas palabras pueden encontrarse en diferentes tipos de formularios o aplicaciones. Las de abajo se refieren al estado marital:

casado	**married** [mérid]
divorciado	**divorced** [divórsed]
separado	**separated** [sépareited]
soltero	**single** [síngol]
viudo	**widowed** [uídoud]

Conduce una breve entrevista en inglés, o saca tus álbumes de fotografías y comienza a señalar a la gente. ¿Puedes reconocer a alguna de estas personas?

la ahijada	**goddaughter** [gádoter]
el ahijado	**godson** [gádsan]
la hijastra	**stepdaughter** [stépdoter]
el hijastro	**stepson** [stépsan]
la madrastra	**stepmother** [stépmader]
la madrina	**godmother** [gádmader]
el padrastro	**stepfather** [stépfader]
el padrino	**godfather** [gádfader]

 # How do you pronounce it?

En cada una de las siguientes palabras hay una letra que no se pronuncia. Este problema es muy común en inglés, así que siempre ten cuidado con la pronunciación y escritura de las palabras:

half [jaf]	**knee** [ni]	**scissors** [sísors]
island [áilan]	**walk** [uóc]	**pneumonia** [niumónia]
answer [ánser]	**talk** [toc]	**Christmas** [crísmas]
doubt [dáut]	**wrong** [rong]	**listen** [lísen]
climb [cláim]	**wrist** [rist]	**guarantee** [gáranti]
thumb [zam]	**guest** [gués]	**knot** [not]
honor [ónor]	**sword** [sor]	**whole** [jóul]
knock [noc]	**build** [bild]	**whistle** [uísl]

Race and Nationality [réis an nachonáliti]

(Raza y nacionalidad)

Identifica a la personas que te rodean de acuerdo a su raza o nacionalidad. Usa estas palabras en inglés para describirlas:

Ella es...	**She's...** [chis]
americana	**American** [américan]
amerindia	**Native American** [néitiv américan]
asiática	**Asian** [éichan]
blanca	**white** [uáit]
del Oriente Medio	**Middle Eastern** [mídel ístern]
europea	**European** [iuropían]
hispana	**Hispanic** [jispánic]
latina	**Latin** [látin]
negra	**black** [blac]
polinesia	**Polynesian** [polinésian]

Muy bien. Ahora sé más específico:

El es...	**He's...** [jis]
afroamericano	**African-American** [áfrican américan]
anglosajón	**Anglo-Saxon** [ánglo sáxon]
asiáticoamericano	**Asian-American** [éichan américan]
latinoamericano	**Latin-American** [látin américan]

Aquí tienes otro patrón. Sólo pon la palabra apropiada:

El dinero es...	**The money is...** [de máni es]
africano	**African** [áfrican]
alemán	**German** [chérman]
árabe	**Arab** [árab]
australiano	**Australian** [austrélian]
canadiense	**Canadian** [canédian]
chino	**Chinese** [chainís]
escocés	**Scottish** [scátich]

español	**Spanish** [spánich]
francés	**French** [french]
griego	**Greek** [gric]
holandés	**Dutch** [dach]
inglés	**English** [ínglech]
irlandés	**Irish** [áirich]
italiano	**Italian** [itálian]
japonés	**Japanese** [llapanís]
norteamericano	**U.S. citizen** [iú es sítisen]
portugués	**Portuguese** [porchuguís]
ruso	**Russian** [ráchan]
sueco	**Swedish** [suídich]
suizo	**Swiss** [suís]
vietnamita	**Vietnamese** [vietnamís]

¿Y cómo estamos al sur de la frontera?

Soy...	**I'm...** [am]

argentino	**Argentinian** [archentínian]
boliviano	**Bolivian** [bolívian]
brasileño	**Brazilian** [brasílian]
chileno	**Chilean** [chílean]
costarricense	**Costa Rican** [cósta rícan]
cubano	**Cuban** [quiúban]
dominicano	**Dominican** [domínican]
ecuatoriano	**Ecuadorean** [ecuadórean]
guatemalteco	**Guatemalan** [guatemálan]
haitiano	**Haitian** [jéichian]
hondureño	**Honduran** [jondúran]
mexicano	**Mexican** [méxican]
nicaraguense	**Nicaraguan** [nicaráguan]
panameño	**Panamanian** [panaménian]
paraguayo	**Paraguayan** [paraguáian]
peruano	**Peruvian** [perúvian]
puertorriqueño	**Puerto Rican** [puertorícan]
salvadoreño	**Salvadorean** [salvadórean]
uruguayo	**Uruguayan** [uruguáian]
venezolano	**Venezuelan** [venesuélan]

How do you write it?

Revisa este nuevo vocabulario. Nota que en inglés estas palabras están escritas con letra mayúscula.

Usted es...	**You are...** [iú ar]
budista	**Buddhist** [búdist]
católico	**Catholic** [cátolic]
cristiano	**Christian** [críschan]
judío	**Jewish** [llúich]
musulmán	**Muslim** [múslim]
protestante	**Protestant** [prótestan]

 # I bet you can!

(40) Conecta estas palabras con sus antónimos:

son-in-law	**adult**
young person	**daughter-in-law**
friend	**short**
tall	**enemy**

(41) Termina esta lista:

Spain	<u>Spanish</u>
Portugal	_____
Greece	_____
France	_____
Italy	_____
Canada	_____

What's Your Profession? [uáts iór proféchon]
(¿Cuál es tu profesión?)

Frecuentemente, las conversaciones importantes en inglés incluyen frases sobre la gente en el trabajo. ¿Sabes cuál es el título de tu trabajo en inglés? Mientras conversamos acerca de las ocupaciones, por qué no echamos un vistazo al siguiente vocabulario:

He's reading about the...
I'm talking to the...
We're waiting for the...

el abogado	**lawyer** [lóier]
el arquitecto	**architect** [árquitect]
el bombero	**firefighter** [fáirfaiter]
el cajero	**cashier** [cachíer]
el campesino	**farmer** [fármer]
el carpintero	**carpenter** [cárpenter]
el cartero	**mail carrier** [méil cárier]
el cocinero	**cook** [cuc]
el consultor	**consultant** [consáltan]
el dentista	**dentist** [déntis]
el dependiente	**clerk** [clerc]
el doctor	**doctor** [dóctor]
el enfermero	**nurse** [nérs]
el ingeniero	**engineer** [enchiníar]
el maestro	**teacher** [tícher]
el mecánico	**mechanic** [mecánic]
el mesero	**waiter** [uéiter]
el plomero	**plumber** [plámer]
el policía	**police officer** [polís áfiser]
el procesador de datos	**data processor** [dáta prósesor]
el secretario	**secretary** [sécretari]
el vendedor	**salesman** [séilsman]

More Workers! [mor uérquers]
(¡Más trabajadores!)

Continúa practicando el tiempo verbal Presente con el siguiente grupo de palabras relacionadas con el trabajo. Estos títulos son un poquito más específicos, así que encuentra un verbo especial que se ajuste a la profesión.

el artista	**artist** [ártist]
	The artist is painting.
el conserje	**janitor** [chánitor]
	The janitor is cleaning.
el abogado	**lawyer** [lóier]
	_____

el bibliotecario	**librarian** [laibrérian]
el botones	**bellhop** [béljop]
el camionero	**truck driver** [trac tráiver]
el cantinero	**bartender** [bártender]
el chofer	**chauffeur** [chófer]
el cirujano	**surgeon** [sérchon]
el contratista	**contractor** [cantráctor]
el criado	**maid** [méid]
el escritor	**writer** [ráiter]
el jardinero	**gardener** [gárdener]
el lavaplatos	**dishwasher** [dichuácher]
el mecanógrafo	**typist** [táipis]
el médico	**physician** [fisíchen]
el niñero	**babysitter** [béibisiter]
el obrero	**laborer** [léiborer]
el pintor	**painter** [péinter]

Y, siempre es bueno saber como llamar a las personas que trabajan
en el mundo de los negocios.

el asistente	**assistant** [asísten]
el cliente	**client** [cláien]
el dueño	**owner** [óuner]
el empleado	**employee** [employí]
el empresario	**employer** [emplóier]
el gerente	**manager** [mánager]
el jefe	**boss** [bos]
el presidente	**president** [présiden]
el supervisor	**supervisor** [superváiser]

Algunos títulos son más especiales que otros. ¿Conoces algunas
personas que tengan estas profesiones?

el actor	**actor** [áctor]
la actriz	**actress** [áctres]
el astronauta	**astronaut** [ástronot]
el atleta	**athlete** [ázlit]
el buzo	**diver** [dáiver]
el cómico	**comedian** [comídian]
el guía	**guide** [gáid]
el juez	**judge** [chach]
el ladrón	**thief** [tif]
el músico	**musician** [miusíchan]
el payaso	**clown** [cláun]
el piloto	**pilot** [páilot]
el sacerdote	**priest** [príst]
el soldado	**soldier** [sólcher]

Please Describe [plis descráib]
(Favor de describir)

Fortalece tus conocimientos con estas palabras útiles. Usa las oraciones en los ejemplos para practicar tu gramática:

Tom is _____and _____.
He's a _____boy.
Pamela is _____ and _____.
She's a _____ girl.

bella	**beautiful** [biútiful]
calvo	**bald** [bóld]
cobarde	**cowardly** [cáuarli]
cortés	**polite** [poláit]
de edad mediana	**middle-aged** [mídel éicht]
extraño	**strange** [strench]
inteligente	**smart** [smart]
interesante	**interesting** [ínterestin]
loco	**crazy** [créisi]
maduro	**mature** [machiúr]
mayor (edad)	**older** [ólder]
menor (edad)	**younger** [iánger]
moreno (cabello)	**brunette** [brunét]
moreno (piel)	**dark-skinned** [darc squíned]
paciente	**patient** [péichent]
pelirrojo	**red-headed** [red jéded]
perezoso	**lazy** [léisi]
puntual	**prompt** [promt]
quieto	**quiet** [cuáiet]
rubio	**blonde** [blond]
rudo	**rude** [rud]
sabio	**wise** [uáis]
saludable	**healthy** [jélsi]
simpático	**nice** [náis]
tímido	**shy** [chái]
tosco	**rough** [raf]
trabajador	**industrious** [indástrias]
valiente	**brave** [bréiv]

 **Advice!**

- Ten en mente que docenas de palabras descriptivas se derivan de las palabras básicas:

ambicioso	**ambitious** [ambíches]	ambición	**ambition** [ambíchen]
peligroso	**dangerous** [dényeres]	peligro	**danger** [dényer]
famoso	**famous** [féimes]	fama	**fame** [féim]

- Si quieres dar una buena descripción de alguien, tendrás que hablar más acerca de su aspecto.

abrazadera	**braces** [bréisis]
cicatriz	**scar** [scar]
descalzo	**barefoot** [béarfut]
desnudo	**naked** [néiqued]
lentes	**glasses** [glásis]
peluca	**wig** [uíg]
tatuaje	**tattoo** [tatú]

- Ya te habrás podido dar cuenta que muchas de las palabras descriptivas en inglés tienen la terminación **ed.** La forma del verbo **Past Participle** (participio pasado) es una simple alteración de nuestra palabra base. Aunque luego estaremos hablando más de este tema, tómate unos minutos para leer estos ejemplos:

confundir	**to confuse** [tu canfiús]	confundido	**confused** [canfiúsd]
sorprender	**to surprise** [tu sarpráis]	sorprendido	**surprised** [sarpráisd]
cansar	**to tire** [tu táir]	cansado	**tired** [táird]

- La cosa es simple: mientras más vocabulario sepas, mejor te irá en la vida. Aquí tienes unas cuantas de mis favoritas:

Estoy...	**I'm...** [am]
disponible	**available** [avélabel]
ocupado	**busy** [bísi]
perdido	**lost** [lost]
listo	**ready** [rédi]
equivocado	**wrong** [rong]

- En tu nuevo nivel de inglés, necesitas aprender todas las palabras que ves más abajo. ¡Adelante!

duro	**hard** [jard]	claro	**clear** [clíar]
blando	**soft** [soft]	oscuro	**dark** [darc]
abierto	**open** [ópen]	recto	**straight** [stréit]
cerrado	**closed** [clóus]	torcido	**crooked** [crúqued]
ancho	**wide** [uáid]	mojado	**wet** [uét]
estrecho	**narrow** [nárrou]	seco	**dry** [drái]
profundo	**deep** [dip]	áspero	**rough** [raf]
bajo	**shallow** [chálou]	liso	**smooth** [smus]
vacío	**empty** [émpti]	pesado	**heavy** [jévi]
lleno	**full** [ful]	ligero	**light** [láit]
grueso	**thick** [zic]	apretado	**tight** [táit]
delgado	**thin** [zin]	flojo	**loose** [lus]
mejor	**better** [béter]	romo	**dull** [dal]
peor	**worse** [uérs]	afilado	**sharp** [charp]

 # Grammar!

La forma superlativa de los adjetivos de una sola sílaba es formada añadiendo la terminación **est:**

warm—warmest [uórm—uórmest]
high—highest [jái—jáiest]
big—biggest [big—bígest]
hot—hottest [jat—játest]

La forma superlativa de los adjetivos de más de una sílaba generalmente requiere la palabra **most.**

interesting—most interesting [ínterestin—móust ínterestin]
difficult—most difficult [dífical—móust dífical]
beautiful—most beautiful [biútiful—móust biútiful]
expensive—most expensive [expénsiv—móust expénsiv]

Cuando usas la forma superlativa, tendrás que agregar la palabra **the.**

Es lo más grande.   **It is the biggest.**
Ella es la más alta.   **She is the tallest.**

Los superlativos de las palabras **good** y **bad** son irregulares:

good—best [gud—best]   **bad—worst** [bad—uérst]

Es el mejor mecánico en la ciudad.
He is the best mechanic in town. [ji es de best mecánic in táun]

Tengo la peor nota en la clase.
I have the worst grade in the class. [ái jav de uérst gréid in de clas]

 # I bet you can!

(42) ¿Cuál es la palabra opuesta?

wide   _____
correct   _____
loud   _____
wet   _____
cowardly   _____
empty   _____

(43) Traduce sin ayuda y pronuncia éstas en voz alta:

necessary	_____	**fantastic**	_____
terrible	_____	**professional**	_____
sentimental	_____	**diligent**	_____
magnificent	_____	**romantic**	_____
intoxicated	_____	**cruel**	_____
probable	_____	**imaginative**	_____
possible	_____	**intellectual**	_____

(44) ¿Qué está pasando aquí?

unprofessional   _____
unnecessary   _____
unimaginative   _____

Ahora, usando las nuevas palabras que has aprendido, escribe unas cuantas oraciones en el tiempo Presente Progresivo:

_____

_____

How's It Going? [jáus et góin]
(¿Cómo te va?)

También es buena idea hablar de las emociones. Para memorizar mejor y pasarlo bien al mismo tiempo, actúa mientras practicas. Es decir, para **anxious** pon cara de ansiedad y para **sad** ponte triste. Recuerda que estas palabras describen tanto al hombre como a la mujer:

Estoy...	**I am...** [am]
aburrido	**bored** [bóard]
ansioso	**anxious** [ánkchas]
calmado	**calm** [calm]
cansado	**tired** [táierd]
cómodo	**comfortable** [cámftabl]
confundido	**confused** [canfiúsd]
emocionado	**excited** [exáited]
enfermo	**sick** [sic]
enojado	**upset** [apsét]
espantado	**scared** [squéard]
feliz	**happy** [jápi]
interesado	**interested** [ínterested]
nervioso	**nervous** [nérvas]
preocupado	**worried** [uórid]
relajado	**relaxed** [reláxd]
sorprendido	**surprised** [sarpráisd]
triste	**sad** [sad]

How Do You Feel? [jáo du iú fil]
(¿Cómo te sientes?)

¡Dile a tu terapista como te sientes!

Me siento...	**I feel...** [ái fil]
abusado	**abused** [abiúsd]
agotado	**exhausted** [exósted]

amado	**loved** [lavd]
amargado	**bitter** [bíter]
apático	**apathetic** [apasétic]
avergonzado	**ashamed** [achéimd]
celoso	**jealous** [chélas]
culpable	**guilty** [guílti]
débil	**faint** [féint]
deprimido	**depressed** [diprésd]
dolorido	**sore** [sóar]
frustrado	**frustrated** [frastréited]
furioso	**furious** [fiúrias]
hostil	**hostile** [jóstail]
impaciente	**impatient** [impéichent]
inquieto	**restless** [réstles]
inseguro	**insecure** [insequiúr]
mal	**poorly** [púarli]
mareado	**dizzy** [dísi]
odiado	**hated** [jéited]
raro	**strange** [strénch]
responsable	**responsible** [rispánsibol]
seguro	**confident** [cánfident]
sensible	**sensitive** [sénsitiv]
soñoliento	**sleepy** [slípi]
sospechoso	**suspicious** [saspíchas]

 # Advice!

- ¡Concéntrate en los verbos básicos! Es la mejor manera de aprender descripciones:

<u>Descripción</u>	<u>Verbo</u>	
confused	**(to confuse)**	confundir
exhausted	**(to exhaust)**	agotar
hated	**(to hate)**	odiar
loved	**(to love)**	amar
surprised	**(to surprise)**	sorprender

¡Ten mucho cuidado con las palabras **good** y **well**!

Good es un adjetivo y siempre describe al sustantivo.

They are good pictures. [déi ar gud píkchers]

Well es usualmente usado como un adverbio.

> **They work well together.** [déi uérc uél tugéder]

Well puede ser usado como un adjetivo cuando el significado es "estar en buena salud" (**to be in good health**).

> **He was sick, but now he's well.** [ji uás sic bat náu jis uél]

 # How do you write it?

En las palabras que comienzan con la letra **h** muda, tendrás que escribir el artículo **an** en vez de **a.** Esto es debido a que el primer sonido de la palabra será el sonido de la vocal y no el de la consonante **h.** Estudia este ejemplo:

> **She's an honest person.** [chis an ónest pérson]

> Pero, **It is a hot day.** [et es a jat déi] Porque la **h** de **hot** no es muda.

The Human Body [de jiúman bádi]
(El cuerpo humano)

Aquí tienes una visión general de las partes del cuerpo en inglés, además de algunas frases útiles que expresan órdenes para que practiques:

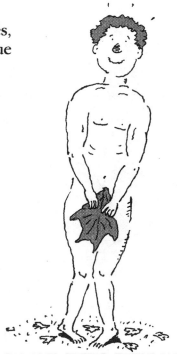

Señale...	**Point to (the)...**	[póint tu de]
Mire...	**Look at (the)...**	[luc at de]
Toque...	**Touch (the)...**	[tach de]

el brazo	**arm**	[arm]
la cabeza	**head**	[jed]
el codo	**elbow**	[élbou]
el dedo	**finger**	[fínguer]
la espalda	**back**	[bac]
la mano	**hand**	[jand]
el ojo	**eye**	[ái]
la oreja	**ear**	[íar]
el pecho	**chest**	[chest]
el pie	**foot**	[fut]
la pierna	**leg**	[leg]
la rodilla	**knee**	[ni]

Continúa, pero esta vez, practica con estas dolorosas expresiones:

Me duele _____.	**My _____ hurts.**	[jerts]
Me duelen_____.	**My _____ hurts.**	[jerts]

la boca	**mouth**	[máus]
el cuello	**neck**	[nec]
el dedo del pie	**toe**	[tóu]
el diente	**tooth**	[tus]
el estómago	**stomach**	[stómac]
el hombro	**shoulder**	[chóulder]
la nariz	**nose**	[nóus]

What a Face! [uát a féis] (¡Qué cara!)
Mírate en el espejo detenidamente. ¿Qué ves?

la barbilla	**chin** [chin]
la ceja	**eyebrow** [áibrau]
las encías	**gums** [gams]
la fosa nasal	**nostril** [nóstril]
el labio	**lip** [lip]
la mandíbula	**jaw** [cho]
la mejilla	**cheek** [chic]
el párpado	**eyelid** [áilid]
la pestaña	**eyelash** [áilach]

Y no te olvides de incluir esos órganos internos. Esta vez, trata de hacer un comentario médico:

el bazo	**spleen** [splin]
el cerebro	**brain** [bréin]
la corazón	**heart** [jart]
el hígado	**liver** [líver]
el intestino	**intestine** [intéstin]
el pulmón	**lung** [lang]
el riñón	**kidney** [quídni]
la vejiga	**bladder** [bláder]
la vesícula	**gallbladder** [golbláder]

 # Advice!

• Aquí tienes palabras que pueden ayudarte a describir a la gente con más detalle:

Estoy dibujando...	**I'm drawing the...** [am dróuin de]
las arrugas	**wrinkles** [ríncls]
la barba	**beard** [béard]
la coleta	**ponytail** [póniteil]
los granos	**pimples** [pímpls]
los hoyuelos	**dimples** [dímpls]
el lunar	**mole** [móul]
las patillas	**sideburns** [sáidberns]
las pecas	**freckles** [frécls]
las verrugas	**warts** [uárts]

- Más palabras claves que puedes usar:

Es...	**It's (the)...** [ets de]

el aliento	**breath**	[bres]
el cutis	**complexion**	[camplékchen]
la facción	**feature**	[fíchur]
el gesto	**gesture**	[chéscher]
el habla	**speech**	[spich]
la voz	**voice**	[vóis]

- Nunca sabes cuándo podrás necesitar estos otros términos:

Veo...	**I see (the)...** [ái si de]

la carne	**flesh**	[flech]
el hueso	**bone**	[bóun]
el músculo	**muscle**	[masl]
el nervio	**nerve**	[nerv]
el pelo o cabello	**hair**	[jéar]
la piel	**skin**	[squin]
la sangre	**blood**	[blad]
la vena	**vein**	[véin]

- Ya que estamos hablando de la salud, no dudes en usar una de esas frases de emergencia que aprendiste al principio de este libro.

Tengo un(a)...	**I have a...** [ái jav a]

contusión	**bruise**	[brus]
cortadura	**cut**	[cat]
dolor de garganta	**sore throat**	[sóar sróut]
dolor	**pain**	[péin]
dolor de cabeza	**headache**	[jédeic]
dolor de estómago	**stomachache**	[stómaceic]
dolor de muela	**toothache**	[túseic]
fiebre	**fever**	[fíver]
hueso quebrado	**broken bone**	[bróquen bóun]
influenza	**flu**	[flu]
quemadura	**burn**	[bern]
resfriado	**cold**	[cold]
torcedura	**sprain**	[spréin]

How do you pronounce it?

Los sonidos indicados con las letras **ur, or, ir** o **er** en inglés son difíciles de pronunciar, así que repite estas palabras muchas veces, ojalá con alguien que sepa bien el inglés para que te pueda corregir:

nurse [ners]
Thursday [zérsdei]
thirty [zérti]
girl [guérl]
word [uérd]
prefer [prifér]
first [férst]
birthday [bérsdei]

 # I bet you can!

 (45) Traduce:

She has wrinkles on her face. _____

There's a lot of blood in the veins. _____

My wrists and ankles hurt. _____

Point to the cut on your hand. _____

The burn is on the skin. _____

4

CAPITULO *FOUR* [for]

I Will Practice Soon!
[ai uíl práctis sun]
(¡Practicaré pronto!)

Futureworld [fiúcheruerld]
(El Mundo del Futuro)

Quizás hayas notado que hasta ahora todas nuestras experiencias en inglés han ocurrido en el Tiempo Presente. En otras palabras, podemos decir lo que estamos haciendo (**We're studying now!**) y lo que hacemos diariamente (**We study every day!**). Esto es excelente, pero estas formas del presente no nos sirven cuando tenemos que hablar de lo que haremos mañana. Por eso, querido estudiante, nuevamente estamos partiendo hacia otro territorio desconocido de los verbos, es decir, las palabras de acción en inglés: ¡El Mundo del Futuro, donde todos los habitantes hablan de lo que va a pasar!

What Will Be, Will Be [uát uíl bi uíl bi]
(Qué será, será)

¿Estás listo para el planeta del Tiempo Futuro? Calentemos el motor primero con lo que hemos aprendido en el planeta Tiempo Presente.

(46) Practica:

	Ahora... **Right now...**	Todos los días... **Every day...**
(I)	I'm writing in English.	I write in English.
(Mary)	She's sleeping in the bed.	She sleeps in the bed.
(We)	We're dancing a lot.	_____
(They)	They're closing the doors.	_____ _____
(You)	You're drinking milk.	_____ _____

Ahora, sigamos con las actividades futuras. Aunque no lo creas, hay muy pocos cambios que hacerle a esta forma verbal. Generalmente, todo lo que haces es agregar la palabra **will** [uíl] al tiempo presente. Mientras practicas, exagera la pronunciación de la palabra **will:**

To Speak [tu spic]   Hablar

I will speak [ái uíl spic]   hablaré
You (sing.) **will speak** [iú uíl spic]   hablarás
He, She will speak [ji, chi uíl spic]   hablará
You (pl.), **They will speak** [iú, déi uíl spic]   hablarán
We will speak [uí uíl spic]   hablaremos

Ahora, usando la misma fórmula, haz frases con estos verbos:

To work

I <u>will work in the office.</u>
You (sing.)_____
He_____
You (pl.) _____
We_____

To sell

I <u>will sell hair dryers.</u>
You (sing.)_____
She_____
They_____
We_____

To go

I <u>will go to see my mother.</u>
You (sing.)_____
He_____
You (pl.) _____
We_____

 # Advice!

- Esta forma con la palabra **will** es llamada Tiempo Futuro. Sin embargo, si es puesta en forma de pregunta, también puede usarse para expresar esperanza, deseo o disposición:

  ¿Podrías ayudarme?   **Will you help me?** [uíl iú jelp mi]

- Usa la regla de combinar para formar las contracciones:

I will [ái uíl]	**I'll** [áil]
He will [ji uíl]	**He'll** [jil]
She will [chi uíl]	**She'll** [chil]
It will [et uíl]	**It'll** [etl]
You will [iú uíl]	**You'll** [iúl]
They will [déi uíl]	**They'll** [déil]
We will [uí uíl]	**We'll** [uíl]

 # I bet you can!

 Crea frases en el Tiempo Futuro usando las palabras de la columna izquierda:

after o **afterwards**   después
[áfter, áfteruords]   **I'll eat afterwards.**

tomorrow [tumórrou]   mañana

_____

in a few days [in a fiú déis]   en pocos días

_____

next year [next íer]   el próximo año

_____

the day after tomorrow   pasado mañana
[de déi áfter tumórrou]
                                           _____
some day [sam déi]   algún día

_____

in the future [in de fiúcher]   en el futuro

_____

the following one   el siguiente
[de fólouin uán]
                                           _____
later [léiter]   luego

_____

later on [léiter on]   más tarde

_____

soon [sun]   pronto

_____

(48) Cambia estas oraciones al Tiempo Futuro. Escribe la forma completa del verbo en los espacios en blanco:

He studies in his room.   <u>**He will study in his**</u>
                                   <u>**room.**</u>

She works in this office.   _____
You speak English well.   _____
I go to the garage a lot.   _____
They walk to their work.   _____

Grammar!

Aprende la diferencia entre estas dos partes de la oración. Son tan importantes en el inglés como en el español:

Los adjetivos describen a los sustantivos:

a beautiful day   an interesting idea

Los adverbios describen al verbo explicándonos cómo se hace la acción:

She works quietly.   They write clearly.

Algunas palabras como **fast** [fast], **hard** [jard] y **late** [léit], toman tanto el lugar del adjetivo como del adverbio:

It is a late program. [et es a léit prógram]
I am working late. [ái am uérquin léit]

She'll have a hard time. [chil jav a jard táim]
She will study hard. [chi uíl stádi jard]

I won't do it! [ái uónt du et]
(¡No lo voy a hacer!)

Forma el negativo del Tiempo Futuro colocando la palabra **not** después del auxiliar **will**. Date cuenta de que la contracción de la forma negativa del verbo se escribe **won't** en las tres diferentes personas, en el singular y en el plural:

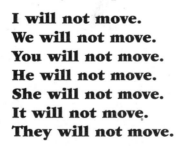

I will not move.	**(I won't move.)**
We will not move.	**(We won't move.)**
You will not move.	**(You won't move.)**
He will not move.	**(He won't move.)**
She will not move.	**(She won't move.)**
It will not move.	**(It won't move.)**
They will not move.	**(They won't move.)**

 # Advice!

- Aquí tienes la forma interrogativa. Todo comienza con **will**:

will I go	**Will I go with you?**
will we go	**Will we go to the hotel?**

will you go	**Will you go at five?**
will he go	**Will he go to his house?**
will she go	**Will she go to work?**
will it go	**Will it go in the hole?**
will they go	**Will they go with us?**

• Forma diferentes preguntas en el Tiempo Futuro usando las palabras **Who, How, When, What:**

> **Who will come to the party?** [ju uíl cam tu de párti]
> **How many will she buy?** [jao méni uíl chi bái]
> **When will I see you again?** [uén uíl ái si iú egén]
> **What will happen today?** [uát uíl jápen tudéi]

• ¡Importantísimo! La forma del verbo **to be** en el Tiempo Futuro es **will be:**

> **I will be (I'll be)** [ái uíl bi, áil bi]
> **we will be (we'll be)** [uí uíl bi, uíl bi]
> **you will be (you'll be)** [iú uíl bi, iúl bi]
> **he will be (he'll be)** [ji uíl bi, jil bi]
> **she will be (she'll be)** [chi uíl bi, chil bi]
> **it will be (it'll be)** [et uíl bi, etl bi]
> **they will be (they'll be)** [déi uíl bi, déil bi]

• En las declaraciones en el Tiempo Futuro con la palabra **there,** es común cambiar **there will be** por **there'll be:**

> **Will there be a test?**   **Yes, there'll be a test.**

Mira la diferencia entre el presente y el futuro en estas frases:

He is in the house.	**He'll be in the house.**
It is on the desk.	**It'll be on the desk.**
We are very busy.	**We'll be very busy.**
There is a table.	**There'll be a table.**
They are at home.	**They'll be at home.**

• Forma el tiempo Futuro *Continuo* usando **will be** y el presente participio del verbo principal. El tiempo Futuro Continuo describe una acción que ocurrirá cuando otra acción está pasando. Como siempre, las contracciones se usan en la mayoría de los casos:

I will be working.	**(I'll be working.)**
We will be working.	**(We'll be working.)**
You will be working.	**(You'll be working.)**
He will be working.	**(He'll be working.)**

She will be working.   **(She'll be working.)**
It will be working.   **(It'll be working.)**
They will be working.   **(They'll be working.)**

I will be sleeping when you return this evening.
[ái uíl bi slípin uén iú ritérn dis ívnin]
They'll be painting the house by the time you arrive there. [déil bi péintin de jáus bái de táim iú arráiv der]

 # How do you pronounce it?

Fíjate cómo ciertas combinaciones de letras dan ciertos tipos determinados de pronunciación.

church [cherch]	**sir** [ser]
hurt [jert]	**firm** [ferm]
curl [querl]	**third** [zerd]
burn [bern]	**first** [ferst]
earn [ern]	**word** [uérd]
early [érli]	**work** [uérc]
learn [lern]	**world** [uérl]
earth [ers]	**worse** [uérs]

 # I bet you can!

(49) Cambia estas oraciones a la forma negativa, usando sólo contracciones:

He will see us at three o'clock. _____
She will be back in an hour. _____
He will drive the car. _____
They will open the door. _____
She will meet us here. _____

(50) Traduce estas oraciones:

He will be studying. _____
I'll be at work. _____
Will she go with us? _____
You'll like the movie. _____
They won't play. _____
There'll be food. _____

I'm Going to Do It! [am góin tu du et]
(¡Voy a hacerlo!)

¿Recuerdas el verbo **to go** ("ir") que encontramos en el planeta Tiempo Presente? Pues bien, también es la forma usada para hablar sobre las acciones que pasarán en el futuro. Lee:

I'm going to eat. [am góin tu it]	Voy a comer.
I'm going to watch TV. [am góin tu uách tiví]	Voy a mirar televisión.
I'm going to sleep. [am góin tu slip]	Voy a dormir.

¡Mira! Todo lo que tienes que hacer es añadir la forma infinitiva del verbo. Vamos a tratar unos cuantos ejercicios más:

Vamos a leer más tarde.	**We're going to read later.**
Van a cocinar mañana.	**They're going to cook tomorrow.**
Ella va a venir en el futuro.	**She's going to come in the future.**

(51) Y ahora trata tú. ¡Sigue el ejemplo que se te ha dado, y descubre las dos diferentes maneras de hablar de los eventos futuros!

I'll drive tomorrow.	**I'm going to drive tomorrow.**
They'll clean the room.	**They're going to clean the room.**
Joe will leave at eight.	_____
We'll have a party.	_____
He'll work late.	_____

 # Grammar!

Otra manera de mejorar tu nivel del inglés es alargar las oraciones. Una manera fácil de hacerlo es comprendiendo que las palabras **who, which** y **that** ("quién", "cuál" y "ese" o "esa") también pueden significar "que". Así es, las tres palabras inglesas pueden significar la misma palabra en español.

Es el hombre *que* vive en la casa grande.
He's the man who lives in the big house. [jis de man ju livs in de big jáus]

Comeré la comida *que* está en la mesa.
I'll eat the food that's on the table. [áil it de fud dats on de téibol]

La casa en *que* él vive se pintará el próximo lunes.
The house in which she lives will be painted next Monday. [de jáus in uích chi livs uíl bi péinted next mándi]

 # I bet you can!

(52) Busca el significado de estas palabras. Te ayudarán en el futuro:

might _____
may _____
could _____
would _____

Repasa y revisa los usos de las palabras de acción:

What do you do?	¿Qué haces?
What are you doing?	¿Qué estás haciendo?
What are you going to do?	¿Qué vas a hacer?
I work a lot.	Trabajo mucho.
I'm working now.	Estoy trabajando ahora mismo.
I'm going to work later.	Voy a trabajar más tarde.

(53) ¿Cuánto inglés sabes? Traduce:

We're not going to Ecuador. _____
_____

Fred is going to run. _____
_____

Mrs. Smith isn't going to cook. _____
_____

We will dance at the club. _____

_____

We won't drive to your house. _____

_____

Where are you going after work? _____

_____

---

(54) Completa las siguientes oraciones con la forma **going to** del Tiempo Futuro, usando los verbos encerrados entre paréntesis. Usa tanto la forma completa como la de contracción:

They _____(see) us next weekend.

They are going to see us next weekend.
They're going to see us next weekend.

We _____(eat) at six tonight.

I _____(leave) on Tuesday.

They _____(move) next year.

We _____(get up) early in the morning.

She _____(drive) to California in the summer.

 ## Advice!

• Mira los dos ejemplos de uso de **going to** en frases negativas e interrogativas:

He's going to dance:

Negative: **He's not going to dance** o **He isn't going to dance.**

Question: **Is he going to dance?**

We're going to eat:

We're not going to eat o **We aren't going to eat.**
Are we going to eat?

(55) Ahora, hazlas tú solo:

She's going to go.   **They're going to sleep.**
Negative: _____   _____

_____   _____
Question: _____   _____

- El Tiempo Pasado en la forma del verbo **going to** indica una acción que fue planeada o intentó planearse pero que no ocurrió. Mira este ejemplo del Tiempo Pasado del verbo **to be going to** y úsalo para crear tus propias frases.

    I was going to speak.
    We were going to speak.
    You were going to speak.
    He was going to speak.
    She was going to speak.
    It was going to speak.
    They were going to speak.

    Iba a hablar con ella, pero tuve problemas con el teléfono.
    I was going to speak with her, but I had trouble with the phone. [ái uás góin tu spic uít jer bat ái jad trabl uít de fon]

City Spanish [síti spánich]
(El español urbano)

En el planeta Futuro, todo el mundo se dirige a hacer algo. Vamos a pasar por la ciudad, donde hay muchas cosas que hacer y mucho vocabulario que aprender.

la acera	**sidewalk** [sáiduoc]
la calle	**street** [strit]
la carretera	**highway** [jáiuei]
la cuadra	**city block** [síti bloc]
el edificio	**building** [bíldin]
la esquina	**corner** [córner]
el semáforo	**traffic light** [tráfic láit]

¿Y qué lugar te gusta más?

el aeropuerto	**airport** [érport]
el banco	**bank** [banc]
la biblioteca	**library** [láibrari]
el cine	**movie theater** [múvi ziéter]
el correo	**post office** [post áfis]
el departamento de bomberos	**fire department** [fáyer dipártmen]
la escuela, el colegio	**school** [scul]
la estación de autobús	**bus station** [bas stéichon]
la estación de policía	**police station** [polís stéichon]
la fábrica	**factory** [fáctori]
la farmacia	**pharmacy** [fármasi]
la gasolinera	**gas station** [gas stéichon]

el hospital	**hospital** [jóspital]
la iglesia	**church** [cherch]
la librería	**bookstore** [búcstor]
el mercado	**market** [márquet]
el museo	**museum** [miusíum]
la oficina	**office** [áfis]
el parque	**park** [parc]
el salón de belleza	**beauty salon** [biúti salón]
la tienda	**store** [stóar]
la universidad	**college, university** [cálech, iunivérsiti]

What Place? [uát pléis]
(¿Qué lugar?)

Mientras caminas por la ciudad, nombra todo lo que ves:

¿Dónde está...?	**Where's the...?** [uérs de]
la caseta de peaje	**toll booth** [tol bus]
la fuente	**fountain** [fáunten]
el letrero	**billboard** [bílbord]
el lote de carros	**car lot** [car lat]
la parada de autobús	**bus stop** [bas stap]
el poste de teléfono	**telephone pole** [télefon póul]
el puente	**bridge** [brích]
el rascacielos	**skyscraper** [scáiscreiper]
el señal de pare	**stop sign** [stap sáin]
la torre	**tower** [táuer]
el túnel	**tunnel** [tánel]
la vía del ferrocarril	**railroad track** [réilroud trac]

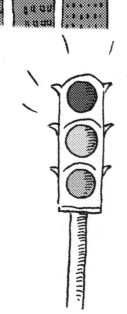

¿Qué está pasando adentro? Sigue mirando y nombrando:

Estamos en...	**We're at the...** [uír at de]
Estaremos en...	**We'll be at the...** [uíl bi at de]
el ascensor	**elevator** [elevéitor]
el baño público	**rest room** [rést rum]
el buzón	**mailbox** [méilbax]
la entrada	**entrance** [éntrans]
la escalera mecánica	**escalator** [escaléitor]
las escaleras	**stairs** [stéars]

el piso	**floor** [flóar]
la puerta giratoria	**rotating door** [róteitin dóar]
la salida	**exit** [éxit]
el salón	**lobby** [lóbi]

Aquí tienes más español relacionado con las calles de la ciudad:

Voy a estacionar en...	**I'm going to park at the...** [am góin tu parc at de]

la avenida	**avenue** [áveniu]
el bulevar	**boulevard** [búlevar]
el callejón	**alley** [áli]
el camino	**road** [róud]
el estacionamiento	**parking lot** [párquin lat]
la ruta	**route** [ráut]
el sendero	**path** [pas]

Describe el lugar en que vives. Combina el vocabulario que ya conoces con las palabras que ves más abajo.

Vivo en...	**I live in the...** [ái liv in de]
Manejaré a...	**I'll drive to the...** [áil dráiv tu de]

las afueras	**outskirts** [áutsquerts]
el área	**area** [área]
el centro	**downtown** [dáuntaun]
la ciudad	**city** [síti]
la comunidad	**community** [camiúniti]
el condado	**county** [cáunti]
el distrito	**district** [dístrict]
el estado	**state** [stéit]
la frontera	**border** [bórder]
el pueblo	**town** [táun]
el sitio	**site** [sáit]
el vecindario	**neighborhood** [néiborjud]
la villa	**village** [vílich]
la zona	**zone** [zóun]

 # Grammar!

Los prefijos, llamados **prefixes** [prífixis] en inglés, pueden usarse para crear el significado opuesto de un adjetivo o verbo. Estudia la lista que sigue y crea frases con todas las nuevas palabras.

capaz	**capable** [quéipabl]
incapaz	**incapable** [anquéipabl]
doblar	**to fold** [tu fold]
desdoblar	**to unfold** [tu anfóld]
honesto	**honest** [ánest]
deshonesto	**dishonest** [disánest]
obedecer	**to obey** [tu obéi]
desobedecer	**to disobey** [tu dísobei]
estar de acuerdo	**to agree** [tu agrí]
estar en desacuerdo	**to disagree** [tu disagrí]
feliz	**happy** [jápi]
infeliz	**unhappy** [anjápi]
paciente	**patient** [péichent]
impaciente	**impatient** [impéichent]
justo	**fair** [féar]
injusto	**unfair** [anféar]
maduro	**mature** [machúr]
inmaduro	**immature** [ímachur]
sincero	**sincere** [sinsíar]
insincero	**insincere** [insinsíar]
pronunciar (bien)	**pronounce** [pranáuns]
pronunciar (mal)	**mispronounce** [mispranáuns]

¡Tú deberías saber lo que estas palabras significan!

regular—irregular [régular—irrégular]
legal—illegal [lígal—ilígal]

 # Advice!

- Aquí tienes más lugares del centro de la ciudad:

la carnicería	**meat market** [mit márquet]
la floristería	**florist** [flórist]
la joyería	**jewelry store** [chúleri stóar]
la lavandería	**laundromat** [lóndromat]
la mueblería	**furniture store** [férnicher stóar]
la panadería	**bakery** [béiqueri]
la peluquería	**barber shop** [bárber chop]
la zapatería	**shoe store** [chu stóar]

- ¿Has tenido oportunidad de visitar cualquiera de estos lugares?
¡Pues ahora hazlo en inglés!

el almacén	**warehouse** [uéarjaus]
el bar	**bar** [bar]
el campamento	**camp** [camp]
la cárcel	**jail** [chéil]
el cementerio	**cemetery** [sémeteri]
la discoteca	**disco** [dísco]
el muelle	**pier** [píer]
el municipio	**city hall** [síti jal]
el zoológico	**zoo** [súu]

• ¿Y qué de los lugares de oración?

Vamos a...	**We go to the...** [uí go tu de]
Iremos a...	**We'll go to the...** [uíl go tu de]

la capilla	**chapel** [chápel]
la catedral	**cathedral** [casídral]
la iglesia	**church** [cherch]
la mezquita	**mosque** [mosc]
la sinagoga	**synagogue** [sínagog]
el templo	**temple** [témpl]

• Ay, ¡tienes tanto más que aprender todavía! Pero no te desanimes, pues si has llegado hasta aquí, ya estás conversando a un nivel muy respetable.

Es una zona _____.	**It's a _____ zone.**
	[ets a _____ zóun]

comercial	**commercial** [camérchal]
de construcción	**construction** [canstrákchan]
de negocios	**business** [bísnes]
de tráfico	**traffic** [tráfic]
residencial	**residential** [residénchal]
turística	**tourism** [túrism]

 # How do you pronounce it?

Todas las letras al final de las palabras tienen que estar pronunciadas claramente. Usa esta lista para practicar:

hurt [jert]	**heard** [jerd]
at [at]	**add** [ad]
live [láiv]	**life** [láif]
half [jaf]	**have** [jav]

sent [sent]	**send** [send]
right [ráit]	**ride** [ráid]
state [stéit]	**stayed** [stéid]
fine [fáin]	**find** [fáind]

 # I bet you can!

Elige palabras relacionadas con la ciudad y conéctalas con las oraciones de más abajo. ¡No seas tímido! ¡Aclara tu garganta y lee cada una en voz alta!

Estoy trabajando en...	**I'm working at the...**
Ella trabaja en...	**She works at the...**
Vamos a trabajar en...	**We're going to work at the...**

(56) Ahora, conecta cada una de estas palabras con su lugar correspondiente:

furniture store	**criminal**
market	**money**
bank	**car**
library	**train**
gas station	**mail**
railroad	**food**
post office	**book**
jail	**table**

(57) Encuentra la palabra española dentro de la inglesa y tradúcela:

clinic	_____
prison	_____
supermarket	_____
agency	_____
hotel	_____
cafeteria	_____
mall	_____
center	_____
airport	_____

Transportation
[transportéichen]
(El transporte)

Nadie se mueve por la ciudad sin tener un medio de transporte. ¿Cómo te movilizas alrededor del mundo Futuro?

Iré por…	**I'll go by...** [áil go bái]
Voy a viajar por…	**I'm going to travel by...** [am góin tu trável bái]

ambulancia	**ambulance** [ámbiulans]
autobús	**bus** [bas]
barco	**boat** [bóut]
bicicleta	**bicycle** [báisicl]
bicicleta motorizada	**moped** [móped]
camión	**truck** [trac]
cámper	**camper** [cámper]
carro	**car** [car]
coche habitación	**house trailer** [jáus tréiler]
grúa	**tow truck** [táu trac]
helicóptero	**helicopter** [jélicopter]
metro	**subway** [sábuei]
motocicleta	**motorcycle** [mótorsaicl]
taxi	**taxi** [táxi]
tractor	**tractor** [tráctor]
tranvía	**streetcar** [strítcar]
tren	**train** [tréin]
volquete	**dump truck** [damp trac]

 Advice!

• Siempre hay algo que está pasando en el aeropuerto. Aprende a hablar sobre el transporte en tal lugar:

la pista de aterrizaje	**airstrip** [érstrip]
el terminal	**terminal** [términal]
el vuelo	**flight** [fláit]

- Los viajeros necesitarán estas frases indispensables:

  a pie   **on foot** [on fut]   en bus   **by bus** [bái bas]
  He'll go on foot, and she'll go by bus.

- Mira a todos los vehículos de la familia:

Estoy vendiendo...	**I'm selling the...** [am séling de]
Tengo...	**I have the...** [ái jav de]
Compraré...	**I'll buy the...** [áil bái de]

la camioneta	**pickup** [picáp]
el carro deportivo	**sportscar** [spórtscar]
el descaportable	**convertible** [canvértibl]
el jip	**jeep** [llip]
el miniván	**minivan** [mínivan]
el sedán	**sedan** [sedán]
la vagoneta, la furgoneta	**van** [van]
el vehículo de recreo	**recreational vehicle, RV** [ricriéichanal víjicl, arví]

- Hablando de viajes, usa estas típicas frases turísticas:

¿A qué distancia?	**How far?** [jáo far]
¿Hay agua potable?	**Is this drinking water?** [es dis drínquin uáter]
¿Puedo pagar con esto?	**Can I pay with this?** [can ái péi uíd dis]
¿Está incluída?	**Is it included?** [es et inclúdid]
¿Está lista?	**Is it ready?** [es et rédi]
¿Está ocupada?	**Is it taken?** [es et téiquen]
¿Puede ayudarme?	**Can you help me?** [can iú jelp mi]
¿Puede recomendar uno?	**Can you recommend one?** [can iú recoménd uán]
¿Puede repararlo?	**Can you fix it?** [can iú fix et]

- **To move** significa "mudarse":

¿Se van a mudar?	**Are they going to move?** [ar déi góin tu muv]
No, se van a quedar.	**No, they're going to stay.** [no, déir góin tu stéi]

- Date cuenta que **to** es usualmente usado después del verbo **to go:**

Voy al banco.	**I'm going to the bank.** [am góin tu de banc]

Auto Parts [óto parts]
(Las piezas del auto)

Muchas piezas de automóviles pueden verse, tocarse o indicarse. Aquí las tienes:

Toque...	**Touch the...** [tach de]
Mire...	**Look at the...** [luc at de]
Señale...	**Point to the...** [póint tu de]
el acumulador	**battery** [báteri]
el amortiguador	**shock absorber** [choc absórber]
el arrancador	**starter** [stárter]
el asiento	**seat** [sit]
la bocina	**horn** [jorn]
la bujía	**spark plug** [sparc plag]
la calefacción	**heater** [jíter]
el cambio manual	**stick shift** [stic chif]
el capó	**hood** [jud]
el carburador	**carburetor** [carbiurétor]
la casetera	**tape deck** [téip dec]
el cinturón de seguridad	**safety belt** [séifti belt]
el convertidor catalítico	**catalytic converter** [catalític convérter]
la correa del ventilador	**fan belt** [fan belt]
la direccional	**turn signal** [tern sígnal]
el distribuidor	**distributor** [distríbutor]
el eje	**axle** [axel]
el embrague	**clutch** [clach]
el encendido, el arrancador	**ignition** [igníchen]
el espejo retrovisor	**rearview mirror** [riarviú míror]
el faro delantero	**headlight** [jédlait]
el faro trasero	**taillight** [téilláit]
el freno	**brake** [bréic]

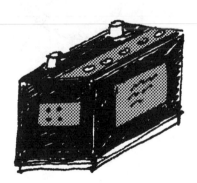

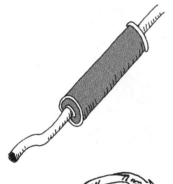

la guantera	**glove compartment** [glav campártmen]
el guardabarro	**fender** [fénder]
el indicador	**gauge** [géich]
el limpiaparabrisas	**windshield wiper** [uínchil uáiper]
la luz de frenada	**brake light** [bréic láit]
la maletera	**trunk** [tranc]
el motor	**engine** [énchin]
el neumático de repuesto	**spare tire** [spear táir]
el neumático	**tire** [táir]
el odómetro	**odometer** [adámiter]
el parabrisas	**windshield** [uínchil]
el parachoques	**bumper** [bámper]
el pestillo	**lock** [loc]
la rueda	**wheel** [uíl]
el silenciador	**muffler** [máfler]
el tablero de instrumentos	**dashboard** [dáchbord]
el tanque de gasolina	**gas tank** [gas tanc]
el tapacubo	**hubcap** [jábcap]
la tapicería	**upholstery** [apjólsteri]
el tapón del tanque	**gas cap** [gas cap]
el tirador	**handle** [jándl]
el tocadiscos	**CD player** [sidí pléier]
el velocímetro	**speedometer** [spidómiter]
el ventilador	**fan** [fan]
la visera	**visor** [váisor]
el volante	**steering wheel** [stírin uíl]

☼ Advice!

58 Muchos nombres de piezas de automóviles son similares en los dos idiomas. Estaciónate y traduce las siguientes palabras:

antenna [anténa] _____
accelerator [acseleréitor] _____
air conditioning [er condíchonin] _____
exterior [extírior] _____
radiator [rediéitor] _____
instrument [ínstrument] _____
pedal [pédal] _____

transmission [transmíchon]   _____

stereo [stéreo]   _____

interior [intírior]   _____

- Aquí tienes algunas otras piczas del mismo vehículo:

el alambre	**wire** [uáir]
la bomba	**pump** [pamp]
el cable	**cable** [quéibl]
el engranaje	**gear** [guíar]
el fusible	**fuse** [fiús]
la manguera	**hose** [jóus]
el palanca	**lever** [léver]
el portillo	**hatch** [jach]
la válvula	**valve** [valv]

- Esta vez, habla de la gasolina:

Tomará...	**It'll take...** [etl téic]
diésel	**diesel** [dízel]
especial	**special** [spéchal]
regular	**regular** [régiular]
súper	**premium** [prímium]

Read the Sign! [rid de sáin]
(¡Lee el letrero!)

En las calles de Estados Unidos, las leyes del tráfico están colocadas por todas partes:

Camine	**Walk** [uóc]
Camino Cerrado	**Road Closed** [róud clóusd]
Camino Estrecho	**Narrow Road** [nárrou róud]
Ceda el Paso	**Yield** [iéld]
Cruce de Caminos	**Road Crossing** [róud crósin]
Cruce de Ferrocarril	**Railroad Crossing** [réilroud crósin]
Curva	**Curve** [querv]
Despacio	**Slow** [slóu]
Desviación	**Detour** [ditúr]
Entrada	**Entrance** [éntrans]
Espere	**Wait** [uéit]

Estacionamiento Prohibido	**No Parking** [no párquin]
Glorieta	**Traffic Circle** [tráfic sércl]
No Caminar	**Don't Walk** [dont uác]
No Doblar a la Izquierda	**No Left Turn** [no left tern]
No Tirar Basura	**Do Not Litter** [du nat líter]
Parada (o Alto)	**Stop** [stap]
Parada Próxima	**Stop Ahead** [stap ajéd]
Pista para Pasar	**Passing Lane** [pásing léin]
Prohibida la Vuelta en "U"	**No U Turn** [no iú tern]
Prohibido Entrar	**Do Not Enter** [du nat énter]
Prohibido Pasar	**Do Not Pass** [du nat pas]
Salida	**Exit** [éxit]
Una Sola Vía	**One Way** [uán uéi]
Velocidad Máxima	**Speed Limit** [spid límit]
Vía Equivocada	**Wrong Way** [rong uéi]
Zona Escolar	**School Zone** [scul zóun]

Aprende las traducciones de todos las avisos que puedas:

Abierto	**Open** [ópen]
Cerrado	**Closed** [clóusd]
Descompuesto	**Out of Order** [áut av órder]
Emergencia	**Emergency** [emérllensi]
Empuje	**Push** [puch]
Jale	**Pull** [pul]
Minusválidos	**Handicapped** [jándicapd]
No Fumar	**No Smoking** [no smóquin]
Se Alquila	**For Rent** [for rent]
Servicios Sanitarios	**Rest Rooms** [rést rums]

Work Words [uérc uérds]
(Palabras del trabajo)

El trabajo es una parte muy importante en nuestras vidas. Lee el vocabulario que sigue, mira los ejemplos y crea tus propias preguntas (y luego, contéstalas).

la cita   **appointment** [apóintment]

Do you have an appointment?
Yes, I do. I have one at 9:00.

la carrera   **career** [caríer]

Does he like his career?
No, he doesn't. He's going to look for a new job
next week.

la conferencia   **conference** [cánferens]

Will you go to the conference?
Yes, we will. We'll leave tonight after work.

el aumento	**raise** [réis]
el cheque de pago	**paycheck** [péichec]
la compra	**purchase** [pérchas]
el entrenamiento	**training** [tréinin]
la entrevista	**interview** [ínterviu]
el éxito	**success** [sacsés]
la factura	**invoice** [invóis]
la ganancia	**profit** [prófit]
el horario	**schedule** [squéchul]
la huelga	**strike** [stráic]
la inversión	**investment** [invéstment]
la oportunidad	**opportunity** [apartiúniti]
la pérdida	**loss** [los]
el producto	**product** [pródact]
el programa	**program** [prógram]
el puesto	**position** [posíchon]
el recibo	**receipt** [risít]
la reunión	**meeting** [mítin]
el salario	**salary** [sálari]
la tarjeta de registro horario	**time card** [táim card]
las vacaciones	**vacations** [vaquéichens]
la venta	**sale** [séil]

It's Your Business! [ets iór bísnes]
(¡Es tu negocio!)

Pega papeles adhesivos con los nombres en inglés en todas las cosas
que puedas dentro de la oficina, hasta que estés seguro de haberte
aprendido los nombres de todos estos objetos:

Buscaré...	**I'll look for the...** [áil luc for de]
Voy a buscar...	**I'm going to look for...** [am góin tu luc for]

el archivo	**file** [fáil]
la carpeta	**folder** [fólder]
la computadora	**computer** [campiúter]
el contestador automático	**answering machine** [ánserin machín]
la copiadora	**copier** [cápier]
el correo	**mail** [méil]
la engrapadora	**stapler** [stéipler]
el fax	**fax** [fax]
el formulario	**form** [form]
la impresora	**printer** [prínter]
la máquina de escribir	**typewriter** [taipráiter]
las tijeras	**scissors** [sísors]

 Advice!

- También podrías escuchar estas frases. Presta atención:

trabajo parcial	**part time** [part táim]
trabajo completo	**full time** [ful táim]
día de descanso	**day off** [déi of]

- La palabra **work** viene en varias formas. Trata estas tres maneras:

el trabajo	**job** [chob]
la tarea	**chore** [chóar]
el mandado	**errand** [érand]

 I bet you can!

Nombra tres modos de transporte en inglés:

_____   _____   _____

Nombra tres piezas del automóvil en inglés:

_____   _____   _____

(59) Traduce estas palabras:

purchase	_____	**sale**	_____
gain	_____	**loss**	_____
invoice	_____	**receipt**	_____
computer	_____	**stapler**	_____

Tools of the Trade [tuls av de tréid]
(Las herramientas de la profesión)

Mejora tu habilidad en inglés con este nuevo vocabulario. Practícalo
usando las palabras que expresan orden:

Use...	**Use the...** [iús de]
Traiga...	**Bring the...** [bring de]
Lleve...	**Carry the...** [quéri de]

el andamio	**scaffold** [scáfold]
el atornillador	**screwdriver** [scrudráiver]
la brocha de pintar	**paintbrush** [péintbrach]
la cadena	**chain** [chéin]
la caja de herramientas	**toolbox** [túlbax]
el cincel	**chisel** [chísel]
la cinta	**tape** [téip]
la cinta para medir	**measuring tape** [méchurin téip]
el clavo	**nail** [néil]
el compresor de aire	**compressor** [camprésor]
el cordón eléctrico	**electric cord** [eléctric cord]
la escalera	**ladder** [láder]
la gata	**jack** [chac]
la grapa	**staple** [stéipl]
los lentes de protección	**safety glasses** [séifti gláses]
la llave inglesa	**wrench** [rench]
el martillo	**hammer** [jámer]
el nivel	**level** [lével]
la pala	**shovel** [chável]
la paleta	**trowel** [sráuel]
el papel de lija	**sandpaper** [sándpeipar]
el pegamento	**glue** [glu]
el perno	**bolt** [bolt]
la pintura	**paint** [péint]
las pinzas	**pliers** [pláiers]
la prensa de sujetar	**clamp** [clamp]
la rampa	**ramp** [ramp]
el raspador	**scraper** [scréiper]
el serrucho	**saw** [so]
la sierra para cortar metal	**hacksaw** [jácso]
el taladro	**drill** [dril]
el tornillo	**screw** [scru]
la tuerca	**nut** [nat]

¡Prepárate para hacer trabajos de jardinería!

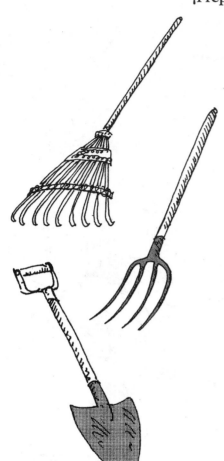

¿Necesitará usted...?	**Will you need the...?** [uíl iú nid de]
el abono	**fertilizer** [fertiláiser]
el azadón	**hoe** [jóu]
la bolsa	**bag** [bag]
la caja	**box** [bax]
la carretilla	**wheelbarrow** [uílbarrou]
la cortadora de césped	**lawn mower** [lón mouer]
el estiércol	**manure** [maniúr]
los guantes	**gloves** [glavs]
el hacha	**ax** [acs]
la horquilla	**pitchfork** [píchforc]
el insecticida	**insecticide** [inséctisaid]
la manguera	**hose** [jóus]
la motosierra	**chainsaw** [chéinso]
la pala	**shovel** [chável]
el pico	**pick** [pic]
el podador	**trimmer** [trímer]
el rastrillo	**rake** [réic]
el rociador	**sprayer** [spréier]
la soga	**rope** [róup]
el soplador	**blower** [blóuer]
las tijeras podadoras	**clippers** [clípers]
el veneno	**poison** [póison]

Let's Measure! [lets mésiur]
(¡Vamos a medir!)

Como ya tienes las herramientas en tus manos, tómate unos segundos para confirmar las medidas:

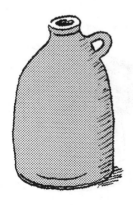

¿Cuánto cuesta por...?	**How much per...?** [jao mach per]
la bolsa	**bag** [bag]
la botella	**bottle** [batl]
la caja	**box** [bax]
la docena	**dozen** [dósen]
la lata	**can** [can]
el paquete	**package** [pácach]
el par	**pair** [pér]

el pedazo	**piece** [pis]
el puñado	**handful** [jánful]
la tonelada	**ton** [ton]

¿Cuál es...?	**What's the...?** [uáts de]

la altura	**height** [jáit]
el ancho	**width** [uíd]
el largo	**length** [lent]
el peso	**weight** [uéit]
el porcentaje	**percentage** [perséntach]
el tamaño	**size** [sáis]

¿Y ya te has memorizado estas conversiones?

el kilómetro	**5/8 mi.**
el kilógramo	**2.2 lbs.**
0˚C	**32°F**

Los trabajadores también necesitan estas palabras:

el centavo	**cent** [sent]
el centímetro	**centimeter** [centimíter]
el dólar	**dollar** [dólar]
el galón	**gallon** [gálon]
el grado	**degree** [digrí]
el gramo	**gram** [gram]
el kilo	**kilo** [quílo]
el kilómetro	**kilometer** [quilomíter]
el litro	**liter** [líter]
el metro	**meter** [míter]
la milla	**mile** [máil]
la onza	**ounce** [áuns]
la pulgada	**inch** [inch]

¿Y qué parte te toca?

una mitad	**a half** [a jaf]
un cuarto	**a quarter** [a cuórter]
un tercio	**a third** [a zerd]

 # Advice!

Cuando se trata de medidas (**measurements** [méchurments]), las formas del singular y plural pueden ser algo confusas. En inglés se emplea la forma singular en palabras tales como pie (**foot**), dólar (**dollar**), año (**year**), etc. cuando éstas se usan como adjetivos. Sin embargo, se emplea la forma plural cuando estas palabras se usan como sustantivos:

He got a three-year contract. [ji got a zri-íer cántract]
His contract is good for three years. [jis cántract es gud for zri iérs]

 # How do you write it?

Estudia estas palabras abreviadas y aprende su pronunciación completa:

1 oz.	—**one ounce** [uán áuns]
7°	—**seven degrees** [séven digrís]
1 mi.	—**one mile** [uán máil]
.5 o 5/10	—**five tenths** [fáiv tendt]
1 gal.	—**one gallon** [uán gálon]
$1.00	—**one dollar** [uán dólar]
1 lb.	—**one pound** [uán páund]
6%	—**six percent** [six persent]
6 A.M.	—**six o'clock in the morning ("Ante Meridian")** [sic oclác in de mórnin]
AC	—**alternating current** [alternéitin quérren]
6 P.M.	—**six o'clock in the afternoon ("Post Meridian")** [six oclác in de afternún]
DC	—**direct current** [dairéct quérren]

 # I bet you can!

(60) Escribe la forma completa en el espacio:

6 oz.	<u>six ounces</u>
1 lb.	_____
1 mi.	_____
7 A.M.	_____
.5	_____
1/2	_____
4 ft.	_____
Dec.	_____

68% _____
Thur. _____
7th _____
1 gal. _____

Housecleaning [jáusclinin]
(La limpieza de la casa)

Combina las tres palabras de acción que aparecen a continuación con el nuevo vocabulario que aparece más abajo para crear frases en Tiempo Presente y Tiempo Futuro. Mira los ejemplos.

to use
to have
to need

la caja	**box** [bax]
Usamos la caja.	**We use the box.**
Usaremos la caja.	**We'll use the box.**

la escoba	**broom** [brum]
Tenemos la escoba.	**We have the broom.**
Tendremos la escoba.	**We'll have the broom.**

el cepillo	**brush** [brach]
Necesitamos el cepillo.	**We need the brush.**
Necesitaremos el cepillo.	**We'll need the brush.**

la almohadilla de restregar	**scouring pad** [scáurin pad]
la aspiradora	**vacuum cleaner** [váquium clíner]
el balde	**bucket** [báquet]
la bolsa de basura	**trash bag** [trách bag]
el cepillo de fregar	**scrub brush** [scrab brach]
el cogedor de basura	**dustpan** [dáspan]
la esponja	**sponge** [sponch]
la lata de basura	**trash can** [trách can]
la manguera	**hose** [jóus]
la máscara	**mask** [masc]
la toalla	**towel** [táuel]
el trapeador	**mop** [map]
el trapo	**rag** [rag]

I bet you can!

61 Conéctalas:

towel	el balde
drill	el rastrillo
hammer	la pala
nail	el taladro
shovel	el clavo
rake	el martillo
bucket	la toalla

62 Continúa:

degree	la mitad
height	el ancho
weight	la altura
width	el peso
half	el grado

Food! [fud]
(¡La comida!)

Practica esta selección de comidas mientras continúas creando frases
en el Tiempo Presente y cambiándolas al Tiempo Futuro.

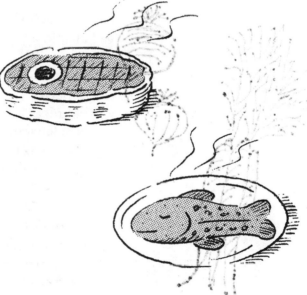

el arroz	**rice**	[ráis]
el bistec	**steak**	[stéic]
la carne	**meat**	[mit]
el cerdo	**pork**	[porc]
la ensalada	**salad**	[sálad]
el fideo	**noodle**	[nudl]
el huevo	**egg**	[eg]
el jamón	**ham**	[jam]
la mantequilla	**butter**	[báter]
el marisco	**seafood**	[sífud]
el pan	**bread**	[bred]
el panecillo	**roll**	[rol]
el pavo	**turkey**	[térqui]
el pescado	**fish**	[fich]
el pollo	**chicken**	[chíquen]
el queso	**cheese**	[chis]
el rósbif	**roast beef**	[róus bif]
la sopa	**soup**	[sup]

 I bet you can!

(63) Pon las frases en el Tiempo Futuro.

I need bread.	I'll need bread.
He eats meat.	He'll eat meat.
They have cheese.	They'll have cheese.
We sell fish.	_____
I buy chicken.	_____
She cuts the steak.	_____
They drink soup.	_____
I mix the salad.	_____
We serve ham.	_____

I use butter.
I cook the egg.
We take out the turkey.
You prepare the rice.

Vegetables [véchetabls] (Las verduras)

Consumamos estas listas adicionales que tienen relación con la comida. Combina los tres verbos de abajo con el nuevo vocabulario para crear oraciones más complicadas.

Come...y...	**Eat the...and...** [it de, and]
Trae...y...	**Bring the...and...** [bring de, and]
Pon...y...	**Put the...and...** [put de, and]

la alcachofa	**artichoke** [ártichoc]
el apio	**celery** [séleri]
la arvejita	**pea** [pi]
la berenjena	**eggplant** [égplant]
el berro	**watercress** [uótercres]
el brécol	**broccoli** [brócoli]
la calabacita verde	**zucchini** [zuquíni]
la calabaza	**pumpkin** [pámpquin]
el camote	**sweet potato** [suít potéito]
la cebolla	**onion** [ónion]
la cebolla verde	**green onion** [grin ónion]
la coliflor	**cauliflower** [cóliflaur]
el espárrago	**asparagus** [aspáragus]
la espinaca	**spinach** [spínach]
los frijoles	**beans** [bins]
la judía verde	**green bean** [grin bin]
la lechuga	**lettuce** [létas]
el maíz	**corn** [corn]
el nabo	**turnip** [térnip]
la papa	**potato** [potéito]
el pepino	**cucumber** [quiucámber]
el rábano	**radish** [rádich]
la remolacha	**beet** [bit]
el repollo	**cabbage** [cábich]
la seta, el champiñón	**mushroom** [máchrum]
el tomate	**tomato** [toméito]
la zanahoria	**carrot** [cárot]

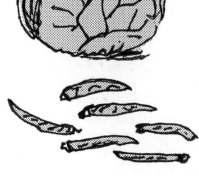

Fruit [frut] (La fruta)

Corta...	**Cut the...** [cat de]
Recoge...	**Pick up the...** [pic ap de]
Busca...	**Look for the...** [luc for de]

el albaricoque	**apricot** [ápricot]
el arándano	**blueberry** [blúberi]
la cereza	**cherry** [chérri]
la ciruela	**plum** [plam]
la ciruela pasa	**prune** [prun]
el coco	**coconut** [cóconat]
la fresa	**strawberry** [stróberi]
el higo	**fig** [fig]
el limón	**lemon** [lémon]
la manzana	**apple** [ápel]
el melocotón	**peach** [pich]
el melón	**cantaloupe** [cántelup]
la mora	**blackberry** [blácberi]
la naranja	**orange** [óranch]
la pasa	**raisin** [réisin]
la pera	**pear** [péar]
la piña	**pineapple** [páinapel]
el plátano	**banana** [banána]
la toronja	**grapefruit** [gréipfrut]
la uva	**grape** [gréip]

Desserts and Details [desérts an ditéils] (Los postres y los detalles)

Conseguiremos...	**We'll get the...** [uíl get de]

el chicle	**chewing gum** [chúin gam]
el dulce	**candy** [cándi]
la galleta	**cookie** [cúqui]
la galleta salada	**cracker** [cráquer]
la gelatina	**gelatin** [chélatin]
el helado	**ice cream** [áis crim]
el pastel	**pie** [pái]
la torta	**cake** [quéic]

📖 Grammar!

Aprovecha estos comienzos de frases para crear oraciones completas.

Besides cooking, [bisáids cúquin]	Además de cocinar,
Before ordering, [bifór órderin]	Antes de ordenar,
After drinking, [áfter drínquin]	Después de tomar,
In order to learn, [in órder tu lern]	Para aprender,
Without eating, [uidáut ítin]	Sin comer,

In order to learn English fast, you'll need to practice every day.

Ingredients, Spices, and Condiments [ingrídients spáisis an cóndiments] (Los ingredientes, las especias y los condimentos)
Dale más sabor a tu idioma con las siguientes palabras. Continúa jugando con el Tiempo Presente y el Tiempo Futuro y forma oraciones completas.

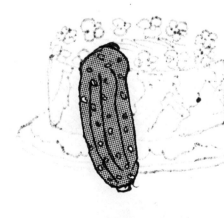

Añadimos...	**We add the...** [uí ad de]
Vamos a añadir...	**Let's add the...** [lets ad de]
el aceite	**oil** [óil]
el ají	**hot pepper** [jat péper]
el ajo	**garlic** [gárlic]
el aliño de ensalada	**salad dressing** [sálad drésin]
el almidón de maíz	**cornstarch** [córnstarch]
el azúcar	**sugar** [chúgar]
el caldo	**broth** [bros]
la canela	**cinnamon** [sínamon]
el chocolate	**chocolate** [chócolat]
la crema de maní	**peanut butter** [pínat báter]
el encurtido	**pickle** [picl]
la harina	**flour** [fláur]
la manteca	**lard** [lard]
la margarina	**margarine** [márcherin]
la mayonesa	**mayonnaise** [méioneis]

la menta	**mint**	[mint]
la mermelada	**marmalade**	[mármeleid]
la miel	**honey**	[jáni]
la mostaza	**mustard**	[mástar]
las nueces	**nuts**	[nats]
el perejil	**parsley**	[pársli]
la pimienta	**pepper**	[péper]
el polvo de hornear	**baking powder**	[béiquin páuder]
la sal	**salt**	[solt]
la salsa	**sauce**	[sos]
la salsa de tomate	**tomato sauce**	[toméito sos]
la vainilla	**vanilla**	[vaníla]
el vinagre	**vinegar**	[vínegar]

Advice!

- Ya aprendiste de las comidas diarias en el Nivel Uno. Repasa:

el desayuno	**breakfast**	[brécfast]
el almuerzo	**lunch**	[lanch]
la cena	**dinner**	[díner]
la merienda	**snack**	[snac]

- Y ahora, háblale al carnicero y al vendedor de pescado:

Necesitaré...	**I'll need the...**	[áil nid de]
la albóndiga	**meatball**	[mítbol]
las almejas	**clams**	[clams]
el atún	**tuna**	[túna]
el camarón	**shrimp**	[chrimp]
el cangrejo	**crab**	[crab]
la carne molida	**ground beef**	[gráund bif]
el cordero	**lamb**	[lamb]
la hamburguesa	**hamburger**	[jámburguer]
la langosta	**lobster**	[lábster]
el perro caliente	**hot dog**	[jat dog]
la salchicha	**sausage**	[sósach]
la ternera	**veal**	[vil]
el tocino	**bacon**	[béicon]

- Tienes un gran problema si no conoces estas palabras:

  yogurt
  cereal
  pizza
  ketchup

 # How do you pronounce it?

Aunque las letras son iguales, no se puede pronunciar todas las palabras de la misma manera. Aquí tienes unos ejemplos:

"ough"	"ie"	"ea"
tough [taf]	**fried** [fráid]	**cream** [crim]
thought [sot]	**friend** [frén]	**instead** [instéd]
though [dóu]	**worried** [uórid]	**steak** [stéic]

Have a drink [jav a drinc]
(Toma una bebida)

¿Tienes sed? Baja tus comidas con la bebida apropiada. Desarrolla comentarios usando todos los tiempos del verbo:

¿Está bebiendo té?	**Is she drinking tea?** [es chi drínquin ti]
No, le gusta el café.	**No, she likes coffee.** [no chi láics cáfi]
¿Quieren tomar vino?	**Do you want to drink wine?** [du iú uánt tu drinc uáin]
Sí, tomaremos vino blanco.	**Yes, we'll have white wine.** [iés uí jav uáit uáin]

el agua	**water** [uóter]
el batido	**shake** [chéic]
el café	**coffee** [cáfi]
el café descafeinado	**decaffeinated coffee** [dicafeinéited cáfi]
la cerveza	**beer** [bíar]
el chocolate caliente	**hot chocolate** [jat chócolat]
el jugo	**juice** [chus]
la leche	**milk** [milc]

la leche descremada	**skim milk**	[squim milc]
la limonada	**lemonade**	[lémoneid]
el refresco	**soft drink**	[soft drinc]
la soda dietética	**diet soda**	[dáit sóda]
el té	**tea**	[ti]
el té helado	**iced tea**	[áisd ti]
el vino	**wine**	[uáin]

Advice!

• Si todavía estás en el mercado, compra estos importantes artículos:

las bombillas	**lightbulbs**	[láitbalbs]
los cigarrillos	**cigarettes**	[sígarets]
las estampillas	**stamps**	[stamps]
los fósforos	**matches**	[mátchis]
los lentes de sol	**sunglasses**	[sánglasis]
las medicinas	**medicines**	[médisins]
los periódicos	**newspapers**	[niuspéipers]
las pilas	**batteries**	[báteris]
las revistas	**magazines**	[mágasins]
los rollos de film	**rolls of film**	[rols av film]
los sobres	**envelopes**	[énveloups]
las tarjetas postales	**postcards**	[póstcards]

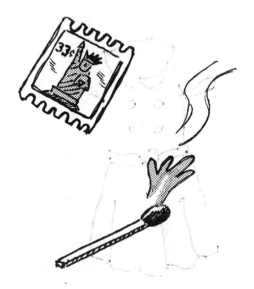

I bet you can!

Llena este diagrama. Tómate todo el tiempo que necesites:

meats	vegetables	fruits	drinks
_____	_____	_____	_____
_____	_____	_____	_____
_____	_____	_____	_____

(64) Elige la palabra más apropiada para completar estas frases:

bread and...	**salad**
soup and...	**vinegar**
pie and...	**ice cream**
salt and...	**butter**
oil and...	**pepper**

Clothing [clóuzin]
(La ropa)

Revisemos ahora los artículos de vestir. La mayoría te serán familiares. Sigue experimentando con el Tiempo Futuro.

Voy a usar...	**I'm going to wear the...** [am góin tu uéar de]
Compraremos...	**We'll buy the...** [uíl bái de]
el abrigo	**overcoat** [óvercout]
la bata de baño	**bathrobe** [básroub]
la blusa	**blouse** [bláus]
las botas	**boots** [buts]
las bragas	**panties** [pántis]
la bufanda	**scarf** [scarf]
la camisa	**shirt** [chert]
la chaqueta	**jacket** [cháquet]
el cinturón	**belt** [belt]
la gorra	**cap** [cap]
los guantes	**gloves** [glavs]
el impermeable	**raincoat** [réincout]
los mitones	**mittens** [mítens]
los pantalones	**pants** [pants]
el pijama	**pajamas** [pichámas]
las sandalias	**sandals** [sándals]
el sostén	**brassiere** [brasiér]
el traje de baño	**bathing suit** [béisin sut]
el vestido	**dress** [dres]
los zapatos	**shoes** [chus]
Ponte...	**Put on the...** [put on de]
los calcetines	**socks** [socs]
las calzoncillos	**shorts** [chorts]
la camiseta	**T-shirt** [tíchert]
el chaleco	**vest** [vest]
la combinación	**slip** [slip]
la corbata	**tie** [tái]
la falda	**skirt** [squert]

las medias	**stockings** [stóquings]	
la ropa interior	**underwear** [ánderuear]	
el saco	**sport coat** [spórt cout]	
la sudadera	**sweat suit** [suét sut]	
el suéter	**sweater** [suéter]	
el traje	**suit** [sut]	
las zapatillas	**slippers** [slípers]	
las zapatillas de tenis	**tennis shoes** [ténis chus]	

 **I bet you can!**

Escribe en inglés toda la ropa que tienes puesta ahora mismo:

_____   _____
_____   _____
_____   _____
_____   _____
_____   _____

5

CAPITULO *FIVE* [fáiv]

I Practiced and Practiced!
[ái práctisd an práctisd]

(¡Practiqué y practiqué!)

Past Tense Territory
[past tens téritori]
(El territorio del Tiempo Pasado)

Amigos, amárrense el cinturón. Después de viajar por los tiempos Presente y Futuro, vamos a descender al territorio más escabroso del Tiempo Pasado. Aquí la vida es un poquito más difícil.

Este es el momento de hablar sobre las actividades que ya ocurrieron. Aunque muchos estudiantes del inglés se quejan de este tiempo verbal, durante este viaje tendremos muchas oportunidades de acortar el camino y llegar a la meta con gran rapidez.

La mejor manera de aprender el Tiempo Pasado es dividiendo los verbos en dos grupos. El grupo de los verbos regulares y el de los irregulares.

Para los verbos regulares, añade la terminación **ed** tal como lo muestra el siguiente ejemplo:

Trabajar	**To Work** [tu uérc]
Yo trabajé	**I worked** [ái uérct]
tú trabajaste	**You worked** [iú uérct] (sing.)
él, ella, ello trabajó	**He, She, It worked** [ji, chi, et uérct]
ustedes trabajaron	**You worked** [iú uérct] (pl.)
ellos trabajaron	**They worked** [déi uérct]
nosotros trabajamos	**We worked** [uí uérct]

Aquí tienes unos cuantos ejemplos más:

We cooked dinner in the kitchen. [uí cuct díner in de quítchen]
Cocinamos la cena en la cocina.

Paula called her sister at five. [póla cold jer síster at fáiv]
Paula llamó a su hermana a las cinco.

The children screamed in the yard. [de chíldren
scrimd in de iárd]
Los niños gritaron en el patio.

Como ves, **cooked, called** y **screamed** [cuct, cold, scrimd] requieren un esfuerzo para pronunciarlos porque no hay suficientes vocales al final de las palabras y así será con otros ejemplos. ¡Pero no llores! La práctica te llevará al éxito. Prueba con estos ejemplos más fáciles:

want	**wanted**	**She wanted the salad.**
[uánt]	[uántet]	[chi uántet de sálad]
paint	**painted**	**They painted the office.**
[péint]	[péintet]	[déi péintet de áfis]
need	**needed**	**I needed the vacation.**
[nid]	[níded]	[ái níded de veiquéichon]

 # How do you pronounce it?

Si el nombre del verbo termina con las letras **t** o **d,** la terminación **ed** del Tiempo Pasado se pronuncia como una sílaba separada:

(contar) **count** [cáunt]   **count-ed** [cáuntet]
(necesitar) **need** [nid]   **need-ed** [níded]

Si el nombre del verbo <u>no</u> termina con las letras **t** o **d,** la terminación **ed** del Tiempo Pasado no se pronuncia como una sílaba separada, sino que toma el sonido de la letra **t** o **d.**

walk [uóc]   **walked** [uóct] (pronunciación "t")
show [chóu]   **showed** [chóud] (pronunciación "d")

(65) Pronuncia las siguientes formas del verbo en el Tiempo Pasado y luego escribe al lado el número 1 si es una palabra de una sola sílaba o el número 2 si es una palabra de dos sílabas:

ended	<u> 2 </u>
filled	<u> 1 </u>
counted	<u> </u>
rented	<u> </u>

needed   _____
showed   _____
planted   _____
worked   _____
washed   _____
wanted   _____

 Advice!

• Cuando agregamos la terminación **ed** a un verbo que termina con el sonido de las consonantes **p, t, f, k, s, sh** o **ch,** la terminación **ed** toma el sonido de la **t.**

    asked [asct]
    passed [past]
    walked [uóct]
    pushed [pucht]

• Cuando agregamos **ed** a un verbo que termina en una vocal o en las consonantes **b, l, d, v, g** o **z,** la terminación **ed** toma el sonido de la letra **d.**

    changed [chenchd]
    pulled [puld]
    grabbed [grabd]
    lived [livd]

(66) ¡Practica! Escribe la letra **t** o **d** para indicar el sonido de la terminación **ed** en cada una de estas palabras:

pulled   __d__
walked   __t__
passed   _____
washed   _____
closed   _____
changed   _____
used   _____
liked   _____
picked   _____
mailed   _____
excused   _____
boiled   _____

How do you write it?

Algunas veces, todo lo que tienes que hacer para usar el Tiempo Pasado del verbo es agregar la letra **d.** Mira:

> (vivir) **live—lived** [liv—livd]
> **I lived in Honduras.** [ái livd in honduras]
> Vivía en Honduras.

> (gustar) **like—liked** [láic—láicd]
> **He liked the food.** [ji láicd de fud]
> Le gustó la comida.

> (bailar) **dance—danced** [dans—dansd]
> **We danced a lot.** [uí dansd a lat]
> Bailamos mucho.

Aquí te puedes dar cuenta como se forma el Tiempo Pasado de estos verbos regulares. Cuando el nombre del verbo termina con la letra **y,** ésta se cambia por la letra **i** antes de agregar la terminación **ed.**

> (estudiar) **study—studied** [stádi—stádid]
> (casarse) **marry—married** [mérri—mérrid]

Compara esta regla con un cambio muy parecido en el Tiempo Presente del verbo de la tercera persona del singular (**he, she**).

> **study—studies** [stádi—stádis]
> **marry—marries** [mérri—mérris]

Lee estas oraciones en voz alta:

> **Today I study.**   **Yesterday I studied.**
> **Today I marry.**   **Yesterday I got married.**
> **Today I cry.**   **Yesterday I cried.**

Algunos de los verbos cambian repitiendo la última letra antes de añadir la terminación **ed:**

> (saltar) **hop—hopped** [jop—jopt]
> **The boy hopped.** [de bói jopt]
> El niño saltó.

> (planear) **plan—planned** [plan—pland]
> **He planned the party.** [ji pland de párti]
> Planeó la fiesta.

(parar) **stop—stopped** [stap, stapt]
The car stopped. [de car stapt] El carro paró.

 # Grammar!

Los adverbios con una sola sílaba usan la terminación **er** en la forma comparativa.

soon—sooner [sun—súner]   **late—later** [léit—léiter]

Los adverbios con más de una sílaba usan **more** [mor] en la forma comparativa.

rapidly—more rapidly [rápidli—mor rápidli]
easily—more easily [ísili—mor ísili]

La forma comparativa de los adverbios es seguida por la palabra **than.**

He learned more rapidly than everyone else. [ji lernd mor rápidli dan évriuan els]
I arrived sooner than my friends. [ái arráivd súner dan mái frens]

 # I bet you can!

 (67) Cambia cada oración al Tiempo Pasado del verbo y luego pronúncialas correctamente:

We always walk to school.   walked _____
He arrives on time every day.   _____
My lunch ends at two o'clock.   _____
He lives in Miami.   _____
They stop to visit friends.   _____
We walk every morning.   _____
I need a new book.   _____
We never carry our jackets.   _____

What Happened? [uát jápend]
(¿Qué pasó?)

Desafortunadamente, en inglés también hay muchos verbos irregulares. Aquí te mostramos algunos:

(ir) **go** **went** (fui, fuiste, fue, fuimos, fueron)
[uént]

(tener) **have** **had** (tuve, tuviste, tuvo, tuvimos, tuvieron)
[jad]

(decir) **say** **said** (dije, dijiste, dijo, dijimos, dijeron)
[sed]

I went to the park.   Fui al parque.
[ái uént tu de parc]

She had a problem.   Ella tuvo un problema.
[chi jad a práblem]

They said no!   ¡Ellos dijeron que no!
[déi sed no]

Aquí tienes unos cuantos ejemplos más. Estudia y memoriza cada palabra, recordando que el Tiempo Pasado en inglés se usa con cualquiera de las personas, ya sea en el singular o el plural:

beber	**drink**	**drank** [dranc]
cantar	**sing**	**sang** [sang]
comer	**eat**	**ate** [ćit]
comprar	**buy**	**bought** [bot]
conseguir	**get**	**got** [got]
correr	**run**	**ran** [ran]
dar	**give**	**gave** [géiv]
empezar	**begin**	**began** [bigán]
encontrar	**find**	**found** [fáund]
escribir	**write**	**wrote** [róut]
ganar	**win**	**won** [uón]
hablar	**speak**	**spoke** [spóuc]
hacer	**do**	**did** [did]
manejar	**drive**	**drove** [dróuv]
oír	**hear**	**heard** [jérd]
olvidar	**forget**	**forgot** [forgot]
pagar	**pay**	**paid** [péid]
perder	**lose**	**lost** [lost]
romper	**break**	**broke** [bróuc]

saber	**know**	**knew** [niú]
salir	**leave**	**left** [left]
sentarse	**sit**	**sat** [sat]
tirar	**throw**	**threw** [sru]
tomar	**take**	**took** [tuc]
traer	**bring**	**brought** [brot]
vender	**sell**	**sold** [sold]
venir	**come**	**came** [quéim]
ver	**see**	**saw** [so]

 # Advice!

• ¡Buenas noticias! Encontrarás una lista de los verbos irregulares más comunes al final de este libro.

• Muchos de los verbos en inglés tienen tiempos pasados muy especiales. Por eso, trata de notar ciertas características comunes que te pueden ayudar a recordarlos mejor. No te preocupes si cometes errores mientras practicas, pues mejorarás con el tiempo. Para que te relajes, aquí tienes un grupo de verbos que no requieren cambio alguno. Qué alivio, ¿no?

(poner) **put** [put]	**put** [put]
I put on my shoes today.	**I put on my shoes yesterday.**
(pegar) **hit** [jit]	**hit** [jit]
(cerrar) **shut** [chut]	**shut** [chut]

Pero fíjate como cambia la pronunciación en estos verbos, a pesar de que se escriben igual. Léelos:

leer   **read** [rid]   **read** [red]

• Nota como estos verbos pasan por un cambio de sonido y luego se les agrega la letra **t** para ponerlos en el Tiempo Pasado:

bring—brought [bring—brot]
feel—felt [fil—felt]
mean—meant [min—ment]
buy—bought [bái—bot]
keep—kept [quip—quépt]
sleep—slept [slip—slept]
catch—caught [catch—cot]
kneel—knelt [nil—nelt]

sweep—swept [suíp—suépt]
creep—crept [crip—crept]
leave—left [liv—left]
teach—taught [tich—tot]
deal—dealt [dil—delt]
lose—lost [lus—lost]
think—thought [sinc—sot]

• ¿Te acuerdas del verbo **to be?** Estas son sus formas en el
Tiempo Pasado:

I am	**I was** [ái uás]
You are	**You were** [iú uér]
He, She, It is	**He, She, It was** [ji, chi, et uás]
You (pl.), **They are**	**You** (pl.), **They were** [iú, déi uér]
We are	**We were** [uí uér]

Estaba enfermo.	**I was sick.**
¿Eran amigos?	**Were they friends?**
No estuvimos allí.	**We were not there.**

• No todas las pronunciaciones de las palabras de acción en inglés
son exactas, pero sí son suficientemente parecidas para que la
gente te entienda.

• Escribe estas palabras y escríbelas de nuevo. Son
importantísimas porque se refieren a distintos tiempos y van con la
forma del Tiempo Pasado:

antes	**before** [bifór]
ayer	**yesterday** [iésterdei]
anteayer	**the day before yesterday** [de déi bifór iésterdei]
anoche	**last night** [last náit]
la semana pasada	**last week** [last uíc]
hace un año	**a year ago** [a íer egó]
en el pasado	**in the past** [in de past]
anteanoche	**the night before last** [de náit bifor last]

I bet you can!

(68) ¡Practica! Cambia estas frases al Tiempo Pasado:

I eat salads.   <u>I ate salads.</u>
We sell vegetables.   We _____ vegetables.
Linda goes to church.   Linda _____.
He drives a bus.   _____.
They drink wine.   _____.
Bob has fantastic parties!   _____!
I am a student.   _____.

(69) Traduce, por favor:

What happened at 12:00?

_____

Pete and I did the work in the garden.

_____

They had a fantastic party at the hotel.

_____

Everybody went to the movies.

_____

Mr. and Mrs. Thomas immediately bought the car.

_____

The children played in the park on Saturday.

_____

We wrote a lot in our English class.

_____

My brother ate the sandwich and drank the milk.

_____

The Past Tense: More Important Information [de past tens, mor impórtant informéichen] (El Tiempo Pasado: más información importante)

Para poder formar el Tiempo Pasado negativo de todos los verbos (excepto la forma del verbo **to be**), escribe **did not** [did nat] antes del nombre del verbo. El auxiliar **did** [did] es el mismo para todas las personas en el Tiempo Pasado y generalmente se usa en la forma de contracción **didn't** [didnt]:

I did not stop.	I didn't stop.
We did not stop.	We didn't stop.
You did not stop.	You didn't stop.
He did not stop.	He didn't stop.
She did not stop.	She didn't stop.
It did not stop.	It didn't stop.
They did not stop.	They didn't stop.

 I bet you can!

(70) Cambia los siguientes verbos al Tiempo Presente:

Came	Come
Had	_____
Bought	_____
Put	_____
Said	_____
Were	_____
Lived	_____

(71) Ahora, cambia estas frases a la forma negativa. Escribe el verbo completo con el sujeto en el espacio en blanco. Usa la palabra **didn't:**

He spoke to me yesterday.

_____

He didn't speak to me yesterday.

_____

She came on time.

_____

We ate lunch in the kitchen.

_____

I bought an English book.

_____

They drank all the milk.

_____

(72) Escribe "**Regular**" al lado de cada verbo regular e "**Irregular**" al lado de cada verbo irregular. Si no te acuerdas de todos los verbos, revisa las lecciones anteriores:

sit	_____
wait	_____
bring	_____
count	_____
wish	_____
write	_____
win	_____
wear	_____
wash	_____
want	_____

Advice!

• ¡No te olvides! Si el verbo principal de una oración en inglés está en el Tiempo Pasado, todos los verbos subordinados también tienen que estar en el mismo tiempo verbal.

Ejemplo: **John said that he was an American.**
[chon sed dat ji uás an américan]

Cuando los verbos auxiliares **can** [can], **will** [uíl] y **may** [méi] forman parte de una cláusula, tienen que ser cambiados de esta manera: **could** [cud], **would** [uód] y **might** [máit].

Present: **He says he will go.** [ji ses ji uíl go]
Past: **He said he would go.** [ji sed ji uód go]

Present: **She says she can come.** [chi ses chi can cam]
Past: **She said she could come.** [chi sed chi cud cam]

• En español, "yo fui, tú fuiste, él o ella fue, nosotros fuimos, ustedes o ellos fueron" pueden significar el Tiempo Pasado del verbo "ser" o del verbo "ir". Pero cuidado, en inglés "ser" e "ir" tienen verbos distintos.

Ser	To Go (Ir)	To Be (Ser)
Fui	**I went**	**I was**
Fuiste	**You went** (sing.)	**You were** (sing.)
Fue	**He, She, It went**	**He, She, It was**
Fueron	**You** (pl.), **They went**	**You** (pl.), **They were**
Fuimos	**We went**	**We were**

• Y ahora tenemos un problema idéntico, pero al revés. En inglés, **I was, you were, he** o **she** o **it was, they** o **we were** pueden significar el Tiempo Pasado del verbo "ser" o del verbo "estar". Pero cuidado, cn cspañol "scr" o "estar" tienen verbos distintos.

To Be	Ser	Estar
I was	**Yo fui**	**Yo estuve**
You were	**Tú fuiste**	**Tú estuviste**
He, She, It was	**El, ella, ello fue**	**El, ella, ello estuvo**
You, They were	**Ustedes, ellos fueron**	**Ustedes, ellos estuvieron**
We were	**Nosotros fuimos**	**Nosotros estuvimos**

I was walking.	Estuve caminando.
I was at home.	Estuve en casa.
I was sick.	Estuve enfermo.
I was a teacher.	Fui maestro.
I was young.	Fui joven.
I was that person.	Fui esa persona.

• ¡Escucha! La gente usa mucho las expresiones **used to** [iúsd tu] o **would** [uód] para conversar sobre acciones pasadas:

I used to work a lot.   Trabajaba mucho.
[ái iúsd tu uérc a lat]

We would dance together.	Bailábamos juntos.
[uí uód dans tugéder]	
He used to be a student.	Era estudiante.
[ji iúsd tu bi a stúdent]	
She would visit my family.	Visitaba a mi familia.
[chi uód vísit mái fámili]	

 # Grammar!

Los pronombres reflexivos hablan acerca del sujeto en una oración. El sujeto y el objeto directo son la misma persona.

> **The man hurt himself.** [de man jert jimsélf]
> **The woman burned herself.** [de uóman bernd jersélf]

Cuando se usa el pronombre reflexivo con la palabra **by** [bái], la frase indica que la acción está hecha sin otras personas:

> **She lives by herself.**   (No vive con otras personas.)
> [chi livs bái jersélf]
> **He cooked by himself.**   (Nadie le ayudó.)
> [ji cuct bái jimsélf]

 # How do you write it?

Los verbos **said** [sed] y **told** [told] no significan lo mismo. **Said** se usa para repetir las palabras o frases en forma directa tal como las dijo la persona y que se escriben "entre líneas" (o "entre comillas" en inglés):

> **Jan said, "We leave tonight."**
> —Salimos esta noche—dijo Jan.

También se usa la palabra **said** para repetir en forma indirecta lo que dijo la persona, sin necesidad de decirlo en forma exacta:

> **Erica said that she wanted to go to home.**
> Erica dijo que quería ir a su casa.

Se usa la palabra **told** para hablar en forma indirecta cuando la persona de quien se habla se menciona sin usar una preposición:

> **Shelly told me that her car was in the garage.**
> Shelly me dijo que su carro está en el garaje.

La palabra **tell** [tel] es usada con ciertas expresiones idiomáticas:

to tell time [tu tel táim]	decir la hora
to tell a story [tu tel a stóri]	decir un cuento
to tell a secret [tu tel a sícret]	decir un secreto
to tell about something [tu tel abáut sámsin]	contar acerca de algo
to tell the truth [tu tel de trus]	decir la verdad
to tell a lie [tu tel a lái]	decir una mentira

The Past Tense: Questions
[de past tens, cuéschens]
(El Tiempo Pasado: las preguntas)

Tal como lo hicimos en el Tiempo Presente Indicativo, ahora vamos a hacer preguntas usando el verbo auxiliar **do.** Aquí tienes la forma en el Tiempo Pasado: **did.**

Do you speak English?	**¿<u>Did</u> you speak English?**
¿Hablas inglés?	¿Hablaste inglés?

Estudia estos ejemplos:

Did they go? [did déi go]   ¿Fueron?
Did he drive? [did ji dráiv]   ¿Manejó él?
Did she eat? [did chi it]   ¿Comió ella?

Sigue leyendo. Nota todos los cambios que son necesarios cuando hablas de eventos pasados:

Did you see Jack?
No, I didn't. I think he went to the hospital.
Why? What happened?
He got sick. Didn't they tell you?

Así es como se ven todas juntas las formas afirmativa, negativa e interrogativa:

He saw the girl. [ji so de guerl]
He didn't see the girl. [ji didnt si de guerl]
Did he see the girl? [did ji si de guerl]

 # I bet you can!

 Cambia estas oraciones de la forma afirmativa a la interrogativa:

She read the book.	<u>**Did she read the book?**</u>
He bought a shirt.	_____
George sang a song.	_____

They cooked dinner. _____

Sally went home. _____

74 Cambia los siguientes ejercicios del Tiempo Pasado a la forma interrogativa, comenzando con la palabra entre paréntesis:

Marianne arrived at ten o'clock. (What time)

<u>**What time did Marianne arrive?**</u>

They sold their home last week. (When)
The meeting began at eight-thirty. (What time)
The tickets cost three dollars. (How much)
He paid for the car by check. (How)

 # Advice!

• Para comprender preguntas que se te hagan, siempre pon mucha atención a las primeras palabras de cada oración. Tus respuestas pueden ser tan breves como las que ves a continuación:

Do you speak Spanish?	- Yes, I do.
Are you learning English?	- Yes, I am!
Is Lupe going to drive?	- No, she isn't.
Will you help me?	- Yes, I will.
Does Ken read?	- No, he doesn't.
Was the car blue?	- Yes, it was.
Were they dancing?	- No they weren't.
Did you go?	- No, I didn't.
Did Juan leave?	- Yes, he did.
Did they play?	- Yes, they did.

What Were You Doing? The Past Progressive! [uát uér iú dúin, de past progrésiv]
(¿Qué estabas haciendo? ¡El Pretérito Progresivo!)

Esta es otra manera de hablar sobre experiencias previas. En lugar de decir lo que hicieron (**did**), los norteamericanos muchas veces cuentan lo que estaban haciendo. Pon mucha atención, ya que esta forma del verbo tiene dos partes.

Primero, tienes que agregarle a tus verbos la terminación **ing.** Ya has hecho esto anteriormente:

talk	**talking**
run	**running**
drive	**driving**

Segundo, cambia el verbo **to be** al Tiempo Pasado:

am, is	**was**
are	**were**

Ahora, ponlos juntos y ve el resultado:

Estaba trabajando.	**I was working.** [ái uás uérquin]
Estabas comiendo.	**You** (sing.) **were eating.** [iú uér ítin]
Estaba corriendo.	**He** o **She** o **It was running.** [ji, chi, et uás ránin]
Estaban escribiendo.	**You** (pl.) o **They were writing.** [iú, déi uér ráitin]
Estábamos hablando.	**We were speaking.** [uí uér spíquin]

Advice!

• Usamos el Pretérito Progresivo para describir una acción pasada que está ocurriendo mientras otra acción ya pasó.

> **I was speaking with John when you came.** [ái uás spíquin uít chon uén iú quéim]
> Estaba hablando con Juan cuando llegaste.

> **It was raining when we left home.** [et uás réinin uén uí left jóum]
> Estaba lloviendo cuando salimos de casa.

• Las formas negativa e interrogativa son fáciles:

No estábamos comiendo.	**We weren't eating.** [uí uérent ítin]
¿Estaban saliendo?	**Were you leaving?** [uér iú lívin]

• Sigue usando los adverbios, pues éstos se combinan muy bien con los verbos para expresar cómo se hace cualquier cosa. Muchos de estos adverbios terminan en **ly:**

briefly [brífli]	brevemente
correctly [coréctli]	correctamente
effectively [eféctivli]	eficazmente
immediately [imídiatli]	inmediatamente
quickly [cuícli]	rápidamente
sincerely [sinsíarli]	sinceramente
usually [iúchuali]	usualmente

> **We speak sincerely.** [uí spic sinsíarli]
> Hablamos sinceramente.

> **John was working effectively.** [chon uás uérquin eféctivli]
> Juan estaba trabajando eficazmente.

• "Hay" es   **There is** o **There are**
  "Había" es   **There was** o **There were**

Hay dos personas.	**There are two people.** [der ar tu pipl]
Había dos personas.	**There were two people.** [der uér tu pipl]

I bet you can!

¿Entiendes la diferencia? Traduce y lee en voz alta:

My friends are reading.	**My friends were reading.**
I am not talking.	**I was not talking.**
Bill is sleeping.	**Bill was sleeping.**
We aren't cooking.	**We weren't cooking.**
Are you watching TV?	**Were you watching TV?**

Escribe aquí tus propias oraciones usando el Tiempo Presente y el Pretérito Progresivo:

_____
_____
_____
_____
_____
_____
_____

Sports! [sports]
(¡Los deportes!)

Durante nuestra excursión al territorio del Tiempo Pasado estaremos jugando con nuevo vocabulario. En este capítulo, toda nuestra terminología está relacionada con la diversión y el placer. Comencemos con un tema conocidoClos deportes. Date cuenta cómo muchas de estas palabras se parecen en español:

Jugué...	**I played...** [ái pléid]
Miré...	**I watched...** [ái uáchd]
el básquetbol	**basketball** [básquetbol]
el béisbol	**baseball** [béisbol]
el boliche	**bowling** [bóulin]
el boxeo	**boxing** [báxin]
el fútbol	**soccer** [sóquer]
el fútbol americano	**football** [fútbol]
el golf	**golf** [galf]
el hockey	**hockey** [jáqui]
el lacrosse	**lacrosse** [lacrós]
el ráquetbol	**racquetball** [ráquetbol]
el tenis	**tennis** [ténis]
el vóleibol	**volleyball** [válibol]

Estas actividades son muy entretenidas. Continúa usando el Tiempo Pasado:

Me gusta...	**I like...** [ái láic]
Me gustó...	**I liked...** [ái láicd]
el baile	**dancing** [dánsin]
la caminata	**hiking** [jáiquin]
la carrera	**running** [ránin]
la equitación	**horseback riding** [jórsbac ráidin]
el esquí	**skiing** [squíin]
la navegación a vela	**sailing** [séilin]
el paseo en bote	**boating** [bóutin]
el patinaje	**skating** [squéitin]
la pesca	**fishing** [fíchin]
el trote	**jogging** [chógin]

¿Aprendió cómo...?	**Did you learn how...?** [did iú lern jáo]
levantar pesas	**to lift weights** [tu lift uéits]
hacer ejercicio	**to do exercise** [tu du éxersais]
andar en bicicleta	**to ride bikes** [tu ráid báics]

Advice!

- Si te gustan los deportes, aprende todas esas palabras afines:

Fui a...	**I went to the...** [ái uént tu de]
el anfiteatro	**arena** [arína]
la bolera	**bowling alley** [bóulin áli]
el campo	**field** [fild]
el campo de golf	**golf course** [golf cors]
el campo de recreo	**playground** [pléigraund]
la cancha	**court** [cort]
el estadio	**stadium** [stédium]
el gimnasio	**gym** [chim]
el juego	**game** [guéim]
el partido	**match** [mach]
el patinadero	**skating rink** [squéitin rinc]
la piscina	**pool** [pul]
la práctica	**practice** [práctis]

Grammar!

Coloca los adverbios de lugar (como **yesterday, last week, on Monday**) al principio o al final de una oración.

> **I saw Ms. Anderson yesterday.**
> **On Wednesday you have to go to practice.**

I bet you can!

Haz frases usando cada una de las siguientes palabras:

am	_____
not	_____
has	_____
do	_____

will _____

was _____

did _____

had _____

(75) Aquí tienes algunos ejercicios para traducir:

I watched the match. _____

I liked the gym. _____

Did you play soccer? _____

Did you learn how to fish? _____

Let's Play [lets pléi]
(Juguemos)

Seguro que ya sabes algunos de los nombres de estos objetos. ¿Cuánto tiempo te tomará aprendértelos todos? Fíjate cómo está escrito el Tiempo Pasado del verbo.

Jugábamos con...   **We were playing with the...** [uí uér pléin uít de]

Jugamos con...   **We played with the...** [uí pléid uít de]

el ajedrez	**chess** [ches]
el animal de peluche	**stuffed animal** [staft ánimal]
la baraja, las cartas	**cards** [cards]
los bloques de madera	**blocks** [blacs]
las canicas	**marbles** [marbls]
la cometa	**kite** [cáit]
la cuerda para brincar	**jump rope** [champ róup]
los dibujos animados	**cartoons** [cartúns]
el disfraz	**costume** [cástium]
los fuegos artificiales	**fireworks** [fáieruercs]
los gises	**crayons** [créions]
el globo	**balloon** [balún]
el juego	**game** [géim]
el juego de damas	**checkers** [chéquers]
el juguete	**toy** [tói]
la muñeca	**doll** [dal]
los patines	**skates** [squéits]
la patineta	**skateboard** [squéitbord]
el rompecabezas	**puzzle** [pazl]
el trineo	**sled** [sled]

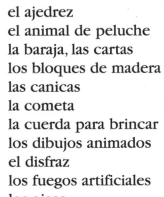

How do you write it?

Aprende a cambiar adjetivos añadiéndoles la terminación **ly.** Estudia estos ejemplos:

<u>**Adjective**</u> [ádchectiv]	<u>**Adverb**</u> [ádverb]
general [chéneral]	**generally** [chénerali]
beautiful [biútiful]	**beautifully** [biútifuli]
personal [pérsonal]	**personally** [pérsonali]
easy [ísi]	**easily** [ísili]
lazy [léizi]	**lazily** [léizili]
lucky [láqui]	**luckily** [láquili]
possible [pásibl]	**possibly** [pásibli]
probable [prábabl]	**probably** [prábabli]
comfortable [cámftabl]	**comfortably** [cámftabli]

Hobbies! [jóbis]
(¡Los pasatiempos!)

Todos los que se encuentran en el territorio del Tiempo Pasado están compartiendo lo que hicieron recientemente en su tiempo libre. ¡A ver si tú también lo compartes con nosotros!

Yo estaba...	**I was...** [ái uás]
coleccionando monedas	**collecting coins** [caléctin cóins]
dibujando	**drawing** [dróuin]
escuchando discos compactos	**listening to CDs** [lísenin tu sidís]
pintando	**painting** [péintin]
tocando música	**playing music** [pléin miúsic]
leyendo	**reading** [rídin]
viendo películas	**seeing movies** [síin múvis]
cantando	**singing** [sínguin]
tomando fotos	**taking pictures** [téiquin píkchers]

usando la computadora	**using the computer** [iúsin de campiúter]
mirando videos	**watching videos** [uáchin vídios]

 Advice!

- ¿Te estás divirtiendo?

Me gustaba...	**I used to enjoy...** [ái iúsd tu enchói]
el arte	**art** [art]
el ballet	**ballet** [balé]
el concierto	**concert** [cánsert]
la ópera	**opera** [ópera]
la obra de teatro	**play** [pléi]

- ¿Qué tal un poco de música? ¿Reconoces el español?

Tocaba...	**I used to play the...** [ái iúsd tu plei de]
Estaba tocando...	**I was playing the...** [ái uás pléin de]
el clarinete	**clarinet** [clárinet]
la guitarra	**guitar** [guítar]
el órgano	**organ** [órgan]
el piano	**piano** [piáno]
el saxófono	**saxophone** [sáxofon]
el tambor	**drum** [dram]
el trombón	**trombone** [trómbon]
la trompeta	**trumpet** [trámpet]
el violín	**violin** [váiolin]

- Y también es bueno saber estas palabras opuestas:

el gesto de desagrado	**frown** [fráun]
la sonrisa	**smile** [smáil]
las lágrimas	**tears** [tíars]
la risa	**laughter** [láfter]
la tragedia	**tragedy** [tráchedi]
la comedia	**comedy** [cámedi]

I bet you can!

76 Conecta la palabra con su traducción correcta:

el tambor	**chess**
el juguete	**drum**
el ajedrez	**concert**
la sonrisa	**puzzle**
el columpio	**smile**
el rompecabezas	**laughter**
la risa	**swing**
el concierto	**toy**

77 Ahora, cambia estas palabras del Tiempo Pasado al Tiempo Pasado Progresivo:

I ate.	**I was eating.**
He danced.	**He was dancing.**
I worked.	_____.
They bought.	_____.
We wrote.	_____.
She sang.	_____.
You drank.	_____.

6

CAPITULO *SIX* [six]

I've Practiced a Lot!
[áiv práctisd a lat]

(¡He practicado mucho!)

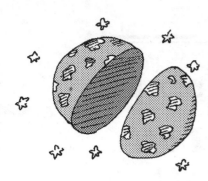

Cuando recorrimos el mundo del inglés intermedio y avanzado, con frecuencia nos encontramos con formas verbales que parecen repetirse una y otra vez. Un ejemplo de esto es el Participio Pasado del verbo, el cual, en la mayoría de los verbos en inglés es idéntico al Tiempo Pasado.

Para formar el Participio Pasado de los verbos regulares sigue este modelo muy sencillo:

Infinitivo:	**work**	**want**	**dance**	**study**
Participio Pasado:	**worked**	**wanted**	**danced**	**studied**

¿Te diste cuenta de que el Tiempo Pasado y el Tiempo Participio Pasado son iguales? No lo son cuando el verbo es irregular, pero ya hablaremos de eso más adelante. Y ahora, escribe unos cuantos Participios Pasados sin ayuda:

cook	<u>cooked</u>
arrive	<u>arrived</u>
stay	_____
stop	_____
paint	_____
pull	_____
push	_____
play	_____

¿Y qué tiene de especial el Participio Pasado? ¡Mucho! Espera un poco y verás.

The Present Perfect
[de présent pérfect]
(El Presente Perfecto)

Aquí tenemos un tiempo verbal con un nombre muy elegante y de muchos usos prácticos. El Presente Perfecto está compuesto de dos verbos. Uno es **to have** ("haber") y el otro es el Participio Pasado de cualquier verbo. Usamos el Presente Perfecto para conversar sobre acciones que ya han terminado. En resumen, es otra manera de hablar del pasado.

Compara estas oraciones:

Bailé.	**I danced.** [ái dánsd]
Bailaba.	**I used to dance.** [ái iúsd tu dans]
Estaba bailando.	**I was dancing.** [ái uás dánsin]
He bailado.	**I have danced.** [ái jaf dánsd]

Veamos la fórmula para crear el Presente Perfecto con verbos regulares. Primero, forma el Participio Pasado añadiendo **ed** a los nombres de los verbos regulares:

to work (trabajar)	**worked** (trabajado)
to play (jugar)	**played** (jugado)

Ahora, agrégales la conjugación correspondiente del verbo **to have:**

he	**I have** [ái jaf]
ha	**You** (sing.) **have** [iú jaf]
has	**He, She, It has** [ji, chi, et jas]
han	**You** (pl.), **They have** [iú, déi jaf]
hemos	**We have** [uí jaf]

Y luego, une las dos partes:

Yo he trabajado.	**I have worked.** [ái jaf uérct]
No hemos jugado.	**We have not played.** [uí jaf nat pléid]
Pablo ha estudiado.	**Paul has studied.** [pol jas stádid]
¿Han estacionado?	**Have they parked?** [jaf déi párkt]

(79) Estas oraciones son para que tú las traduzcas:

We have stopped. _____
I have not cooked. _____
Have they returned? _____

 Advice!

- **To have** se usará en todo este capítulo, así que revisa bien las formas que te he explicado anteriormente.
- Trata de no confundir la terminación **ed** del Participio Pasado con la terminación **ed** del Tiempo Pasado. ¡No son las mismas!
- El Tiempo Presente Perfecto describe una acción que ocurrió en un tiempo indefinido del pasado:

> **They have moved to Los Angeles.** [déi jaf muvd tu los ángeles]
> Se han mudado a Los Angeles.

- El Tiempo Presente Perfecto también describe una acción que comenzó en el pasado y que todavía continúa en el presente:

> **He has worked here for two years.** [ji jas uércd jir for tu iérs]
> Ha trabajado aquí por dos años. (Todavía está trabajando aquí.)

- Pero este tiempo verbal también describe una acción que se ha repetido varias veces en el pasado:

> **They have moved there several times.** [déi jaf muvd der séveral táims]
> Se han mudado allá muchas veces.

- La acciones del Tiempo Presente Perfecto generalmente no mencionan el momento en que ocurrió la acción. Casi siempre se usa el Tiempo Pasado para expresar eso:

> Tiempo Pasado: **He worked in New York yesterday.** [ji uércd in niú iórc iésterdei]
> Tiempo Presente Perfecto: **He has worked in New York several times.** [ji jas uércd in niú iórc séveral táims]

👉 How do you write it?

Recuerda las contracciones en inglés:

I have	**I've**
You have	**You've**
He has	**He's**
She has	**She's**
It has	**It's**
They have	**They've**
We have	**We've**

I bet you can!

80 Sigue el ejemplo. Pon la forma correcta del Tiempo Presente Perfecto:

We (finish) all our work.	<u>**have finished**</u>
He (visit) us many times.	_____
She (study) in the U.S.A.	_____
It (rain) a lot this year.	_____
We (learn) many new words.	_____

81 Cambia las siguientes formas del verbo, ya sea al Pasado Simple o al Presente Perfecto.

When I parked, Wade _____ (jump) out of the car.
I _____ (try) that food yesterday.
She _____ (studied) the books since Friday.
They _____ (look) for a house for six months.
We _____ (learn) many new words in this book.

82 Completa las oraciones. Mira primero el ejemplo:

_____ (move) to Texas, and I _____ (live) there for three months now.
I moved to Texas, and I have lived there for three months now.

We _____ (stay) at the hotel from Monday to Thursday.

Since coming here, we _____ (work) at the office.

You _____ (play) tennis almost all your life.

I _____ (study) English since 1990.

The Present Perfect Continuous Tense [de présent pérfect contínuas téns]
(El Tiempo Presente Perfecto Continuo)

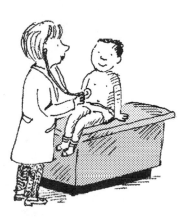

¡Estás aprendiendo mucho inglés! Aquí tenemos otra forma del verbo para hablar de acciones cometidas en el pasado. Forma el Tiempo Presente Perfecto Continuo con **have been** [jaf bin] o **has been** [jas bin] y el Presente Participio de cualquier verbo. Estudia:

I have been working [ái jaf bin uérquin]
You (sing.) **have been working** [iú jaf bin uérquin]
He, She, It has been working [ji, chi, et jas bin uérquin]
You (pl.) **have been working** [iú jaf bin uérquin]
They have been working [déi jaf bin uérquin]
We have been working [uí jaf bin uérquin]

El Tiempo Presente Perfecto Continuo describe una acción que empezó en el pasado y ha continuado en el presente. En la mayoría de los casos puedes intercambiarlo con el Tiempo Presente Perfecto:

They have lived here for five years.
They have been living here for five years.

 I bet you can!

 Cambia estos verbos que están en la forma simple del Presente Perfecto a la forma Continua:

He has worked there for many years.
He has been working there for many years.

They have talked for more than an hour.

_____

I have traveled all over New Mexico.

_____

It has rained all day long.

They have looked everywhere for the book.

---

(84) Escribe la forma correcta del Tiempo Presente Perfecto Continuo:

He (study) English for two years.
<u>has been studying</u>

We (live) in this house since last March.

I (try) to reach you by phone for hours.

She (dance) professionally for ten years.

John (work) on that car for days.

Perfect Tenses: More Information
[pérfec ténses, mor informéichen]
(Los Tiempos Perfectos: más información)

Haz la forma negativa del Presente Perfecto y el Presente Perfecto Continuo con el uso de **not** después de las palabras **have** o **has**. Nota que se usan mucho las contracciones **haven't** [jávent] y **hasn't** [jásent]:

> **They have not lived there long.**
> **They haven't lived there long.** [déi jávent livd der long]

> **It has not been raining.**
> **It hasn't been raining.** [et jásent bin réinin]

Y pon **have** o **has** al principio de las oraciones (enfrente del sustantivo) para formar una pregunta:

> **Have they lived there long?** [jaf déi livd der long]
> **Has it been raining?** [jas et bin réinin]

Grammar!

En las oraciones en inglés, el orden de las palabras es muy importante. El orden correcto en una declaración en inglés es sujeto, verbo, objeto indirecto, objeto directo, adverbios modificados. Ten cuidado de no separar el verbo y su objeto directo del adverbio modificador.

Incorrecto: **I saw yesterday my friend.**
Correcto: **I saw my friend yesterday.**

 # I bet you can!

85 Cambia las siguientes oraciones afirmativas a oraciones negativas, usando ambas formas—la completa y la de contracción:

You have worked very hard at your job.
> **You have not worked very hard at your job.**
> **You haven't worked very hard at your job.**

She has been living there for many years. _____
_____
_____

It has been snowing._____
_____
_____

He has been sick since Wednesday._____
_____
_____

They have returned home. _____
_____
_____

86 Cambia a preguntas las cuatro oraciones previas. Mira el ejemplo:

You have worked very hard at your job.
> **Have you worked very hard at your job?**

_____
_____
_____
_____

El ejercicio siguiente es un poco diferente. Cambia las oraciones a preguntas que comienzan con la expresión **How long** ("cuánto tiempo"):

He has been working there for ten years.
    (How long has he been working there?)

They have been married for five years.

_____

They have been living in that house for twenty years.

_____

She has been studying English for two years.

_____

They have been friends for many years.

_____

 ## Advice!

- **For** [for] se usa para mostrar cuanto tiempo dura una acción.

  He has worked there for six months. [ji jas uércd der for six mants]

- **Since** [sins] se usa para mostrar el momento (tiempo) en que la acción empieza.

  He has worked there since February. [ji jas uércd der sins fébruari]

- **Yet** [iét] significa "todavía, aún", o "hasta ahora" y se usa con oraciones negativas e interrogativas:

  Carmen hasn't called yet. [cármen jásent cold iét]
  Has Carmen called yet? [jas cármen cold iét]

- **Already** [olrédi] significa "a esta hora" o "anteriormente" y se usa con oraciones y preguntas afirmativas;

  They have already moved. [déi jaf olrédi muvd]
  Have they already moved? [jaf déi olrédi muvd]

- **Ago** [egó] se refiere al tiempo pasado y se usa solamente con el tiempo pasado de los verbos:

  I saw him two weeks ago. [ái so jim tu uícs egó]

The Rebels [de rébels]
(Los rebeldes)

¡Prepárate para más irregularidades en el idioma inglés! Memoriza el siguiente grupo de verbos irregulares del Participio Pasado y practícalos de inmediato. Como te puedes dar cuenta, estos verbos rompen todas las reglas. Lee cada ejemplo en voz alta:

to write [tu ráit]   escribir
written [ríten]   escrito
I've written the report. [áiv ríten de repórt]
He escrito el informe.

to see [tu si]   ver
seen [sin]   visto
I've seen the doctor. [áiv sin de dóctor]
He visto el médico.

to put [tu put]   poner
put [put]   puesto
I've put it here. [áiv put et jir]
Lo he puesto aquí.

to do [tu du]   hacer
done [dan]   hecho
I've done the work. [áiv dan de uérc]
He hecho el trabajo.

to say [tu séi]   decir
said [sed]   dicho
I've said the words. [áiv sed de uérds]
He dicho las palabras.

to break [tu bréic]   romper
broken [bróquen]   roto
I've broken the chair. [áiv bróquen de chéar]
He roto la silla.

Para aprender más ejemplos de verbos irregulares en inglés, mira al final de este libro. Encontrarás las formas irregulares del **Past Tense** (el Tiempo Pasado) y del **Present Participle** (el Participio Presente).

 # Advice!

• Para evitar mezclar los tiempos en inglés, hazte las siguientes preguntas antes de hacer una frase:

¿Qué estoy tratando de decir?
¿Ocurrió, ocurría, ocurre u ocurrirá la acción?

Cuando menos lo pienses tu mensaje saldrá a la superficie. Observa los tiempos en que ocurre la acción en estos ejemplos:

He's opening the door.   Está abriendo la puerta.
[jis ópenin de dóar]
He opens the door.   Abre la puerta.
[ji ópens de dóar]
He'll open the door.   Abrirá la puerta.
[jil ópen de dóar]
He has opened the door.   Ha abierto la puerta.
[ji jas ópend de dóar]
He opened the door.   Abrió la puerta.
[ji ópend de dóar]
He used to open the door.   Abría la puerta.
[ji iúsd tu ópen de dóar]

• No pierdas contacto con estos verbos pequeños, los cuales son más participios comunes irregulares:

Ser   **to be**   sido   **been** [bin]
She's been a doctor.
Ir   **to go**   ido   **gone** [gan]
She's gone to Spain.
Decir   **to say**   dicho   **said** [sed]
She's said a lot of things.

 # I bet you can!

(88) Escribe los siguientes verbos en el Tiempo Presente Perfecto.

**He (spoke) to me about it many
times.**   **has spoken**____
I (be) in Washington several times.   _____
I (hear) her sing once or twice.   _____
They (buy) the food.   _____
We (sleep) in the apartment.   _____
I (lose) my umbrella.   _____
She (go) to work early.   _____
They (drive) the new car a lot.   _____
They (do) an excellent job.   _____

The Past Perfect [de past pérfect]
(El Pasado Perfecto)

Arregla una parte del Tiempo Presente Perfecto y habrás pasado al Tiempo Pasado Perfecto. Usamos el Pasado Perfecto para describir una acción que ocurrió antes de algún momento definido en el pasado, y en lugar de **has** o **have** usamos **had:**

I had eaten [ái jad íten]	Había comido
You (sing.) **had eaten** [iú jad íten]	Habías comido
He, She, It had eaten [ji, chi, et jad íten]	Había comido
You (pl.), **They had eaten** [iú, déi jad íten]	Habían comido
We had eaten [uí jad íten]	Habíamos comido

El Pasado Perfecto siempre se refiere a hechos sobreentendidos o implícitos. Fíjate en los ejemplos y luego agrega tus propias frases:

Había manejado antes.	**I had driven before.**
Había cantado antes.	**She had sung before.**
Habían ido antes.	**They had gone before.**
Habíamos bailado antes.	**We had danced before.**

_____

_____

 ## Advice!

• A menudo el Tiempo Pasado Perfecto no se usa solo en una frase, sino en conexión con otro Tiempo Pasado.

He had already left when she arrived.
(Ya había salido cuando ella llegó.)

He said he had seen that movie.

(Dijo que ya había visto la película.)

¿Te das cuenta? El otro Tiempo Pasado en los ejemplos de arriba es "llegó" y "dijo".

- Nota que **had** también es la forma pasada del verbo "tener":

Teníamos una fiesta. **We had a party.**

- Así como con todas las formas verbales, aprende a expresar tanto los comentarios como las negaciones e interrogaciones con este tiempo. Date cuenta que a veces las dos partes del verbo van separadas:

¿Ha comido usted?	**Have you eaten?**
No, no he comido.	**No, I haven't eaten.**
¿Habían comido?	**Had they eaten?**
No, no habían comido.	**No, they hadn't eaten.**

The Future Perfect [de fiúcher pérfect]
(El Futuro Perfecto)

Forma el Tiempo Futuro Perfecto con **will have** y el Participio Pasado del verbo principal. Se usa con frecuencia la contracción **'ll:**

> Me habré ido a la hora que tú llegues.
> **I will have left by the time you arrive.** [ái uíl jaf left bái de táim iú arráiv]
> **I'll have left by the time you arrive.** [áil jaf left bái de táim iú arráiv]

El Tiempo Futuro Perfecto describe una acción que en cierta etapa del futuro llegará a ser una acción pasada completa.

> **By next September I'll have worked here thirty years.** [bái next septémber áil jaf uércd jir zérti íers]
> El próximo septiembre habré trabajado treinta años aquí.
> **We will have finished this book in June.** [uí uíl jaf fínichd dis buc in chun]
> Habremos terminado este libro en junio.

 ## How do you pronounce it?

Estudia los distintos tiempos verbales y pronuncia cada oración en inglés:

Tengo que salir	**I have to leave.**
Tenía que salir.	**I had to leave.**
Hay que estudiar.	**It is necessary to study.**
Había que estudiar.	**It was necessary to study.**
Hace mucho frío.	**It's very cold.**
Hacía mucho frío.	**It was very cold.**
La policía acaba de llegar.	**The police have* just arrived.**

---

*El término general "policía" es considerado plural en inglés y requiere **have** en vez de **has.**

La policía acababa de llegar.	**The police had just arrived.**
Quiere salir con ella.	**He wants to go out with her.**
Ha querido salir con ella.	**He has wanted to go out with her.**

 # I bet you can!

(89) Traduce al inglés:

Ellos habían ido.   _____

Ella había hablado.   _____

Me había levantado.   _____

Habías comido.   _____

Habíamos estudiado.   _____

(90) Escribe la forma correcta del verbo usando el Pasado Perfecto.

She told us that he _____ (look) everywhere for the book.

Carla _____ (leave) before we arrived.

They said that they finally _____ (sell) their car.

I met them before I _____ (go) to California.

He knew that he _____ (eat) too much food.

(91) **More exercises** [mor exersáisis] Más ejercicios:

He told me that he _____ (visit) Guatemala several times.

I thought it was John who _____ (steal) the money.

I saw that she _____ (take) the wrong jacket.

He said that he _____ (have) his lunch.

I thought he _____ (find) his money.

92 ¿Puedes recordar todas las formas del verbo para el Tiempo Pasado y los Tiempos Perfectos?

	Past	**Past Participle**
see	<u>saw</u>	<u>seen</u>
ask	<u>asked</u>	<u>asked</u>
know	_____	_____
get	_____	_____
arrive	_____	_____
have	_____	_____
make	_____	_____
find	_____	_____
grow	_____	_____
leave	_____	_____
walk	_____	_____
show	_____	_____

Dynamic Descriptions [dainámic descrípchens]
(Descripciones dinámicas)

Para esta etapa ya te habrás dado cuenta de que la terminación **ed** en inglés es parecida a nuestras terminaciones "ado" o "ido" en el español. Esto se puede ver claramente cuando comparamos palabras descriptivas. No todos los verbos siguen las mismas reglas, pero observa cuidadosamente la forma creativa en que se pueden usar los participios:

pintar   **to paint** [tu péint]
pintado   **painted** [péinted]
Las casas están pintadas. **The houses are painted.**

cerrar   **to close** [tu clóus]
cerrado   **closed** [clóusd]
La puerta está cerrada. **The door is closed.**

arreglar   **to arrange** [tu arrénch]
arreglado **arranged** [arrénchd]
Los papeles están arreglados. **The papers are arranged.**

93 Mira como el verbo, la "palabra que describe", cambia de acuerdo con el objeto que está siendo descrito. Usando los ejemplos anteriores, completa la traducción que falta:

to bore [tu bóar]	aburrir
bored [bóard]	<u>aburrido</u>
to dress [tu dres]	vestir
dressed [dresd]	_____
to love [tu lav]	amar
loved [lavd]	_____
to prepare [tu pripér]	preparar
prepared [pripérd]	_____
to separate [tu sépareit]	separar
separated [sépareited]	_____
to tire [tu táir]	cansar
tired [táird]	_____
to worry [tu uéri]	preocupar
worried [uérid]	_____

94 Casos especiales. Aunque muchos adjetivos se forman añadiendo **ed** al verbo (**bore—bored,** "cansar—cansado"), hay otros adjetivos que se forman de modo distinto. Traduce:

to anger [tu ánger]	enojar
angry [ángri]	<u>enojado</u>
to cut [tu cat]	cortar
cut [cat]	_____
to freeze [tu fríis]	congelar
frozen [frózen]	_____
to sell [tu sel]	vender
sold [sold]	_____
to stick [tu stic]	pegar
stuck [stac]	_____

 # Advice!

- Mira cómo se usa **there** ("hay") según el tiempo:

Hay	**There is** o **There are**
Había	**There was** o **There were**
Ha habido	**There has been** o **There have been**
Había habido	**There had been**

The Passive Voice [de pásiv vóis]
(La Voz Pasiva)

¡Te dije que el Participio Pasado lograba maravillas! Encontramos aquí otro uso importante con la Voz Pasiva, la cual generalmente te dice ¿qué es?, ¿qué fué?, ¿qué será? o ¿qué se ha hecho? Para formar la Voz Pasiva, simplemente combina una forma del verbo **to be** con cualquier Participio Pasado. Aquí tenemos algunos ejemplos. Una vez más, toma nota de las terminaciones:

El libro fue escrito por Samuel.
The book was written by Sam. [de buc uós ríten bái sam]
La carne ha sido cortada por Ana.
The meat has been cut by Anne. [de mit jas bin cat bái an]
Los niños son amados por ella.
The children are loved by her. [de chíldren ar lavd bái jer]
Seremos casados por él.
We will be married by him. [uí uíl bi mérrid bái jim]
Había sido contruída por ellos.
It had been built by them. [et jad bin bilt bái dem]

El secreto de la Voz Pasiva es saber las formas de **to be**. ¿Por qué no las revisas y las practicas ahora?

(present)	**am, is, are**	**It is cooked.**
(future)	**will be**	**It will be cooked.**
(past)	**was, were**	**It was cooked.**
(progressive)	**being**	**It's being cooked.**
(past participle)	**been**	**It's been cooked.**

 # Advice!

- En la Voz Activa, el sujeto de la oración es el que hace la acción:

    Mr. Smith teaches the class. [míster smid tíchis de clas]
    Sr. Smith enseña la clase.

• En la Voz Pasiva, el sujeto de la oracion recibe la acción de alguien o algo:

> **The class is taught by Mr. Smith.** [de clas es tot bái míster smid]
> La clase es enseñada por Sr. Smith.

• Formamos la Voz Pasiva con el verbo **to be,** el cual se usa como auxiliar. A este auxiliar agregamos el Participio Pasado del verbo principal. Todos los tiempos de la Voz Pasiva se forman de la misma manera.

> **(Present Tense)**
> **He sees**   **He is seen** [ji es sin]
>
> **(Past Tense)**
> **He saw**   **He was seen** [ji uás sin]
>
> **(Future Tense)**
> **He will see**   **He will be seen** [ji uíl bi sin]
>
> **(Present Perfect Tense)**
> **He has seen**   **He has been seen** [ji jas bin sin]

• Forma la Voz Pasiva de **can** [can], **have to** [jav tu], **may** [méi], **must** [mast], **ought to** [ot tu] y **should** [chud] con **be** y el Participio Pasado del verbo principal.

> **I have to finish this work.**   **This work has to be finished.**
>
> **You can see it now.**   **It can be seen by you now.**
>
> **He should repair the car.**   **The car should be repaired.**

• Forma la Voz Pasiva en los Tiempos Continuos con **being** [bíing] y el Participio Pasado del verbo principal.

> **She is preparing the food.**   **The food is being prepared by her.**

• Forma el negativo poniendo **not** después del verbo auxiliar. Otra vez, usa la contracción:

> **The candy was not eaten by the children.**
> **The candy wasn't eaten by the children.**

● Y forma la pregunta poniendo el verbo auxiliar antes del sujeto:

Was the candy eaten by the children?

 # Grammar!

Para formar una pregunta con un verbo auxiliar, coloca el verbo auxiliar antes del sujeto:

He can speak several languages.
Can he speak several languages?

They may go with you.
May they go with you?

 # I bet you can!

(95) Practica cambiando estas oraciones a la **Passive Voice.** Escribe el nuevo sujeto de la oración seguido por el verbo en Tiempo Pasado:

Mr. Smith teaches this class.
This class is taught. _____

Mary writes books in Spanish.

_____

The boy cleans his room every day.

_____

Helen prepares the dinner every night.

_____

The man paints the house.

_____

(96) Cambia las siguientes oraciones afirmativas a negativas. Usa la forma completa y la contracción:

He was sent to Los Angeles.
(He was not sent to Los Angeles. He wasn't sent to Los Angeles.)

This can be finished today. _____

_____

The letter has already been written. _____

_____

The car was cleaned last week. _____

_____

The class is taught by Ms. Bittleman. _____

_____

(97) Cambia a preguntas las oraciones anteriores.

He was sent to Los Angeles.
(Was he sent to Los Angeles?)

_____

_____

_____

_____

Lee en voz alta:

¡Está hecho!   **It's done!** [ets dan]
¡Está abierto!   **It's open!** [ets ópen]
¡Está escrito!   **It's written!** [ets ríten]

El libro fue escrito por Samuel.
The book was written by Sam. [de buc uás ríten bái sam]

La carne ha sido cortada por Ana.
The meat has been cut by Anne. [de mit jas bin cat bái an]

Los niños son amados por todos.
The children are loved by everyone. [de chíldren ar lavd bái évriuan]

It's Natural! [ets náchural]
(¡Es natural!)

Tómate un tiempito para volver a llenar tu pozo de vocabulario con nuevos términos en inglés. El tema que vemos más abajo es **nature** ("naturaleza"). Aquí vamos a hablar de geografía, plantas y animales.

He vivido cerca de...	**I have lived near the...** [ái jaf livd níar de]
Habíamos viajado a...	**We have traveled to the...** [uí jaf tráveld tu de]

el arroyo	**stream**	[strim]
la barranca	**gulch**	[galch]
el bosque	**forest**	[fórest]
el campo	**field**	[fild]
el cerro	**hill**	[jil]
la charca	**pond**	[pond]
la costa	**coast**	[cóust]
la cueva	**cave**	[quéiv]
el desierto	**desert**	[désert]
el lago	**lake**	[léic]
la laguna	**lagoon**	[lagún]
el mar	**sea**	[si]
la montaña	**mountain**	[máonten]
el océano	**ocean**	[óuchen]
el pantano	**swamp**	[suámp]
la playa	**beach**	[bich]
el río	**river**	[ríver]
la selva	**jungle**	[changl]
el valle	**valley**	[váli]

Advice!

- No te pierdas. Aquí tienes más palabras que nos dan dirección.

el norte	**north**	[nort]
el sur	**south**	[sáut]
el este	**east**	[ist]
el oeste	**west**	[uést]

a lo largo	**along**	[alóng]
alrededor	**around**	[aráun]
atrás	**back**	[bac]
entre	**between**	[bituín]
adelante	**forward**	[fórvar]
en medio	**in the middle**	[in de midl]
hacia	**toward**	[tuár]
sobre	**over**	[óver]

Ahora señala todo lo que veas en las afueras. Y sigue usando el Tiempo Perfecto:

Ya habíamos visto...	**We had already seen the...** [uí jad alrédi sin de]
¿Has tocado...?	**Have you touched the...** [jav iú tachd de]

el árbol	**tree**	[tri]
el arbusto	**bush**	[buch]
la arena	**sand**	[sand]
la flor	**flower**	[fláuer]
la grava	**gravel**	[grável]
la hierba	**weed**	[uíd]
el lodo	**mud**	[mad]
el pasto	**grass**	[gras]
la piedra	**rock**	[rac]
la planta	**plant**	[plant]
el polvo	**dust**	[dast]
el terreno	**land**	[land]
la tierra	**dirt**	[dert]

The Plants! [de plants]
(¡Las plantas!)

¿Qué sabes de la vida de las plantas en inglés? Combina este vocabulario con los verbos que ya conoces y practica las formas verbales
que has aprendido en este capítulo:

He comprado...　**I've bought the...** [áiv bot de]
Había plantado...　**I had planted the...** [ái jad plánted de]

el abedul	**birch** [berch]
el arce	**maple** [méipl]
el cacto	**cactus** [cáctus]
el cedro	**cedar** [sídar]
el clavel	**carnation** [carnéichen]
el geranio	**geranium** [cheránium]
el girasol	**sunflower** [sánflauer]
el helecho	**fern** [fern]
la hiedra	**ivy** [áivi]
el nogal	**walnut** [uólnat]
el olmo	**elm** [elm]
la palmera	**palm** [palm]
el pino	**pine** [páin]
el roble	**oak** [óuc]
la rosa	**rose** [róus]
el sauce	**willow** [uílou]
el tulipán	**tulip** [túlip]
la violeta	**violet** [váiolet]

 # I bet you can!

 98 Traduce al inglés:

Está hecho.　_____

Están congelados.　_____

Estamos cerrados.   _____
Son casados.   _____
Fue vendido.   _____
Había sido perdido.   _____

Ahora prueba tu memoria:

Nombra tres flores: _____
Nombra tres árboles: _____

The Animals [de ánimals]
(Los animales)

Todo buen estudiante debe saber los nombres de los animales más comunes. ¡Fuerza amigos!

| He tenido... | **I've had a...** [áiv jad a] |
| Habíamos perdido... | **We'd lost our...** [uíd lost áur] |

el caballo	**horse** [jors]
el canario	**canary** [canári]
el cerdo	**pig** [pig]
el chivo	**goat** [góut]
el conejo	**rabbit** [rábit]
la gallina	**chicken** [chíquen]
el gato	**cat** [cat]
el hámster	**hamster** [jámster]
la oveja	**sheep** [chíip]
el pato	**duck** [dac]
el perico	**parakeet** [páraquit]
el perro	**dog** [dog]
el pez	**fish** [fich]
la tortuga	**turtle** [tertl]
la vaca	**cow** [cau]

Señala y di una frase en voz alta:

| Póngalo en... | **Put it in the...** [put et in de] |

el acuario	**aquarium** [aquérium]
la caja	**box** [bax]
el corral	**pen** [pen]
el establo	**stable** [stéibl]
el patio	**yard** [iárd]
la perrera	**doghouse** [dógjaus]

Advice!

- Sigue hablando de tu mascota o animal doméstico:

Es hembra.	**It's female.** [ets fiméil]
Es macho.	**It's male.** [ets méil]
Es amistoso.	**It's friendly.** [ets fréndli]
Está entrenado.	**It's trained.** [ets tréind]

Necesita...	**It needs...**
Necesitará...	**It will need...**

un baño	**a bath** [a baz]
un collar	**a collar** [a cólar]
un corte de pelo	**a haircut** [a jércat]
una traílla	**a leash** [a lich]

Le gusta...	**It likes to...** [et láics tu]

cazar	**hunt** [jant]
correr	**run** [ran]
dormir	**sleep** [slip]
hacer ruido	**make noise** [méic nóis]
hacer trucos	**do tricks** [du trics]
jugar	**play** [pléi]
ladrar	**bark** [barc]
lamer	**lick** [lic]
morder	**bite** [báit]
nadar	**swim** [suím]
rascar	**scratch** [scrách]
sentarse	**sit** [sit]
subir	**climb** [cláimb]

The Wild Ones [de uáild uáns]
(Los salvajes)

Ahora viajaremos más lejos:

¡Nunca hemos visto...!	**We've never seen the...!** [uív néver sin de]

el alce	**moose** [mus]
la ardilla	**squirrel** [scuírrel]
el camello	**camel** [cámel]

el castor	**beaver**	[bíver]
la cebra	**zebra**	[zíbra]
el coyote	**coyote**	[coióte]
la culebra	**snake**	[snéic]
el elefante	**elephant**	[élefant]
el hipopótamo	**hippopotamus**	[jipopótamus]
la jirafa	**giraffe**	[chiráf]
el lagarto	**lizard**	[lízard]
el león	**lion**	[láion]
el lobo	**wolf**	[uólf]
el mapache	**raccoon**	[racún]
el mono	**monkey**	[mánqui]
el oso	**bear**	[béar]
el puercoespín	**porcupine**	[pórquiupain]
el rana	**frog**	[frog]
la rata	**rat**	[rat]
el ratón	**mouse**	[máus]
el rinoceronte	**rhinoceros**	[rainóseros]
el tigre	**tiger**	[táiguer]
el topo	**mole**	[móul]
el venado	**deer**	[díir]
la zarigüeya	**opossum**	[apásum]
el zorrillo	**skunk**	[scanc]
el zorro	**fox**	[fox]

 # Advice!

Y a los que les gustan los pájaros...

Mire...	**Look at the...**	[luc at de]
el búho	**owl**	[ául]
el cisne	**swan**	[suán]
el cuervo	**crow**	[cróu]
el ganso	**goose**	[gus]
el gorrión	**sparrow**	[spárrou]
el halcón	**hawk**	[joc]
el pájaro	**bird**	[berd]
el petirrojo	**robin**	[róbin]
el picaposte	**woodpecker**	[uódpequer]
el reyezuelo	**wren**	[ren]

- ¡Ojo! Hay animalitos por todas partes:

| Ha encontrado... | **She's found the...** [chis fáund de] |
| Había matado... | **He'd killed the...** [jid quíld de] |

la abeja	**bee** [bi]
la araña	**spider** [spáider]
la avispa	**wasp** [uásp]
el avispón	**hornet** [jórnet]
la babosa	**slug** [slag]
el caracol	**snail** [snéil]
el escarabajo	**beetle** [bítl]
el escorpión	**scorpion** [scórpion]
el grillo	**cricket** [críquet]
el gusano	**worm** [uérm]
la hormiga	**ant** [ant]
la libélula	**dragonfly** [drágonflai]
la mariquita	**ladybug** [léidibag]
la mosca	**fly** [flái]
la polilla	**moth** [mos]
la pulga	**flea** [fli]
el saltamontes	**grasshopper** [grásjaper]
el zancudo	**mosquito** [mosquíto]

🏃 I bet you can!

(99) Conecta el animal con su actividad favorita:

dog	**swim**	_____
fish	**fly**	_____
bird	**bark**	_____

(100) ¿Cuál animal es más grande?

frog or moose	_____
bear or hornet	_____
deer or squirrel	_____

¿Puedes nombrar tres pájaros y tres insectos en inglés?

_____ _____

_____ _____

_____ _____

(101) Es tiempo de usar los tiempos complicados con el nuevo vocabulario. Traduce:

The hawks have looked for the rabbit.

_____

The crow had eaten all the food.

_____

The tiger has found the meat.

_____

The mouse had taken the cheese.

_____

The boy has bought two turtles.

_____

The frogs had seen the flies.

_____

The ants have gone to the house.

_____

The rat had run to the kitchen.

_____

 # Grammar!

The, **a** y **an** se llaman **articles** ("artículos").

Cuando hablamos de una idea general o de una clase de objeto, no usamos los artículos.

> **Water is necessary for life.**
> **Dogs make nice pets.**

Los artículos no son generalmente usados con nombres propios, nombres de personas, ciudades, calles o países.

> **Frank lives on Broadway Avenue.**
> **We visited France last summer.**

Look, Up in the Sky! [luc ap in de scái]
(¡Mira, arriba en el cielo!)

Hablando de la belleza de la naturaleza, ¿alguna vez has mirado el cielo y maravillado ante tal esplendor? ¡Pues maravíllate ahora usando el inglés! Mira el ejemplo con tiempos compuestos y combínalos con el vocabulario.

He estudiado...   **I have studied the...** [ái jaf stádid de]
Había explicado...   **He had explained the...** [ji jad expléind de]

los años luz	**light years** [láit íers]
el cohete	**rocket** [róquet]
el cometa	**comet** [cómet]
la constelación	**constellation** [consteléichen]
la distancia	**distance** [dístans]
el espacio	**space** [spéis]
la estrella	**star** [star]
la galaxia	**galaxy** [gálaxi]
la gravedad	**gravity** [gráviti]
la luna	**moon** [mun]
el mundo	**world** [uérld]
la órbita	**orbit** [órbit]
el planeta	**planet** [plánet]
el satélite	**satellite** [sátelait]
el sistema solar	**solar system** [sólar sístem]
el sol	**sun** [san]
el universo	**universe** [iúnivers]

7

CAPITULO *SEVEN*
[séven]

I Would Like to Practice!
[ái uód láic tu práctis]

(¡Quisiera practicar!)

Tough Terrain [taf terréin]
(Terreno difícil)

Después de nuestros viajes al Tiempo Presente, al Mundo del Futuro y al Territorio del Tiempo Pasado…¿qué más podemos esperar? Bienvenido al planeta del Tiempo Condicional, cuyos extraños habitantes de todos los tamaños hablan un idioma desconocido. ¡Pero con un poco más de trabajo, muy pronto tendrás la llave de sus secretos!

The Conditional Tense! [de condíchonal tens]
(¡El Tiempo Condicional!)

Básicamente, el Tiempo Condicional se usa para hablar de lo que podría pasar. El Tiempo Condicional es muy parecido al Tiempo Futuro, porque una palabra es siempre añadida a cada verbo básico. Mientras practicas las siguientes frases, presta atención a la palabra **would** [uód]:

hablaría	**I, He, She would speak** [ái, ji, chi uód spic]
hablarías	**You** (sing.) **would speak** [iú uód spic]
hablarían	**You** (pl.), **They would speak** [iú, déi uód spic]
hablaríamos	**We would speak** [uí uód spic]

¿Estás listo para leer algunas oraciones? ¡Comencemos!

Ella dijo que compraría el carro.
She said that she would buy the car. [chi sed dat chi uód bái de car]

Sabíamos que aprenderíamos el inglés.
We knew that we would learn English. [uí nu dat uí uód lern ínglech]

Yo creí que iría a Paris.
I thought that I would go to Paris. [ái sot dat ái uód go tu péris]

Le gustaría estudiar con ustedes.
He would like to study with you guys. [ji uód láic tu stádi uít iú gáis]

Prometieron que llegarían temprano.
They promised they would arrive early. [déi prómisd déi uód arráiv érli]

Diríamos muchas cosas buenas.
We would say a lot of good things. [uí uód séi a lat av gud zings]

Siempre saldrían en la noche.
They would always leave at night. [déi uód álueis liv at náit]

Ella pondría las flores en la mesa.
She would put the flowers on the table. [chi uód put de fláuers on de téibl]

Cuando te sientas cómodo alrededor del Mundo Condicional con la palabra **would**, prueba algunas oraciones con la palabra **if** ("si"):

No sabíamos si vendríamos.
We didn't know if we would come. [uí didnt nóu if uí uód cam]

No dijo si manejaría.
She didn't say if she would drive. [chi didnt séi if chi uód dráiv]

No podían decidir si irían.
They couldn't decide if they would go. [déi cudnt disáid if déi uód go]

Las oraciones de más arriba también pueden ser usadas en el Tiempo Futuro. Examina estos cambios:

No sabemos si vendremos.
We don't know if we will come. [uí dont nóu if uí uíl cam]

No dice si manejará.
She doesn't say if she will drive. [chi dásent séi if chi uíl dráiv]

No deciden si irán.
They can't decide if they will go. [déi cant disáid if déi uíl go]

 # Advice!

• **Would** es también usado para representar una acción repetida del pasado, la cual es traducida en español al Tiempo Imperfecto:

Cuando era menor, trabajaba tarde.
When I was younger, I would work late. [uén ái uás iánguer ái uód uérc léit]

• Ahora, presta atención a la palabra **there,** la cual se usa muy
frecuentemente:

> Pensaba que habría más dinero.
> **I thought that there would be more money.** [ái sot
> dat der uód bi mor máni]

 # I bet you can!

¡Mira a todos los tiempos verbales que has aprendido! Ahora podrás
expresar las acciones en una variedad de maneras. El siguiente ejercicio te ayudará a cambiar tu forma de pensar de un tiempo a otro.

(102) Salir   **to leave**   **(I)**

todos los días **(every day)**	**I leave every day.**
ahora **(now)**	**I'm leaving now.**
mañana **(tomorrow)**	_____
ayer **(yesterday)**	_____
antes **(before)**	_____

(103) Venir   **to come**   **(They)**

before	**They have come before.**
every day	_____
now	_____
tomorrow	_____
yesterday	_____

(104) Llegar   **to arrive**   **(Bill)**

tomorrow	**Bill will arrive tomorrow.**
yesterday	**Bill arrived yesterday.**
every day	_____
now	_____
before	_____

The Conditional Tense: More Information [de condíchonal tens, mor informéichen]
(El Tiempo Condicional: más información)

Una oración condicional contiene dos cláusulas; una cláusula independiente que lleva la palabra **if** y se encuentra al principio de la oración y la cláusula más importante que responde a la cláusula con **if.**

> **If Raul works hard, he will earn more money.** [if raúl uércs jard ji uíl ern mor máni]
>
> **If Betty comes to the party, I will give her a present.** [if béti cams tu de párti ái uíl giv jer a présent]

Date cuenta que en estas oraciones el Tiempo Presente es usado en la cláusula con **if** y el Tiempo Futuro es usado en la cláusula más importante, la cual responde a la cláusula con **if.**
Lee estas oraciones condicionales:

> **If Terry plays tennis, he will be tired.**
> **If he eats too fast, he will get sick.**
> **If she hurries, she will be able to go with us.**
> **If it rains, we will not go to the park.**
> **If you read this book, you will learn a lot of English.**

 Advice!

• Las palabras **can** [can] y **may** [méi] son frecuentemente usadas en la cláusula más importante de la oración en lugar de **will,** debido a que hacen referencia al tiempo futuro:

> **If the boys come, they can help us.** [if de bóis cam déi can jelp as]
> Si vienen los muchachos, nos pueden ayudar.

"If" in Unreal Sentences
[if in anríal séntenses]
("Si" en oraciones irreales)

Una segunda forma del Tiempo Condicional es el llamado Presente Irreal. En este tipo de condición, el Tiempo Pasado del verbo es usado en la cláusula **if** y las palabras **would, should, could** o **might** son usadas en la cláusula o condición más importante.

> **If Nick slept more, he would feel better.** [if nic slept mor ji uód fil béter]

Nota cómo el Presente Irreal Condicionado siempre describe una situación hipotética o irreal:

> **Nick does not sleep very much, but if he slept more, he would feel better.**

Aquí tienes otro ejemplo. ¿Puedes llenar los espacios en blanco correctamente?

(105) **Vickie does not know how to swim, but if she _____ how to swim, she _____ go to the beach every day.**

 How do you write it?

Trata de usar la regla de combinar:

> **If she knew how, she would go.**
> **If she knew how, she'd go.**
>
> **If he went, he would be happy.**
> **If he went, he'd be happy.**

Nota cómo necesitas usar una coma cuando intercambias las cláusulas en las oraciones:

> **She would go if she knew how.**
> **If she knew how, she would go.**

He would be happy if he went.
If he went, he would be happy.

 # I bet you can!

(106) Practiquemos el Presente Irreal en estas oraciones en Tiempo Condicional. Si olvidaste alguna de las formas del Tiempo Pasado, usa las tablas al final de este libro:

If I (spend) less money, I'd have
more in the bank.   **spent**

If I (have) more time, I would paint
my house.   _____

If I (own) a new car, I would drive
to Mexico.   _____

If I (work) with you, I would have
lots of fun.   _____

If I (know) his phone number, I would
call him up.   _____

 # Advice!

- Esto es lo que pasa con el verbo **to be** en el Presente Irreal en oraciones en Tiempo Condicional:

If I were a teacher, I would work at that school. [if ái uér a tícher ái uód uérc at dat scul]
If she were my friend, she'd invite me to the party. [if chi uér mái fren chid inváit mi tu de párti]
If we were rich, we'd travel around the world. [if uí uér rich uíd trável aráun de uérld]

Si estudiaste mucho y tienes perspicacia, habrás notado que **"I were"** y **"she were"** en las frases de arriba no parecen ser combinaciones correctas. La verdad es que debieran haber sido **"I was"** y **"she was"**. Pero las oraciones que usan **if** son excepciones y requieren **were** con **I, he, she** e **it**.

More Conditional Sentences [mor condíchonal séntenses]
(Más oraciones condicionales)

Otra forma del Tiempo Condicional se llama Pasado Irreal. En este tipo de oración, el Pasado Perfecto es usado en la cláusula con **if,** mientras que **would have** [uód jaf], **should have** [chud jaf], **could have** [cud jaf], o **might have** [máit jaf] es usado en la cláusula más importante.

> **If I had bought a ticket, I would have gone to the game.** [if ái jad bot a tíquet ái uód jaf gan tu de géim]

Date cuenta que estas condiciones indican el Tiempo Pasado y, del mismo modo que el Presente Irreal, sugieren una situación hipotética o irreal:

> **I did not buy a ticket, but if I had bought a ticket, I would have gone to the game.**

Aquí tienes unos cuantos ejemplos más. Trata de traducir:

> **If I had known her phone number, I would have called her.** [if ái jad nóun jer foún námber, ái uód jaf cold jer]
> **If he had had time, he would have helped us move.** [if ji jad jad táim, ji uód jaf jelpd as muv]

 Advice!

• Como el verbo **to wish** [tu uích] ("desear") siempre sugiere una situación irreal, el Tiempo Pasado es usado para indicar una acción presente y el Pasado Perfecto es usado para indicar el tiempo pasado.

> **I wish Mr. Miller were here now.** [ái uích míster míler uér jir náu]
> **I wish I had known about this last week.** [ái uích ái jad nóun abáut dis last uíc]

A propósito, el Tiempo Futuro después de **wish** es expresado con la palabra **would.**

> **I wish you would stop crying.** [ái uích iú uód stop cráin]

I wish the bus would wait for me. [ái uích de bas uód uéit for mi]

• Trata de recordar que nosotros usamos el Tiempo Presente después de todas las conjunciones subordinadas, tales como **when, as soon as, until, before** y **unless,** cuando éstas introducen una cláusula con un significado futuro.

> **I will see him when he comes.**
> **I will see him as soon as he comes.**
> **I will wait here until he comes.**

• Recuerda que las formas negativa e interrogativa siguen las mismas reglas que los otros tiempos:

> **I won't see him when he comes.**
> **I won't see him if he comes.**
> **I wish you wouldn't say that.**
> **If she had driven, they wouldn't have been late.**
> **If she didn't know how to swim, she wouldn't go to the beach.**
> **Will we eat when they arrive?**
> **Won't I get the money if I finish the work?**
> **If he had cooked, wouldn't dinner have been delicious?**

• Las palabras **should** y **ought to** expresan obligación. Mira:

Alfredo debe estar allí.

> **Alfredo should be there.** [alfrédo chud bi der]
> **Alfredo ought to be there.** [alfrédo ot tu bi der]

Forma el Tiempo Pasado de **should** y **ought to** con **have** y el Participio Pasado del verbo principal.

Alfredo debía de estar allí.

> **Alfredo should have been there.** [alfrédo chud jaf bin der]
> **He ought to have been there.** [ji ot to jaf bin der]

• La combinación **would rather** [uód ráder] seguida por la forma simple del verbo significa "preferir". La forma de contracción **'d rather** es más usada en inglés. Nota la posición y el uso de la palabra **than.**

I would rather watch a video than go to a movie.
[ái uód ráder uách a vídio dan go to a múvi]
She'd rather take a taxi than a bus. [chid ráder téic a
táxi dan a bas]
We'd rather go to the beach than the mountains.
[uíd ráder go tu de bich dan de máontens]

• La frase **had better** [jad béter] con la forma simple del verbo
significa "sería mejor" o "sería buena idea". La forma de contracción
'd better es más usada en inglés. Date cuenta que estas dos palabras
expresan un pensamiento en el Tiempo Futuro aunque esté escrito
en el Tiempo Pasado.

He had better go to the hospital. [ji jad béter go tu de
jóspital]
He'd better go to the hospital. [jid béter go tu de
jóspital]

• Por lo general, si el verbo principal en una oración está en el
Tiempo Pasado, todos los otros verbos dependientes de éste
también estarán en el pasado.

He says he is going tomorrow. [ji ses ji es góin
tumórou]
He said he was going tomorrow. [ji sed ji uás góin
tumórou]

I think I can do it today. [ái sinc ái can du et tudéi]
I thought I could do it today. [ái sot ái cud du et
tudéi]

• Date cuenta de la forma irregular del Tiempo Pasado de los
siguientes auxiliares:

will [uíl]	**was** [uás]
can [can]	**could** [cud]
may [méi]	**might** [máit]
have [jaf]	**had** [jad]

 # I bet you can!

107 Sigue estos ejemplos y escribe las respuestas en los espacios
en blanco:

If he (study) more, he would have
passed.   __had studied__

If they (win), they'd have celebrated.   _____

If you (call) me, I would have come.   _____

If the weather (be) nice, we'd have
gone.   _____

If she (drive), they'd have arrived
early.   _____

(108)   Practica los siguientes oraciones condicionales, poniendo la
forma correcta del verbo:

If I had read the book, I
(know) the answer.   __would have known__

If I (be) you, I would not
say anything.   _____

I would have gone if I (have)
the time.   _____

If I see her, I (give) her the
information.   _____

If he had been driving fast,
everyone (kill).   _____

She would have laughed if
she (see) us.   _____

 # Grammar!

Evita repeticiones en las oraciones que describen dos situaciones
opuestas, usando la palabra **but** y el auxiliar apropiado:

> **She liked the movie, I didn't like the movie.**
> **She liked the movie, but I didn't.** [chi láicd de múvi
> bat ái didnt]

> **He can't speak English. His wife speaks English.**
> **He can't speak English, but his wife can.** [ji cant
> spic ínglech bat jis uáif can]

Other Things to Talk About [áder zings tu toc abáut]
(Otras cosas para conversar)

Los temas siguientes elevarán tu inglés a un nuevo nivel, pero deberás esforzar tu memoria. Al mismo tiempo que desarrollas frases y oraciones con estas palabras, considera el empleo de todas las formas verbales que has visto.

Comienza compartiendo tus pensamientos sobre los eventos del momento:

Quisiera	**I'd like to** [áid láic tu]
discutir...	**discuss (the)...** [discás de]
el abuso	**abuse** [abiús]
la armas	**weapons** [uépons]
la contaminación	**pollution** [polúchon]
el crimen	**crime** [cráim]
los derechos	**rights** [ráits]
el gobierno	**government** [gávermen]
la guerra	**war** [uór]
la ley	**law** [lo]
las pandillas	**gangs** [gangs]
los partidos políticos	**political parties** [polítical pártis]
la población	**population** [papiuléichon]
la pobreza	**poverty** [páverti]
el presupuesto	**budget** [bádchet]
el SIDA	**AIDS** [éids]

Algunos conceptos son un poco difíciles de explicar:

el amor	**love** [lav]
la bondad	**kindness** [cáindnes]
la confianza	**trust** [trast]
el escándalo	**scandal** [scándal]
la esperanza	**hope** [jóup]
el estrés	**stress** [stres]
la libertad	**freedom** [frídom]
el odio	**hate** [jéit]
la paciencia	**patience** [péichens]

la paz	**peace** [pis]
el respeto	**respect** [respéct]
el sacrificio	**sacrifice** [sácrifais]
la seguridad	**security** [sequiúriti]

¿Puedes adivinar el significado de estas palabras?

election [elékchon]	**terrorism** [térrorism]
crisis [cráisis]	**violence** [váiolens]
vote [vóut]	**immigration** [imigréichen]
justice [chástis]	**racism** [réisism]
abortion [abórchon]	**sex** [sex]

¡Si no tuvieran leyes, tendrían más crimen!
If they didn't have the laws, they would have more crime! [if déi didnt jaf de los déi uód jaf mor cráim]

Do You Believe? [du iú bilív]
(¿Cree usted?)

Todo el mundo cree en algo. Usa este vocabulario para hacer comentarios en todos los tiempos verbales.

la astrología	**astrology**	[astrólochi]
el ateo	**atheist**	[éiseist]
la Biblia	**Bible**	[báibl]
el católico	**Catholic**	[cásolic]
la ciencia	**science**	[sáins]
la confesión	**confession**	[canféchon]
la creencia	**belief**	[bilíf]
el cristiano	**Christian**	[críschan]
el culto	**cult**	[colt]
el discípulo	**disciple**	[disáipl]
el espíritu	**spirit**	[spírit]
la evolución	**evolution**	[ivalúchon]
Jesucristo	**Jesus Christ**	[chísas cráist]
el judío	**Jew**	[chu]
la meditación	**meditation**	[meditéichon]
el mormón	**Mormon**	[mórmon]
el musulmán	**Moslem**	[móslem]
la naturaleza	**nature**	[néicher]
el protestante	**Protestant**	[prótestan]
la razón	**reason**	[ríson]
la religión	**religion**	[relíchon]
el rezo	**prayer**	[préier]
el Salvador	**Savior**	[séivior]

Si fuera cristiano, creería en la Biblia.
If he were a Christian, he would believe in the Bible. [if ji uér a críschan ji uód bilíf in de báibl]

Advice!

 Conecta las palabras opuestas:

peace	innocent
hate	law
truth	war
crime	love
guilty	lie

Love [lav]
(El amor)

Abraza la siguiente lista con mucho cuidado. El vocabulario trata del amor y nunca sabes cuándo te será necesario para comunicarte mejor:

Me divertí mucho.	**I had a nice time.** [ái jad a náis táim]
¿Te gustó?	**Did you enjoy it?** [did iú enchói et]
¡Qué feliz me haces!	**You make me so happy!** [iú méic mi so jápi]

¿Podrías...?	**Would you...?** [uód iú]

abrazarme	**hug me** [jag mi]
acariciarme	**caress me** [carés mi]
besarme	**kiss me** [kis mi]
casarte conmigo	**marry me** [méri mi]
llamarme pronto	**call me soon** [col mi sun]
verme más tarde	**see me later** [si mi léiter]

Quisiera...	**I would like...** [ái uód láic]

bailar	**to dance** [tu dans]
conversarlo	**to discuss it** [tu discás et]
dar un paseo	**to take a walk** [tu téic a uóc]
platicar	**to chat** [tu chat]
salir contigo	**to go out with you** [tu go áut uít iú]
visitarte	**to visit you** [tu vísit iú]

Es...	**It's (the)...** [ets de]

el abrazo	**hug** [jag]
el aniversario	**anniversary** [anivérseri]
el beso	**kiss** [kis]
la boda	**wedding** [uédin]
la carta amorosa	**love letter** [lav léter]
el celos	**jealousy** [chélasi]
el chisme	**gossip** [gósip]
la cita	**date** [déit]
el cumplido	**compliment** [cámpliment]

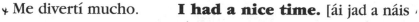

la luna de miel	**honeymoon** [jánimun]
el matrimonio	**marriage** [mérich]
la promesa	**promise** [prómis]
el secreto	**secret** [sícret]

¿ Somos/¿ estamos...	**We are...** [uí ar]
¿ novios ¿	**engaged** [engéicht]
casados	**married** [mérid]
una pareja	**a couple** [a capl]
juntos	**together** [tugéder]

| Es... | **He's...** [jis] |

agradable	**pleasant** [plésant]
amistoso	**friendly** [fréndli]
apasionado	**passionate** [páchonet]
cariñoso	**affectionate** [afékchonet]
chistoso	**funny** [fáni]
considerado	**considerate** [cansíderet]
coqueto	**flirtatious** [flirtéichas]
educado	**well-mannered** [uél mánerd]
encantador	**charming** [chárming]
fiel	**faithful** [féitful]
guapo	**handsome** [jánsom]
honesto	**honest** [ánest]
maravilloso	**wonderful** [uánderful]
mono	**cute** [quiút]
respectuoso	**respectful** [rispéctful]
responsable	**responsible** [rispánsibl]
romántico	**romantic** [romántic]
simpático	**nice** [náis]
sincero	**sincere** [sinsír]
tímido	**shy** [chái]

Advice!

- Otras descripciones son exclusivamente para mujeres:

| Ella sería... | **She would be...** [chi uód bi] |

bella	**beautiful** [biútiful]
bonita	**pretty** [príti]
graciosa	**delightful** [diláitful]

hermosa   **lovely** [lávli]
seductora   **seductive** [sedactiv]

- Usa el Tiempo Condicional con el tema del amor:

  Si fueras mi novia, te besaría todo el día.
  If you were my girlfriend, I'd kiss you every day.
  [if iú uér mái gérlfren áid quís iú évri déi]

  Si tuviera un amante, sería simpátio, honesto y guapo.
  **If I had a lover, he'd be nice, honest, and
  handsome.** [if ái jad a láver jid bi náis, ánest, an jánsom]

  Quisiera poder encontrar un amor sincero.
  I wish I could find a love that is sincere. [ái uích ái
  cud fáind a lav dat es sinsír]

- A pesar de que las palabras **could** y **would** son intercambiables
  en muchas ocasiones, a veces no lo son. Una regla útil es saber que
  could significa "podría", mientras que **would** es "desearía":

  Would you go out with me? [uód iú go áut uíd mi]
  ¿Desearías salir conmigo?
  Could you open this bottle? [cud iú ópen dis bátl]
  ¿Podrías abrir esta botella?

- Prueba esta lista. Usala para crear frases completas, como en los
  dos primeros ejemplos:

Espero que...	**I hope that...** [ái jóup dat] **you can come.**
Deseo que...	**I wish that...** [ái uích dat] **you get better.**
Temo que...	**I'm afraid that...** [am afréd dat]
Insisto en que...	**I insist that...** [ái insíst dat]
Me alegro que...	**I'm happy that...** [am jápi dat]
Siento que...	**I'm sorry that...** [am sóri dat]
Prefiero que...	**I prefer that...** [ái prefér dat]

Recomiendo que...	**I suggest that...** [ái sachést dat]

___

Me sorprende que...	**I'm surprised that...** [am sarpráisd dat]

___

Me gusta que...	**I like that...** [ái láic dat]

___

Dudo que...	**I doubt that...** [ái dáubt dat]

___

Exijo que...	**I demand that...** [ái demánd dat]

___

Niego que...	**I deny that...** [ái denái dat]

___

Le ruego que...	**I beg you to...** [ái beg iú tu]

___

Le digo que...	**I tell you to...** [ái tel iú tu]

___

Le pido que...	**I ask you to...** [ái asc iú tu]

___

Le aconsejo que...	**I advise you to...** [ái adváis iú to]

___

Es necesario que...	**It's necessary that...** [ets nésesari dat]

___

Es una lástima que...	**It's a pity that...** [ets a píti dat]

___

Es posible que...	**It's possible that...** [ets pásibol dat]

___

- Crea ideas usando estas frases cortas:

en caso de que	**in case that** [in quéis dat]
	I'll go in case they need help.
a fin de que	**in order that** [in órder dat]

___

de manera que	**so that** [so dat]
a pesar de que	**in spite of the fact that** [in spáit av de fact dat]
aunque	**although** [óldo]
a menos que	**unless** [anlés]
con tal que	**provided that** [prováided dat]

8

CAPITULO *EIGHT* [éit]

More and More Practice!
[mor an mor práctis]

(¡Más y más práctica!)

Nuestro viaje por el mundo del idioma inglés ha sido prolongado y a veces difícil. Hemos rebotado de un tiempo a otro y aprendido nuevos verbos y vocabulario. Ahora regresaremos al Planeta Tierra y allí deberás hacer un último esfuerzo. Recuerda que sólo mejorarás si practicas.

Practice Makes Perfect [práctis méics pérfect]
(La práctica lleva a la perfección)

La mejor manera de practicar en el nivel intermedio y avanzado del inglés es con la ayuda de una persona que aprendió este idioma desde la cuna. Haz todo lo posible por encontrar una persona así y practicar con ella todas las actividades abarcadas por este libro.

- **Listen and Repeat!** [lísen an ripít] (Escucha y repite)
  Tú sabes cuán eficaz es tener a mano y escuchar casetes, videos, discos, radio, televisión y hasta CD-ROM en inglés. Sin embargo, no hay nada mejor que la práctica diaria con la gente que habla buen inglés.

  Por otra parte, no importa cuánto practiques; si no tratas de divertirte mientras aprendes, poco se te grabará. Te garantizo que con estas simples técnicas que son ideales para los estudiantes del inglés avanzado, lo pasarás bien y aprenderás más:

Sing a Song! [sing a song]
(¡Canta una canción!)

Encuentra una persona que conozca algo de música para que te toque o cante canciones tradicionales de Estados Unidos, mientras te explica el significado de las palabras. Memorízalas, de esa manera podrás sentirte parte de cualquier evento social en Norteamérica. Comienza primero con estas canciones muy conocidas:

Happy Birthday

Happy Birthday to you!
Happy Birthday to you!
Happy Birthday dear (el nombre de la persona)
Happy Birthday to you!

For He's a Jolly Good Fellow

For he's a jolly good fellow,
For he's a jolly good fellow,
For he's a jolly good fellow,
Which nobody can deny.
Which nobody can deny?
Which nobody can deny!

Aquí tienes más canciones tradicionales que debieras escuchar y aprender:

- **Battle Hymn of the Republic**
- **Star-Spangled Banner**
- **America the Beautiful**
- **When the Saints Go Marching In**
- **My Country 'tis of Thee**

 Advice!

- Apréndete estas palabras relacionadas con los diferentes tipos de canciones (**songs**):

> **anthem** [ánsem]
> **ballad** [bálad]
> **carol** [cárol]
> **hymn** [himn]
> **lullaby** [lúlabai]
> **melody** [mélodi]
> **tune** [tiún]

- ¿Sabes hablar por teléfono en inglés? Practica:

¡Aló!	**Hello!** [jelóu]
Este es _____,	**This is _____.** [dis es]
No cuelgue, por favor.	**Please don't hang up.** [plis dont jang ap]
Espere un momento, por favor.	**Please wait a moment.** [plis uéit a móment]
¿Puedo hablar con _____?	**May I speak with _____?** [méi ái spic uít]
No está en casa.	**He/she is not home.** [ji, chi es not jóum]

¿Cuándo regresa?	**When will he/she be back?** [uén uíl ji, chi bi bac]
¿Puedo dejar un mensaje?	**May I leave a message?** [méi ái liv a mésech]
¿Puedo tomar un mensaje?	**Could I take a message?** [cud ái téic a mésech]
Llamaré más tarde.	**I'll call back later.** [áil col bac léiter]
Por favor, llámeme al _____.	**Please call me at** _____. [plis col mi at]
Es un número equivocado.	**You have the wrong number.** [iú jaf de rong námber]

Expressions [expréchons]
(Los dichos)

A veces, la gente usa expresiones comunes o dichos para comunicarse. Pero ten cuidado, porque aquí pocas veces puedes traducir literalmente. Estudia el significado:

It's a piece of cake. [ets a pis av quéic]
(Es muy fácil.)

She got up on the wrong side of the bed.
[chi got ap on de rong sáid av de bed]
(Ella está impaciente y de mal humor.)

He's playing with fire. [jis pléin uít fáir]
(El está jugando con fuego.)

He's hot under the collar. [jis jat ánder de cólar]
(El está enojado.)

She let the cat out of the bag. [chi let de cat áut av de bag]
(Ella contó un secreto y ahora todo el mundo lo sabe.)

Advice!

Hay muchos personajes de la historia de Estados Unidos, verdaderos o míticos, que te serán útiles para realmente comprender a este país. Pide libros para niños que hablen de los siguientes:

Daniel Boone
Buffalo Bill
Billy the Kid
Wild Bill Hickok
Jesse James
Paul Bunyan
Pecos Bill
Annie Oakley
Johnny Appleseed
Uncle Sam
Davy Crockett

 Grammar!

Para evitar la repetición de palabras y frases en tus oraciones, usa **too** [tu] o **so** [so] con el verbo auxiliar **do:**

He speaks English and she speaks English.
He speaks English and she does too. [ji spics ínglech an chi das tu]
He speaks English and so does she. [ji spics ínglech an so das chi]

Y usa **either** [íder] o **neither** [níder] para evitar la repetición de ideas en las oraciones negativas:

He doesn't dance and she doesn't dance.
He doesn't dance and she doesn't either. [ji dasnt dans an chi dasnt íder]
He doesn't dance and neither does she. [ji dasnt dans an níder das chi]

I bet you can!

110 En este libro no encontrarás todas las expresiones que existen en inglés. Usa el inglés que has aprendido y ayúdate con el diccionario para encontrar el significado de las siguientes:

Sure!   _____
Calm down!   _____
Almost!   _____
There isn't any.   _____
I think so.   _____
How lucky!   _____
I had no idea.   _____
All of it.   _____
Really?   _____
Me, too.   _____

111 Sigue adelante:

Over there.   _____
Wake up.   _____
Take a seat.   _____
That's great.   _____
Of course not.   _____
At the same time.   _____
Hey!   _____
Like this.   _____
I don't know.   _____
Backwards.   _____
What's going on?   _____
How funny!   _____
Take it easy.   _____
I don't understand.   _____
I don't like it.   _____

La lista de maneras creativas de adquirir el idioma inglés es interminable. Recuerda que todas las ideas cuentan. Lo que te ayude, ¡úsalo!

¡Crea tus propias oraciones! Para comenzar, usa este primer ejemplo:

Can you...?   ¿Puedes...?
Can you speak English? _____

Do you like to...?   ¿Te gusta...?

_____

Do you need to...?   ¿Necesitas...?

_____

Would you like to...? ¿Quisieras...?

_____

Do you want to...?   ¿Quieres...?

_____

 # How do you pronounce it?

 112 Muchas palabras suenan igual. Escribe la palabra en la lista que tiene el mismo sonido que la primera palabra:

I'm: him, ham, time, some   **time** _____
she's: prize, place, please, this   _____
you're: four, tire, fear, sure   _____
I've: leave, prove, five, save   _____
they've: five, leave, save, prove   _____
it's: rights, sits, sets, fights   _____

 # Grammar!

Los estudiantes de inglés rara vez aprenden a usar las preposiciones correctamente. Lee las siguientes oraciones y concéntrate en cada uno de los significados de las frases con preposiciones:

I see *with* my eyes.   She studies *without* a book.

Come *with* me.   The soup is *without* salt.

Do you walk *to* work?   I eat *in* there.
He's talking *to* her.   It grows *in* March.

Go *into* the room.   Where are you *from*?
Drive *into* the tunnel.   It is *from* the library.

The map is *on* the wall.	What do you have *for* lunch?
They go *on* Mondays.	The money is *for* my son.
Who works *at* six?	What's the opposite *of* "yes"?
John is *at* school.	Are you tired *of* working?
I travel *by* subway.	Walk *around* the room.
We go *by* your house.	He lives *around* the corner.
Tell me *about* your trip.	They are *under* the table.
What is the program *about*?	Put it *under* the bed.

(113) Estudia estos ejemplos y traduce las palabras subrayadas.

Read <u>after</u> lunch. _____

Look <u>below</u> them. _____

Go <u>down</u> the road. _____

Park <u>up</u> the street. _____

Hop <u>over</u> the fence. _____

Drive <u>through</u> traffic. _____

Eat <u>among</u> friends. _____

Work <u>until</u> Friday. _____

Turn <u>behind</u> me. _____

Talk <u>in front of</u> the class. _____

Sit <u>beside</u> her. _____

Shop <u>near</u> the office. _____

Travel <u>far</u> from home. _____

Step <u>toward</u> the wall. _____

Stand <u>next</u> to him. _____

Stay <u>inside</u> the room. _____

Fly <u>outside</u> the country. _____

Keep <u>ahead</u> of schedule. _____

Walk <u>between</u> us. _____

Read and Write [rid an ráit]
(Lee y escribe)

La habilidad de leer y escribir es imprescindible en los niveles de aprendizaje más avanzados. Aunque hemos mencionado varios secretos para mejorar en esta área, aquí ofrecemos algunas sugerencias adicionales.

READ!

Es muy simple. Cuanto más leas en inglés, más rápido aprenderás la gramática. Lee todo el material en inglés que puedas. Los folletos, revistas y catálogos están disponibles en todas partes y los anuncios y avisos publicitarios aparecen por toda la ciudad.

Para prepararte para la lectura, asegúrate de entender bien la diferencia entre los tiempos de los verbos. Fíjate en este ejercicio, a ver si puedes darte cuenta de lo que está pasando en cada uno de los párrafos y en qué tiempo verbal están hablando:

Frank Johnson works a lot at his home. He always cleans the house, washes clothes, and cooks meals. He lives with his brother, Mark. Mark doesn't work. He eats all day, drinks beer, and watches TV. The two brothers are very different.

Tomorrow, I'm going to Miami. I'll visit my cousins who have a nice apartment in the city. We're going to go out at night to eat and dance at the Latino clubs. I'll stay with them for two weeks. It's going to be great!

Last week, I went to the mountains with my family. We had a very relaxing time. I slept outside under the stars, and I saw several wild animals. My brother fished while my little sister played with our dog most of the time. We all ate well. I liked my trip to the mountains, and I want to go there again next year.

 # Advice!

Estas sugerencias han sido mencionadas anteriormente:

- Pon nombre y ordena. Para aprender nuevo vocabulario, especialmente los nombres de las cosas alrededor de la casa o del trabajo, pega papelitos adhesivos con los nombres de los objetos, en inglés, sobre cada uno de los objetos. Luego, haz que un amigo o miembro de la familia te ordene tocar, levantar, mirar o mover el objeto cuyo nombre estás aprendiendo.
- Entrevista a otros estudiantes de inglés. Haz una lista de preguntas en inglés usando los diferentes tiempos verbales. Luego, reúnete regularmente con tus compañeros estudiantes y escribe las respuestas que den a tus preguntas.
- Haz tarjetas. Uno de los mejores métodos para recordar el significado de las palabras y las conjugaciones de los verbos en inglés es usar tarjetas de colores de 3 por 5 pulgadas. Comienza usando tarjetas blancas para los verbos más comunes. Luego, usa tarjetas de colores brillantes para los verbos poco comunes. También venden tarjetas superbrillantes que puedes usar para las palabras más difíciles de aprender.
- En aquellos momentos de silencio forzado cuando estás tratando de recordar palabras y formas para responder...con tono y gesto de distracción susurra estas palabras que te darán tiempo para pensar:

Well...	[uél]	pues...
O.K....	[oquéi]	bueno...
Uh...	[aa]	este...
Let's see...	[lets sí]	a ver...
What I mean is...	[uát ái min es]	o sea...

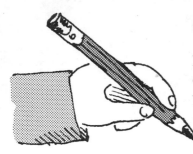

How do you write it?

En la siguiente actividad, selecciona una palabra de cada una de las columnas por cada oración que formes. El secreto es conjugar los verbos correctamente.

<u>1</u>	<u>2</u>	<u>3</u>	<u>4</u>
I	to be	teacher	after
John	to study	at the hospital	right now
You guys	to speak	well	every day
We	to need	cold	tomorrow
My friend	to work	at the market	yesterday
She	to learn	doctor	before
They	to live	English	
	to write	these	
	to have	a lot	
	to read	twenty	
	to drink	something	
	to eat	beer	
		the newspaper	
		money	
		at home	

John works at the market every day.
We spoke English yesterday.

¿Usas la técnica de visualización? No dejes de asociar las nuevas palabras con figuras. Aquí tienes algunas de mis asociaciones favoritas:

library	(biblioteca)	se ve como libro
car	(coche)	se ve como carro
mirror	(espejo)	se ve como mirar

Conjugation Tables [canchuguéichen téibols]
(Tablas de conjugaciones)

Los atajos, los trucos para la memoria y las simplificaciones siempre ayudan, pero pronto llegará el momento en que necesitarás tablas de conjugaciones que te puedan decir rápidamente cuándo y cómo debe ser usado un verbo.

Las **Conjugation Tables** se encuentran en la parte de atrás del libro. Usalas cada vez que necesites ayuda. No todos los tiempos de los verbos están en estos cuadros, pero tendrás suficiente información para ayudarte en la mayoría de los casos.

Siempre busca atajos para memorizar las formas verbales. El idioma inglés está lleno de tendencias, así que toma nota de todas las que puedas:

¿Qué tendencias has observado?

_____

_____

_____

¿Quieres otro consejo? Usa símbolos para recordar las formas verbales. Por ejemplo, el tiempo pasado puede ilustrarse con una flecha hacia atrás (←) porque es algo que ya terminó y se hizo. El pretérito progresivo, sin embargo, es una línea ondeada (∿∿) porque no tiene un principio o final específico. El futuro es una flecha que se dirige hacia adelante (→) porque es algo que estará ocurriendo más tarde o mañana. Los tiempos perfectos son líneas entrecortadas (-/-/), ya que han ocurrido en muchas ocasiones anteriormente.

 # I bet you can!

(114) Completa las siguientes oraciones con la forma verbal correcta:

> **drive**
> **is driving**
> **drove**
>
> **Who _____ yesterday?**
> **I won't be able to _____ tomorrow.**
> **Look! Mary _____!**

(115) Ahora, cambia las contracciones a la forma completa:

> **He doesn't speak English well.**   **does not**
> **I can't meet you after work.**   _____
> **I don't know her very well.**   _____

He won't be back until later.   _____
He's a good friend.   _____
It's a very hot day.   _____
We'll be back in an hour.   _____
They're the best cooks in the country. _____
It'll be easy for you.   _____
She's a very pretty girl.   _____

 # Advice!

• Asegúrate de saber la diferencia entre estas dos palabras:

Very significa que hay mucho de algo:

> **The coat is very long.**   El abrigo es muy largo.

Too significa que hay exceso de algo, que hay más de lo necesario o más de lo que podemos usar:

> **The coat is too long.**   El abrigo es demasiado largo.

Direct or Indirect? [dairéct or ándairect]

(¿Directa o indirecta?)

Hay que saber usar las comillas (**quotation marks**—cuotéichen marcs) en inglés. Estas general se usan con las citas directas. Una cita directa nos da las palabras exactamente como han sido dichas:

Joanna said, "I am leaving tomorrow."

Una cita indirecta nos dice las palabras dichas en forma indirecta. Los pronombres usados en las citas indirectas son diferentes de los usados en las citas directas:

Joanna said that she was leaving tomorrow.

 Advice!

- No te olvides que las preguntas hechas en forma indirecta son expresiones afirmativas y no llevan comillas:

  Directa: **Peter asked, "Where does Cindy live?"**
  Indirecta: **Peter asked where Cindy lived.**

- Las preguntas hechas en forma indirecta que no comienzan con palabras de interrogación necesitan la introducción de la palabra **if:**

  Directa: **Peter asked, "Does Cindy live near here?"**
  Indirecta: **Peter asked if Cindy lived near here.**

- Usa la forma infinitiva del verbo para expresar órdenes:

  Directa: **He said to me, "Come back later."**
  Indirecta: **He told me to come back later.**

  Directa: **She said to me, "Don't wait for me."**
  Indirecta: **She told me not to wait for her.**

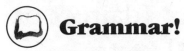 **Grammar!**

Las formas infinitivas del verbo sin la palabra **to** son usadas después de los verbos **let** [let], **make** [méic], **hear** [jíar], **see** [si] y **feel** [fil]:

> **He let me borrow his bicycle.** [ji let mi bárrou jis báisecol]
>
> **She made us wait an hour.** [chi méid as uéit an áur]
>
> **I saw him take the bus.** [ái so jim téic de bas]

Common Expressions [cómon expréchons]

(Expresiones comunes)

Sin lugar a dudas, la parte más difícil del idioma inglés es recordar todas las expresiones idiomáticas, ya sean comunes o parte de la jerga. El lenguaje se encuentra en un cambio constante, debido a que la gente vive creando nuevas frases y palabras. Concentrémosnos solamente en algunos de los ejemplos más frecuentes.

to go for a walk (dar un paseo)
I always go for a walk. [ái ólueis go for a uóc]

to say good-bye (despedirse)
They didn't say good-bye. [déi didnt séi gúdbai]

to get the door (contestar la puerta)
Please get the door. [plis get de dóar]

to run away (huir, arrancarse)
He ran away from home. [ji ran euéi from jóum]

to work out (hacer ejercicio)
We work out in the mornings. [uí uérc áut in de mórnings]

Sigue leyendo:

to check out (observar)	**Did you check out the car?** [did iú chec áut de car]
to speed up (acelerar)	**I have to speed up.** [ái jaf tu spid ap]
to cool off (calmarse)	**She needs to cool off.** [chi nids tu cul of]
to blow it (equivocarse)	**They blew it on the test.** [déi blu et on de test]
to mess around (jugar)	**We like to mess around.** [uí láic tu mes aráun]
to rip off (robar)	**Who ripped me off?** [ju ripd mi of]

I bet you can!

(116) Lee estas oraciones en voz alta y traduce lo que dicen:

To look for something is to search for it. _____

If someone goes somewhere for good, he goes there permanently.

To talk over something is to discuss it.

To look over something is to examine it.

To throw something away is to put it in the trash.

To make believe is to pretend.

To be mixed up is to be confused.

To learn something by heart is to learn it by memory.

If something blows up, this means that it explodes.

If something is out of order, it is not in working condition.

 # Advice!

- Usamos el verbo **to get** en muchas expresiones idiomáticas:

    I got home very late last night. [ái got jóum véri léit last náit]
    The plane gets to Chicago at two o'clock. [de pléin gets tu chicago at tu oclác]
    Randy got sick at my party last night. [rándi got sic at mái párti last náit]
    I get hungry every day at noon. [ái get jángri évri déi at nun]

I get up every morning at seven o'clock. [ái get ap évri mórnin at séven oclác]

He gets on the bus at Main Street. [ji gets on de bas at méin strit]

- **It takes** expresa el período de tiempo necesario para completar alguna acción:

It takes me an hour to get ready for work. [et téics mi an áur tu get rédi for uérc]

It took us three weeks to finish the job. [et tuc as zri uícs tu fínich de chab]

- Nota cuantas de estas expresiones incluyen preposiciones (**prepositions** [preposíchons]). No trates de traducirlas, pues debes memorizar el significado de cada frase:

Look out! [luc áut]   (¡Cuidado!)
At last! [at last]   (¡Por fin!)
Keep it up. [quíp et ap]   (Continúa.)

- Se usan estas tres palabras para decir "muy" o "mucho":

really	**He's really fast.**	Es muy rápido.
	[jis ríli fast]	
pretty	**We're pretty hungry.**	Tengo mucha hambre.
	[uír príti jángri]	
so	**She's so strong.**	Ella es muy fuerte.
	[chis so stron]	

U.S. Culture [iú es cólchor]
(La cultura de los E.E.U.U.)

Aquí tienes algo para leer.

The United States Capitol is in Washington, D.C. The Congress of the United States meets there. There are two houses of Congress: The House of Representatives and the Senate. The Senate has one hundred members, two from each state in the United States.

Ahora, contesta las preguntas:

Where does Congress meet?
What are the two houses of Congress?
How many members are in the Senate?

There are fifty states in the United States. The largest state is Alaska. The smallest state is Rhode Island. The largest city in the United States is New York City.

Contesta:

How many states are there in the United States?
What is the largest state?
What is the largest city in the United States?

Canada is north of the United States. Mexico is south of the United States. The Atlantic Ocean is east of the United States. The Pacific Ocean is west of the United States. There are many large rivers and lakes in the country. The largest river is the Mississippi River. The largest mountains are the Rocky Mountains.

Contesta:

What country is north of the United States?
What ocean is east of the United States?
What is the largest river in the United States?

Advice!

- Aquí tienes otras sugerencias prácticas:

> Memoriza los horarios del autobús, tren o avión que tomes.
> Estudia un mapa de la ciudad donde vives.
> Lee la información escrita que recibas de las compañías de servicio.
> Obtén formularios y practica cómo llenarlos.
> Habla con un policía, bombero, doctor o dentista para aprender a proceder en caso de emergencia. Muchos de ellos proveen folletos escritos en inglés y español.
> Pregunta a alguien cómo se pagan los impuestos sobre ingresos al gobierno norteamericano.
> Visita una escuela pública, un colegio o una universidad para aprender más sobre el sistema escolar de los Estados Unidos. Muchos tienen folletos bilingües.

(117) Traduce esta lista de actividades diarias:

shopping for food or clothing
comprar comida o ropa

looking for an apartment or house
buscar un apartamento o casa

paying bills

looking for a job

celebrating traditional holidays

following a recipe

opening a credit account

going to the post office

doing business

using the computer

getting a prescription

More Practice [mor práctis]
(Más práctica)

(118) El Tiempo Presente es básico para los principiantes, así que completemos otro ejercicio de repaso. Escribe **do** or **does** en el espacio.

Where _____ you live?
What time _____ the bus arrive?
How well _____ Rogelio speak English?
When _____ the girls eat lunch?
Why _____ they work so hard?

(119) Ahora repasemos las palabras opuestas. Usa este ejemplo:

What is the opposite of pull?
The opposite of pull is push.

little	_____
out	_____
stop	_____
open	_____
after	_____
new	_____
under	_____
last	_____
before	_____
husband	_____
find	_____
close	_____
down	_____
girl	_____
soft	_____
win	_____
woman	_____
sad	_____

(120) Este ejercicio es fácil. Simplemente traduce las palabras al inglés:

físico	_____	estudioso	_____
universidad	_____	independiente	_____
educación	_____	diccionario	_____
distancia	_____	imposible	_____

 Grammar!

Aquí tenemos otro secreto. Las palabras **also** y **too** cambian a la palabra **either** en las oraciones negativas:

> **I want to come, too.**
> **I don't want to come either.**
>
> **They also want this book.**
> **They don't want this book either.**

 I bet you can!

Forma oraciones originales con cada una de estas expresiones.

larger than	**as large as**	**the largest**
smaller than	**as small as**	**the smallest**
stronger than	**as strong as**	**the strongest**
more beautiful than	**as beautiful as**	**the most beautiful**
more expensive than	**as expensive as**	**the most expensive**
better than	**as good as**	**the best**
worse than	**as bad as**	**the worst**
warmer than	**as warm as**	**the warmest**
colder than	**as cold as**	**the coldest**
longer than	**as long as**	**the longest**

Questions! [cuéschons]
(¡Preguntas!)

Aquí tienes otra manera excelente de repasar todo lo que aprendiste. Simplemente, contesta todas las preguntas que puedas. Trata de contestar en voz alta y formando oraciones completas:

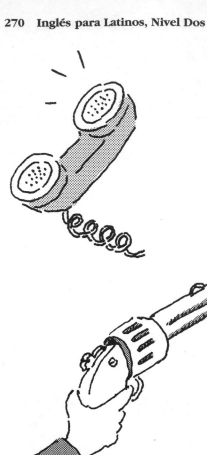

Where do doctors and nurses work?
Who's your best friend?
Do you have a blue shirt?
Who were you speaking with last night?
What color are your shoes?
Do you have many cousins?
What's your favorite food?
What are you going to do the day after tomorrow?
Do you speak French?
Name three large animals.
Are you afraid of crime?
Where does it rain and snow a lot?
Is your car new, pretty, and white?
Where are you going later?
Name three popular sports.
What kind of clothing do you like to buy?
Do you have to go to the dentist a lot?
Do you prefer to study or dance?
What are three important professions?
Do you close the windows when it's hot outside?
Do you go to the movies much?
What were you doing last night at midnight?
Who said "hi" to you today?
Where are you from?
When are you going to take a vacation?
Do you ever tell any lies?
Where did you go yesterday morning?
Is it eight-fifteen yet?
If you had lots of money, what would you buy
first?
Can you lift two chairs with one hand?
Do you know how to drive a train?
If you were President, what would you tell the
people?
Do you need to get to work early?
Would you like to go to the moon?
Have you ever watched television in the kitchen?
Do you know Santa Claus?
Did you study English last night?
Have you eaten lots of chocolate this year?
Did you know much English before you bought
this book?

What would you do if you had five million dollars?
Would you have studied English if you had been
born in France?

Advice!

• Sigue buscando más palabras sinónimas. Créeme, siempre es mejor tener más de una manera para decir la misma cosa.

(121) Escribe la traducción al lado de cada nuevo par de palabras.

fix, repair	reparar
couch, sofa	_____
photo, picture	_____
street, road	_____

Grammar!

Nota como los verbos cambian cuando se convierten en sustantivos:

Verbo	Sustantivo
to appear [tu apéar]	**appearance** [apírans]
to describe [tu descráib]	**description** [descrípchon]
to explain [tu expléin]	**explanation** [explanéichon]
to lose [tu lus]	**loss** [loss]
to arrive [tu arráiv]	**arrival** [arráival]
to decide [tu desáid]	**decision** [desíchon]

(122) Escribe el sustantivo correspondiente de estos verbos. Tal vez necesites pedir ayuda:

to fly	flight
to excite	_____
to die	_____
to choose	_____
to prove	_____
to grow	_____
to marry	_____
to enter	_____
to begin	_____

How to Speak Like an American [jáu tu spic láic an américan]
(Cómo hablar como un norteamericano)

Estudia estos secretos para mejorar tu pronunciación:

- Ya te habrás dado cuenta de que las palabras en inglés pocas veces se leen como están escritas y los sonidos raramente se pronuncian como en español. Hay reglas para la pronunciación del inglés, pero son sumamente complicadas y por ahora deberás memorizar la pronunciación de cada palabra. La pronunciación dada en este libro te será útil, pero recuerda que no es más que una guía. La pronunciación correcta sólo se adquiere en el contacto directo con norteamericanos.

- Los sonidos en inglés salen de la parte de atrás de la boca, botándose mucho aire al hablar. Escucha y repite las palabras siguientes con alguien que tenga pronunciación inglesa. Estos son varios de los sonidos más difíciles para el latino. Cada grupo de palabras presenta un sonido diferente.

hat	pin	but	book	girl	zoo
fan	stick	mud	foot	burn	zipper
map	big	sun	cook	her	zap
ship	strap	yes	very	this	jump
shoe	street	year	van	that	jet
shot	string	yo-yo	vet	the	job

- Si tu pronunciación no es muy buena, es probable que te entenderán de todos modos. Tranquilízate, ¡no necesitas un inglés perfecto para hablar! Además, con tus esfuerzos y la ayuda de este libro tu inglés pronto sonará muy bonito.

Si lo dices con una sonrisa, mirando a los ojos de la persona con quien hablas, te va a entender mejor. Trata de usar estas frases:

I don't speak much English.
[ai dont spic mach ínglech]
(No hablo mucho inglés.)

Sorry, I'm learning English.
[sóri, am lérnin ínglech]
(Lo siento. Estoy aprendiendo inglés.)

 # Advice!

• Practica las palabras en casa primero. Escoge las que vas a usar al día siguiente y repítelas muchas veces. Otra buena manera de obtener más práctica es ofrecer a un norteamericano lecciones en español por lecciones en inglés.

Before You Go [bifór iú go]
(Antes de irte)

Recuerda el número de esta página, porque los siguientes consejos son importantísimos:

• Si eres una persona emprendedora, a quién le gustan las actividades sociales y las diversiones, te será mucho más fácil aprender. El contacto con gente que habla inglés y una actitud relajada te ayudarán enormemente.

• El inglés te llevará muy lejos si usas la cortesía. Cuanto más respetuoso seas, más inglés aprenderás. ¡Y siempre sé sincero!

• ¡Sé paciente! Yo sé lo que significa estar ocupado. Pero la vida es muy corta para dejar pasar las oportunidades que se nos presentan. Si deseas buenos resultados, usa todos tus momentos libres para practicar el inglés, o después te arrepentirás de no haberlo hecho.

• El inglés y las costumbres entre los norteamericanos pueden variar de una ciudad a otra. Por eso, es importante estar atento a las diferencias entre las personas que vas conociendo. Trata de adivinar de que región vienen.

• El alfabeto, los acentos, las mayúsculas, la puntuación y otras formas de escritura cambian en los dos idiomas. Si quieres tener éxito en los Estados Unidos, debes aprender a leer y a escribir en inglés.

See You Later, and Have Fun! [si iú léiter an jaf fan]
(¡Hasta pronto y diviértete!)

Espero que esta fácil guía para aprender inglés haya sido más agradable que un programa de aprendizaje tradicional. Espero también que ya hayas descubierto cómo usar este libro de la mejor manera para conseguir los mejores resultados. ¡Usa *Inglés para Latinos* de la forma que tú quieras! Hazlo a tu propio ritmo, tómate el tiempo que necesites y lee nuevamente sólo esas páginas que sean de más interés para ti. Te garantizo que aprenderás.

Lo único que nos queda por hacer es darnos un fuerte apretón de manos, un caluroso abrazo y un adiós sincero. Nuestro viaje te ha enseñado muchas lecciones nuevas e interesantes. Comenzaste como principiante y has terminado como estudiante avanzado. ¿Qué te espera ahora? Muy sencillo: ¡seguir adelante!

Your teacher and friend,

Bill

Bill

TABLE ONE:
Common Irregular Verbs
(Tabla Uno: Verbos irregulares comunes)

Present	Past	Past Participle	Spanish
arise [aráis]	**arose** [aróus]	**arisen** [arisen]	Levantarse
awake [auéic]	**awoke** [auóc]	**awoken** [auóquen]	Despertar
bear [béar]	**bore** [bóar]	**borne** [born]	Llevar
beat [bit]	**beat** [bit]	**beaten** [bíten]	Golpear
become [bicám]	**became** [biquéim]	**become** [bicám]	Llegar a ser
begin [biguín]	**began** [bigán]	**begun** [bigán]	Comenzar
bend [bend]	**bent** [bent]	**bent** [bent]	Doblar
bet [bet]	**bet** [bet]	**bet** [bet]	Apostar
bind [báind]	**bound** [báund]	**bound** [báund]	Atar
bite [báit]	**bit** [bit]	**bitten** [bíten]	Morder
bleed [blid]	**bled** [bled]	**bled** [bled]	Sangrar
blow [blóu]	**blew** [blu]	**blown** [blóun]	Soplar
break [bréic]	**broke** [bróuc]	**broken** [bróquen]	Romper
bring [bring]	**brought** [brot]	**brought** [brot]	Traer
build [bild]	**built** [bilt]	**built** [bilt]	Construir
burst [berst]	**burst** [berst]	**burst** [berst]	Reventar
cast [cast]	**cast** [cast]	**cast** [cast]	Lanzar
catch [cach]	**caught** [cot]	**caught** [cot]	Agarrar, pescar
choose [chus]	**chose** [chóus]	**chosen** [chósen]	Elegir
cling [cling]	**clung** [clang]	**clung** [clang]	Colgar
come [cam]	**came** [quéim]	**come** [cam]	Venir
cost [cost]	**cost** [cost]	**cost** [cost]	Costar
creep [crip]	**crept** [crept]	**crept** [crept]	Arrastrarse
cut [cat]	**cut** [cat]	**cut** [cat]	Cortar
dare [déar]	**dared** [déard]	**dared** [déard]	Atreverse
deal [díal]	**dealt** [delt]	**dealt** [delt]	Distribuir, dar
dig [dig]	**dug** [dag]	**dug** [dag]	Cavar
do [du]	**did** [did]	**done** [dan]	Hacer
draw [dro]	**drew** [dru]	**drawn** [dron]	Dibujar
drink [drinc]	**drank** [dranc]	**drunk** [dranc]	Beber
drive [dráiv]	**drove** [dróuv]	**driven** [dríven]	Conducir
eat [it]	**ate** [éit]	**eaten** [íten]	Comer
fall [fol]	**fell** [fel]	**fallen** [fólen]	Caer
feed [fid]	**fed** [fed]	**fed** [fed]	Alimentar
feel [fil]	**felt** [felt]	**felt** [felt]	Sentir
fight [fáit]	**fought** [fot]	**fought** [fot]	Pelear
find [fáind]	**found** [fáund]	**found** [fáund]	Encontrar
fling [fling]	**flung** [flang]	**flung** [flang]	Arrojar

Present	Past	Past Participle	Spanish
fly [flái]	flew [flu]	flown [flóun]	Volar
forget [forguét]	forgot [forgót]	forgotten [forgóten]	Olvidar
forgive [forguív]	forgave [forguéiv]	forgiven [forguíven]	Perdonar
freeze [fris]	froze [fróus]	frozen [fróusen]	Congelar
get [guét]	got [got]	gotten-got [góten, got]	Obtener, lograr
give [guív]	gave [guéiv]	given [guíven]	Dar
go [go]	went [uént]	gone [gon]	Ir
grind [gráind]	ground [gráund]	ground [gráund]	Moler
grow [gróu]	grew [gru]	grown [gróun]	Crecer
hang [jang]	hanged [jangd]	hanged [jangd]	Colgar
have [jaf]	had [jad]	had [jad]	Tener
hear [jíar]	heard [jerd]	heard [jerd]	Oír
hide [jáid]	hid [jid]	hidden [jíden]	Esconder
hit [jit]	hit [jit]	hit [jit]	Golpear
hold [jold]	held [jeld]	held [jeld]	Sujetar, sostener
hurt [jert]	hurt [jert]	hurt [jert]	Lastimar
keep [quíp]	kept [quépt]	kept [quépt]	Guardar
know [nóu]	knew [niú]	known [nóun]	Saber
lay [léi]	laid [léid]	laid [léid]	Poner, colocar
lead [lid]	led [led]	led [led]	Dirigir, mandar
leave [liv]	left [left]	left [left]	Dejar
lend [lend]	lent [lent]	lent [lent]	Prestar
let [let]	let [let]	let [let]	Permitir, dejar
lie [lái]	lay [lái]	lain [léin]	Yacer, tenderse
light [láit]	lit [lit]	lit [lit]	Encender, prender
lose [lus]	lost [lost]	lost [lost]	Perder
make [méic]	made [méid]	made [méid]	Hacer
mean [min]	meant [ment]	meant [ment]	Significar, querer decir
meet [mit]	met [met]	met [met]	Encontrar, juntarse
owe [óu]	owed [óud]	owed [óud]	Deber, adeudar
pay [péi]	paid [péid]	paid [péid]	Pagar
quit [cuít]	quit [cuít]	quit [cuít]	Abandonar
read [rid]	read [rid]	read [rid]	Leer
ride [ráid]	rode [róud]	ridden [ríden]	Viajar o ir en vehículo, montar
ring [ring]	rang [rang]	rung [rang]	Sonar
rise [ráis]	rose [róus]	risen [rísen]	Levantarse
run [ran]	ran [ran]	run [ran]	Correr
see [si]	saw [so]	seen [sin]	Ver
seek [sic]	sought [sot]	sought [sot]	Buscar
shake [chéic]	shook [chuc]	shaken [chéiquen]	Sacudir
sell [sel]	sold [sold]	sold [sold]	Vender
send [send]	sent [sent]	sent [sent]	Enviar
set [set]	set [set]	set [set]	Poner, meter, ajustar
shine [cháin]	shone [chóun]	shone [chóun]	Brillar
shoot [chut]	shot [chat]	shot [chat]	Disparar
show [chóu]	showed [chóud]	shown [chóun]	Mostrar
shrink [chrinc]	shrank [chranc]	shrunk [chranc]	Encoger

Present	Past	Past Participle	Spanish
shut [chat]	**shut** [chat]	**shut** [chat]	Encerrar, cerrar
sing [sing]	**sang** [sang]	**sung** [sang]	Cantar
sink [sinc]	**sank** [sanc]	**sunk** [sanc]	Hundir
sit [sit]	**sat** [sat]	**sat** [sat]	Sentarse
sleep [slip]	**slept** [slept]	**slept** [slept]	Dormir
slide [sláid]	**slid** [slid]	**slid** [slid]	Deslizar
slit [slit]	**slit** [slit]	**slit** [slit]	Rajar
speak [spic]	**spoke** [spóuc]	**spoken** [spóquen]	Hablar
speed [spid]	**sped** [sped]	**sped** [sped]	Acelerar, adelantar
spend [spend]	**spent** [spent]	**spent** [spent]	Gastar
spin [spin]	**spun** [span]	**spun** [span]	Girar, rodar, hilar
split [split]	**split** [split]	**split** [split]	Dividir, partir
spread [spred]	**spread** [spred]	**spread** [spred]	Desparramar
spring [spring]	**sprang** [sprang]	**sprung** [sprang]	Brotar, salir, saltar
stand [stand]	**stood** [stud]	**stood** [stud]	Estar de pie, pararse, durar, persisitir
steal [stil]	**stole** [stóul]	**stolen** [stóulen]	Robar
stick [stic]	**stuck** [stac]	**stuck** [stac]	Clavar, meter, introducir, pegar, adherir
sting [sting]	**stung** [stang]	**stung** [stang]	Picar, pinchar
strike [stráic]	**struck** [strac]	**struck** [strac]	Golpear, estrellar, atacar, ir en huelga
string [string]	**strung** [strang]	**strung** [strang]	Estirar, enhilar, atar
swear [suéar]	**swore** [suór]	**sworn** [suórn]	Jurar
sweep [suíp]	**swept** [suépt]	**swept** [suépt]	Barrer
swim [suím]	**swam** [suám]	**swum** [suám]	Nadar
swing [suíng]	**swung** [suáng]	**swung** [suáng]	Columpiar
take [téic]	**took** [tuc]	**taken** [téiquen]	Tomar
teach [tich]	**taught** [tot]	**taught** [tot]	Enseñar
tear [tíar]	**tore** [tóar]	**torn** [torn]	Desgarrar
tell [tel]	**told** [told]	**told** [told]	Contar
think [sinc]	**thought** [sot]	**thought** [sot]	Pensar
throw [sróu]	**threw** [sru]	**thrown** [sróun]	Tirar, lanzar
wake [uéic]	**woke** [uóc]	**woke** [uóc]	Despertar
wear [uéar]	**wore** [uór]	**worn** [uórn]	Vestir, llevar puesto, usar, calzar
weave [uív]	**wove** [uóv]	**woven** [uóven]	Tejer
wed [uéd]	**wed** [uéd]	**wed** [uéd]	Casar, casarse con
weep [uíp]	**wept** [uépt]	**wept** [uépt]	Llorar
wet [uét]	**wet** [uét]	**wet** [uét]	Mojar
win [uín]	**won** [uón]	**won** [uón]	Ganar
wind [uínd]	**wound** [uáund]	**wound** [uáund]	Enrollar, enroscar
wring [ring]	**wrung** [rang]	**wrung** [rang]	Estrujar, retorcer
write [ráit]	**wrote** [róut]	**written** [ríten]	Escribir

TABLE TWO: Sample Conjugations
(Tabla Dos: Ejemplos de conjugaciones)

● **Regular Verb: To Work (simple form)**

Singular	Plural

Present Tense

I work	we work
you work	you work
he, she, it works	they work

Past Tense

I worked	we worked
you worked	you worked
he, she, it worked	they worked

Future Tense

I will work	we will work
you will work	you will work
he, she, it will work	they will work

Present Perfect Tense

I have worked	we have worked
you have worked	you have worked
he, she, it has worked	they have worked

Past Perfect Tense

I had worked	we had worked
you had worked	you had worked
he, she, it had worked	they had worked

Future Perfect Tense

I will have worked	we will have worked
you will have worked	you will have worked
he, she, it will have worked	they will have worked

Present Progressive Tense

I am working	we are working
you are working	you are working
he, she, it is working	they are working

Singular	Plural

Past Progressive Tense

I was working	we were working
you were working	you were working
he, she, it was working	they were working

Future Progressive Tense

I will be working	we will be working
you will be working	you will be working
he, she, it will be working	they will be working

Present Perfect Progressive Tense

I have been working	we have been working
you have been working	you have been working
he, she, it has been working	they have been working

Past Perfect Progressive Tense

I had been working	we had been working
you had been working	you had been working
he, she, it had been working	they had been working

Future Perfect Progressive Tense

I will have been working	we will have been working
you will have been working	you will have been working
he, she, it will have been working	they will have been working

• Irregular Verb: To Be

Present Tense

I am	we are
you are	you are
he, she, it is	they are

Past Tense

I was	we were
you were	you were
he, she, it was	they were

Future Tense

I will be	we will be
you will be	you will be
he, she, it will be	they will be

Present Perfect Tense

I have been	we have been
you have been	you have been
he, she, it has been	they have been

Singular	Plural

Past Perfect Tense

I had been
you had been
he, she, it had been

we had been
you had been
they had been

Future Perfect Tense

I will have been
you will have been
he, she, it will have been

we will have been
you will have been
they will have been

• Irregular Verb: To See (passive voice)

Present Tense

I am seen
you are seen
he, she, it is seen

we are seen
you are seen
they are seen

Past Tense

I was seen
you were seen
he, she, it was seen

we were seen
you were seen
they were seen

Future Tense

I will be seen
you will be seen
he, she, it will be seen

we will be seen
you will be seen
they will be seen

Present Perfect Tense

I have been seen
you have been seen
he, she, it has been seen

we have been seen
you have been seen
they have been seen

Past Perfect Tense

I had been seen
you had been seen
he, she, it had been seen

we had been seen
you had been seen
they had been seen

Future Perfect Tense

I will have been seen
you will have been seen
he, she, it will have been seen

we will have been seen
you will have been seen
they will have been seen

English-Spanish Dictionary
[ínglech spánich díkchenari]
(Diccionario inglés-español)

A.M. de la mañana
above sobre
action acción
actor actor, el
actress actriz, la
address dirección, la
adult adulto, el
advice consejos, los
African-American afroamericano
after después
again otra vez
ago hace
ahead adelante
AIDS SIDA, el
air conditioner acondicionador de aire, el
airport aeropuerto, el
alarm alarma, la
all todo, toda, todos, todas
alley callejón, el
almost casi
along a lo largo
although aunque
always siempre
ambulance ambulancia, la
amusement park parque de atracciones, el
and y
angel ángel, el
Anglo-Saxon anglosajón
angry enojado
animals animales, los
ankle tobillo, el
anniversary aniversario, el
answering machine contestador telefónico, el
answer respuesta, la
ant hormiga, la
anxious ansioso
anyone cualquier persona
anything cualquier cosa
anywhere en cualquier parte
apartment apartamento, el
apple manzana, la

appliances aparatos electrodomésticos, los
appointment cita, la
apricot albaricoque, el
April abril
aquarium acuario, el
architect arquitecto, el
area área, la
arena enfiteatro, el
arm brazo, el
armchair sillón, el
armoire armario, el
art arte, el
artichoke alcachofa, la
artist artista, el
ashamed avergonzado
ashtray cenicero, el
Asian Asiático
asparagus espárrago, el
assistant asistente, el
astrology astrología, la
astronaut astronauta, el
at en
atheist ateo, el
athlete atleta, el
attic desván, el
August agosto
aunt tía, la
available disponible
avenue avenida, la
ax hacha, la
baby bebé, el
babysitter niñero, el
back espalda, la
backwards al revés
bacon tocino, el
bad malo
bag bolsa, la
bail fianza, la
balcony balcón, el
bald calvo
ball pelota, la
balloon globo, el
banana plátano, el
bandage vendaje, el
bank banco, el
bar bar, el

barbecue grill parrilla, la
barefoot descalzo
bark corteza, la
bartender cantinero, el
baseball béisbol, el
basement sótano, el
basket canasta, la
basketball básquetbol, el
bat bate, el
bathing suit traje de baño, el
bathroom baño, el
bathtub tina, la
battery batería, la
be (to) estar, ser
beach playa, la
beans frijoles, los
bear oso, el
beautiful bella, bello
beauty salon salón de belleza, el
beaver castor, el
because porque
bed cama, la
bedroom dormitorio, el
bee abeja, la
beer cerveza, la
beet betabel, el
beetle escarabajo, el
before antes
behind detrás
bellhop botones, el
belt cinturón, el
besides además
better mejor
between entre
Bible Biblia, la
bicycle bicicleta
big grande
billboard letrero, el
birch abedul, el
bird pájaro, el
birth nacimiento
birthday cumpleaños
bitter amargo
black negro
blackboard pizarrón, el

bladder vejiga, la
blame culpa, la
blender licuadora, la
blind ciego
blonde rubio
blood sangre, la
blouse blusa, la
blue azul
boat barco, el
body cuerpo, el
bolt perno, el
bone hueso, el
book libro, el
bookshelf librero, el
bookstore librería, la
boots botas, las
border frontera, la
bored aburrido
boss jefe, el
both ambos
bottle botella, la
boulevard bulevar, el
bow and arrow arco y flecha, el
bowl plato hondo, el
bowling boliche, el
bowling alley bolera, la
box caja, la
boxing boxeo, el
boyfriend novio, el
brain cerebro, el
brake freno, el
branch rama, la
brassiere sostén, el
brave valiente
breakfast desayuno, el
breast pecho, el
breath aliento, el
bride novia, la
bridge puente, el
broccoli brocolí, el
broth caldo, el
brother hermano, el
brother-in-law cuñado, el
brown café
bruise contusión, la
brunette moreno

bucket balde, el
buckle hebilla, la
bud botón, el
Buddhist budista
buddy compañero, el
budget presupuesto, el
building edificio, el
bull toro, el
bulldozer niveladora, la
bumper parachoques, el
burn quemadura, la
bus autobús, el
bus station estación de
  autobús, la
bus stop parada de
  autobús, la
bush arbusto, el
business negocios, los
busy ocupado
but pero, sino
butter mantequilla, la
button botón, el
by por
cabbage repollo, el
cabinet gabinete, el
cactus cacto, el
calf becerro, el
calm calmado
camel camello, el
camper cámper, el
campgrounds campa-
  mento, el
can lata, la
can opener abrelatas, el
canary canario, el
candle vela, la
candy dulce, el
cantaloupe melón, el
cap gorra, la
car carro, el
car lot lote de carros, el
card tarjeta, la
career carrera, la
careful cuidado
carnation clavel, el
carpenter carpintero, el
carrot zanahoria, la
cartoons dibujos
  animados, los
cashier cajero, el
cassette player tocador
  de casetes, el
cat gato, el
Catholic católico
cave cueva, la
CD disco compacto, el
cedar cedro, el
ceiling techo, el

celery apio, el
cemetery cementerio, el
cent centavo, el
chain cadena, la
chair silla, la
chalk tiza, la
chapel capilla, la
charge cargo, el
chauffeur chofer, el
check cheque, el
cheek mejilla, la
cheese queso, el
cherry cereza, la
chess ajedrez, el
chest baúl, pecho, el
chewing gum chicle, el
chicken gallina, la; pollo, el
child niño, el
chimney chimenea, la
chin barbilla, la
china loza de porcelana, la
chore tarea, la
Christian cristiano
Christmas Navidad
church iglesia, la
cigarettes cigarillos, los
cinnamon canela, la
circus circo, el
citizen ciudadano, el
city ciudad, la
city block cuadra, la
city hall municipio, el
clarinet clarinete, el
class clase, la
clean limpio
clear claro
clearly claramente
clerk dependiente, el
client cliente, el
clock reloj, el
closed cerrado
closet ropero, el
clothing ropa, la
cloud nube, la
cloudy nublado
clown payaso, el
clutch embrague, el
coast costa, la
coconut coco, el
coffee café, el
coin moneda, la
cold frío; resfriado, el
college colegio, el
color color, el
comedian cómico, el
comedy comedia, la
comet cometa, la
comfortable cómodo

commerce comercio, el
community comunidad, la
computer computadora, la
concert concierto, el
condiments condimentos,
  los
condominium
  condominio, el
conference conferencia, la
confident seguro
confused confundido
congratulations felicitaciones
construction construcción, la
consultant consultor, el
contest concurso, el
contractor contratista, el
cook cocinero, el
cookie galleta, la
copier copiadora, la
corn maíz, el
corner esquina, la
costume disfraz, el
counter mostrador, el
country país, el
county condado, el
court cancha, la; tribunal,
  el
cousin primo, el
cow vaca, la
coward cobarde
crab cangrejo, el
cracker galleta salada, la
crazy loco
cricket grillo, el
crime crimen, el
crooked torcido
crop cosecha, la
cross cruz, la
crow cuervo, el
crutches muletas, las
cucumber pepino, el
cuff puño, el
cup taza, la
curious curioso
curtains cortinas, las
curve curva, la
cut cortada, la
daily diario, diariamente
dancing baile, el
dark oscuro
dark-skinned moreno
data processor
  procesador de datos, el
date cita, la; fecha, la
daughter hija, la
daughter-in-law nuera, la

dawn amanecer, el
day día, el
deaf sordo
December diciembre
decoration decoración, la
deep profundo
deer venado, el
degree grado, el
den sala de familia, la
dentist dentista, el
depressed deprimido
description descripción,
  la
desert desierto, el
desk escritorio, el
dessert postre, el
detour desviación, la
difficult difícil
dimples hoyuelos, los
dining room comedor, el
dinner cena, la
dirt tierra, la
dirty sucio
disabled incapacitado, el
dishes vajilla, la
dishwasher lavaplatos, el
distance distancia, la
district distrito, el
divorce divorcio, el
dizzy mareado
doctor doctor, el
dog perro, el
doghouse casa de perros,
  la
doll muñeca, la
door puerta, la
doorbell timbre, el
doorknob perilla, la
dot punto, el
double doble
doubt duda
down abajo
downtown centro, el
dozen docena, la
dragonfly libélula, la
draperies colgaduras, las
drawers cajones, los
drawing dibujo, el
dress vestido, el
dresser tocador, el
dressing salsa, la
dressing room vestuario,
  el
drill taladro, el
driveway entrada para
  carros, la
drugs drogas, las
drum tambor, el

dry seco
dryer secadora, la
duck pato, el
dull romo
dumb tonto
dump truck volquete, el
during durante
dust polvo, el
dustpan pala de recoger basura, la
dwarf enano
each cada
ear oreja, la
early temprano
east este, el
Easter Pascua, la
easy fácil
egg huevo, el
eggplant berenjena, la
eighth octavo
elbow codo, el
elderly person anciano, el
electrical outlet enchufe, el
electricity electricidad, la
elephant elefante, el
elevator ascensor, el
eleventh undécimo
elm olmo, el
embroidery bordado, el
employee empleado, el
employer empresario, el
empty vacío
enemy enemigo, el
engine motor, el
engineer ingeniero, el
entrance entrada, la
envelope sobre, el
equipment equipo, el
eraser borrador, el
errand mandado, el
escalator escalera mecánica, la
European europeo
evening noche, la
everyone todo el mundo
everything todo
everywhere en todas partes
example ejemplo, el
excited emocionado
excuse excusa, la
exercise ejercicio, el
exhausted agotado
exit salida, la
expensive caro
eye ojo, el
eyebrow ceja, la

eyelid párpado, el
face cara, la
factory fábrica, la
fainted desmayado
faith fe, la
fall otoño, el
family familia, la
fan ventilador, el
far lejos
farmer campesino, el
fast rápido
fat gordo
father padre, el
father-in-law suegro, el
faucet grifo, el
fault culpa, la
favorite favorito
fax facsímile, el
feather pluma, la
February febrero
female femenino
fence cerca, la
fender guardabarro, el
fern helecho, el
fertilizer abono, el
fever fiebre, la
field campo, el
fifth quinto
fig higo, el
file archivo, el
fine bien
finger dedo, el
fire department departamento de bomberos, el
fire extinguisher extintor, el
firefighter bombero, el
fireplace fogón, el
firewood leña, la
fireworks fuegos artificiales, los
first primero
first aid kit caja de primeros auxilios, la
fish pescado, pez, el
fishing pesca, la
fixtures instalaciones, las
flea pulga, la
flight vuelo, el
floor piso, el
flour harina, la
flower flor, la
flowerpot maceta, la
flu influenza, la
fly mosca, la
folder cuaderno, el
foliage follaje, el
food comida, la

foot pie, el
football fútbol americano, el
for para
foreigner extranjero, el
forest bosque, el
fork tenedor, el
form formulario, el
fountain fuente, la
fourth cuarto
fox zorro, el
freckles pecas, las
free libre
freedom libertad, la
freezer congelador, el
frequently con frecuencia
Friday viernes
friend amigo, el
friendly amistoso
frog sapo, el
from de
frown ceño, el
fruit fruta, la
full lleno
fun diversión, la
funnel embudo, el
funny chistoso
furious furioso
furniture muebles, los
fuse fusible, el
fuse box caja de fusibles, la
gain ganancia, la
galaxy galaxia, la
gallbladder vesícula, la
gallon galón, el
game juego, el
gang pandilla, la
garage garaje, el
garage door opener abridor de garajes, el
garbage disposal desechador, el
garden jardín, el
gardener jardinero, el
garlic ajo, el
gas gasolina, la
gas meter medidor de gas, el
gas station gasolinera, la
gate portón, el
gauge indicador, el
gear engranaje, el
gentleman caballero, el
giant gigante
gift regalo, el
giraffe jirafa, la
girdle faja, la

girlfriend novia, la
glass vaso, el
glasses lentes, los
gloves guantes, los
glue pegamento, el
goat chivo, el
God Dios
goddaughter ahijada, la
godson ahijado, el
godfather padrino, el
godmother madrina, la
gold oro, el
golf course campo de golf, el
good bueno
good afternoon buenas tardes
good evening, good night buenas noches
good morning buenos días
good-bye adiós
gossip chisme, el
government gobierno, el
grain grano, el
granddaughter nieta, la
grandfather abuelo, el
grandmother abuela, la
grandson nieto, el
grape uva, la
grapefruit toronja, la
grass pasto, el
grasshopper saltamontes, el
gravel grava, la
gravity gravedad, la
gray gris
green verde
griddle comal, el
groom novio, el
ground beef carne molida, la
grove arboleda, la
guest room cuarto de visitas, el
guide guía, el
guilty culpable
guitar guitarra, la
gulch barranca, la
gums encías, las
gym gimnasio, el
hair pelo, el
hair dryer secador de pelo, el
haircut corte de pelo, el
half media
hallway pasillo, el
ham jamón, el

hamburger hamburguesa, la
hammer martillo, el
hammock hamaca, la
hamster hámster, el
hand mano, la
handle tirador, el
handsome guapo
happy feliz
hard duro
hatch portillo, el
hate odio, el
have (to) tener
hawk halcón, el
hay heno, el
he él
head cabeza, la
headache dolor de cabeza, el
headlight faro delantero, el
health salud, la
healthy saludable
heart corazón, el
heat calor
heater calentador, el
heating calefacción, la
heaven cielo, el
heavy pesado
height altura, la
helicopter helicóptero, el
hell infierno, el
hem ruedo, el
her su, a ella
here aquí
hero héroe, el
hers suyo
hi hola
highway carretera, la
hiking caminata, la
hill cerro, el
him a él
hip cadera, la
hippopotamus hipopótamo, el
his su, suyo
Hispanic hispano
hobbies pasatiempos, los
hoe azadón, el
homeless desamparado, el
honey miel, la
honeymoon luna de miel, la
hood capó, el
hope esperanza, la
horn bocina, la
hornet avispón, el
horse caballo, el

horseback riding equitación, la
hose manguera, la
hospital hospital, el
hot caliente, caluroso
hot dog perro caliente, el
hot water heater calentador para el agua, el
hour hora, la
house casa, la
housecleaning limpieza de la casa, la
how cómo
how many cuántos
how much cuánto
however sin embargo
hubcap tapacubo, el
hug abrazo, el
hundred cien
hunger hambre, el
husband esposo, el
I yo
ice hielo, el
ice cream helado, el
if si
immigrant inmigrante, el
in en
in front of enfrente de
inch pulgada, la
inexpensive barato
ingredients ingredientes, los
insecure inseguro
inside adentro
interested interesado
interesting interesante
interview entrevista, la
intestine intestino, el
intoxicated intoxicado
investment inversión, la
invoice factura, la
it lo
ivy hiedra, la
jacket chaqueta, la
jail cárcel, la
janitor conserje, el
January enero
jaw mandíbula, la
jealous celoso
jeep jip, el
jello gelatina, la
Jesus Christ Jesucristo
Jewish judío
job trabajo, el
jogging trote, el
joke chiste, el
judge juez, el
juice jugo, el

July julio
June junio
jungle selva, la
jury jurado, el
kidney riñón, el
kindness bondad, la
king rey, el
kiss beso, el
kitchen cocina, la
kite cometa, la
knee rodilla, la
knife cuchillo, el
laborer obrero, el
ladder escalera, la
lady dama, la
ladybug mariquita, la
lagoon laguna, la
lake lago, el
lamb cordero, el
lamp lámpara, la
land terreno, el
last último
last name apellido
late tarde
later más tarde
laughter risa, la
law ley, la
lawn césped, el
lawn mower cortadora de césped, la
lawsuit pleito, el
lawyer abogado, el
lazy perezoso
leaf hoja, la
leash traílla, la
left izquierda
leg pierna, la
lemon limón, el
lemonade limonada, la
length largo, el
less menos
letter carta, letra, la
lettuce lechuga, la
librarian bibliotecario, el
library biblioteca, la
lie mentira, la
life vida, la
light ligero; luz, la
lightbulb foco, el
light switch interruptor, el
lights luces, las
lion león, el
lip labio, el
little poco
liver hígado, el
living room sala, la
lizard lagarto, el
lobby salón, el

lobster langosta, la
lock cerradura, la
long largo
loose flojo
lost perdido
love amor, el
lover amante, el
luck suerte, la
lunch almuerzo, el
lung pulmón, el
machine máquina, la
magazine revista, la
magic magia, la
maid criado, el
mail correo, el
mail carrier cartero, el
mailbox buzón, el
male masculino
man hombre, el
manager gerente, el
maple arce, el
marbles canicas, las
March marzo
margarine margarina, la
market mercado, el
marmalade mermelada, la
marriage matrimonio, el
married casado
mask máscara, la
mat tapete, el
match partido, el
matches fósforos, los
mature maduro
May mayo
maybe quizás
mayonnaise mayonesa, la
meat carne, la
meatball albóndiga, la
mechanic mecánico, el
medicine chest botiquín, el
medicines medicinas, las
meeting junta, la
message mensaje, el
microwave horno de microonda, el
middle medio
middle-aged de edad mediana
mile milla, la
military militar, el
milk leche, la
mine mío
minister pastor, el
mint menta, la
minute minuto, el
mirror espejo, el
Miss Señorita (Srta.)

mitt   guante, el
mittens   mitones, los
mixer   batidora, la
mold   molde, el
mole   lunar, topo, el
Monday   lunes
money   dinero, el
monkey   mono, el
months   meses, los
moon   luna, la
moose   alce, el
mop   trapeador, el
more   más
Mormon   mormón, el
mosquito   zancudo, el
moth   polilla, la
mother   madre, la
mother-in-law   suegra, la
motorcycle   motocicleta, la
mountain   montaña, la
mouse   ratón, el
mouth   boca, la
movie   película, la
movie theater   cine, el
Mr.   Señor (Sr.)
Mrs.   Señora (Sra.)
mud   lodo, el
muffler   silenciador, el
muscle   músculo, el
museum   museo, el
mushroom   champiñón, el
music   música, la
Muslim   musulmán
mustard   mostaza, la
my   mi
myself   yo mismo
nail   clavo, el
naked   desnudo
name   nombre
napkin   servilleta, la
narrow   estrecho
nature   naturaleza, la
near   cerca
neck   cuello, el
neighbor   vecino, el
neighborhood   colonia, la
neither   tampoco
nephew   sobrino, el
nerve   nervio, el
nervous   nervioso
net   red, la
never   nunca
new   nuevo
newspaper   periódico, el
next   próximo
next to   al lado
nice   simpático
niece   sobrina, la

night   noche, la
ninth   noveno
no one   nadie
none   ninguno
noodle   fideo, el
noon   mediodía
north   norte, el
nose   nariz, la
not   no
nothing   nada
November   noviembre
now   ahora
nowhere   en ninguna parte
numb   adormecido
number   número
nurse   enfermero, el
nut   tuerca, la
nuts   nueces, las
oak   roble, el
ocean   océano, el
October   octubre
of   de
of course   por supuesto
office   oficina, la
often   a menudo
oil   aceite, el
OK   bien
old   viejo
older   mayor
olive   aceituna, la
on   en
on top of   encima de
onion   cebolla, la
open   abierto
opossum   zarigüeya, el
opportunity   oportunidad, la
or   o
orange   anaranjado; naranja, la
orbit   órbita, la
orchard   huerta, la
organ   órgano, el
ornament   ornamento, el
ounce   onza, la
our   nuestro
outdoor   afuera
outside   afuera
outskirts   afueras, las
oven   horno, el
overcoat   abrigo, el
owl   búho, el
owner   dueño, el
P.M.   de la tarde
package   paquete
pain   dolor, el
paint   pintura, la

painter   pintor, el
painting   pintura, la
pair   par, el
pajamas   pijama, la
pale   pálido
palm   palmera, la
pan   sartén, el
panties   bragas, las
pants   pantalones, los
paper   papel, el
parade   desfile, el
parakeet   perico, el
parents   padres, los
park   parque, el
parking lot   estacionamiento, el
parsley   perejil, el
partner   socio, el
party   fiesta, la
path   senda, la
patience   paciencia, la
patient   paciente, el
peace   paz, la
peach   melocotón, el
peanut butter   crema de maní, la
pear   pera, la
peas   arvejitas, las
pen   corral, lapicero, el
pencil   lápiz, el
people   gente, la
pepper   pimienta, la
percent   porcentaje, el
person   persona, la
pharmacy   farmacia, la
phone   teléfono, el
photograph   foto, la
piano   piano, el
pick   pico, el
pickle   encurtido, el
pickup   camioneta, la
picture   cuadro, el
picture frame   marco, el
pie   pastel, el
piece   pedazo, el
pier   muelle, el
pig   puerco, el
pilot   piloto, el
pine   pino, el
pineapple   piña, la
pink   rosado
pitcher   cántaro, el
place   lugar, el
placemat   tapete individual, el
planet   planeta, el
plant   planta, la
plate   plato, el

platter   fuente, la
playground   campo de recreo, el
playroom   sala de juegos, la
pleasant   agradable
please   por favor
pliers   pinzas, las
plum   ciruela, la
plumber   plomero, el
plumbing   tubería, la
pocket   bolsillo, el
poison   veneno, el
police   policía, la
police station   estación de policía, la
polite   cortés
political party   partido político, el
pollution   contaminación, la
pond   charca, la
pool   piscina, la
poor   pobre
popcorn   palomitas, las
population   población, la
porch   portal, el
porcupine   puercoespín, el
pork   cerdo, el
portrait   retrato, el
position   puesto, el
postcards   tarjetas postales, las
post office   correo, el
pot   olla, la
potato   papa, la
pottery   alfarería, la
poverty   pobreza, la
power   poder, el
practice   práctica, la
prayer   rezo, el
president   presidente, el
pretty   bonito
priest   cura, el
prince   príncipe, el
princess   princesa, la
printer   impresora, la
prison   prisión, la
prize   premio, el
problem   problema, el
product   producto, el
program   programa, el
promise   promesa, la
prompt   puntual
property   propiedad, la
Protestant   protestante, el
prune   ciruela pasa, la
psychology   psicología, la

pump bomba, la
pumpkin calabaza, la
punishment castigo, el
puppet títere, el
purchase compra, la
purple morado
puzzle rompecabezas, el
quarter cuarto
queen reina, la
question pregunta, la
quickly rápidamente
quiet quieto
rabbit conejo, el
raccoon mapache, el
race carrera, la
rack estilador, el
racket raqueta, la
radio radio, el
radish rábano, el
rag trapo, el
railroad ferrocarril, el
railroad track vía del
  ferrocarril, la
rain lluvia, la
raincoat impermeable, el
raisin pasa, la
rake rastrillo, el
rat rata, la
ready listo
really verdad
reason razón, la
receipt recibo, el
red rojo
red-headed pelirrojo
refrigerator refrigerador, el
relative pariente, el
relaxed relajado
religion religión, la
respect respeto, el
responsible responsable
rest rooms servicios
  sanitarios, los
rhinoceros rinoceronte, el
rib costilla, la
rice arroz, el
rich rico
riddles adivinanzas, las
right derecha
rights derechos, los
river río, el
road camino, el
roast beef rosbif, el
robin petirrojo, el
rock piedra, la
rocket cohete, el
roll panecillo, el
rolls of film rollos de
  foto, los

roof tejado, el
room cuarto, el
roommate compañero de
  cuarto, el
root raíz, la
rope soga, la
rose rosa, la
rough áspero, tosco
route ruta, la
rude rudo
rug alfombra, la
rule regla, la
RV (recreation vehicle)
  vehículo de recreo, el
sad triste
safety seguridad, la
sailing navegación a vela,
  la
salad ensalada, la
salary salario, el
sale venta, la
salesman vendedor, el
salt sal, la
sand arena, la
sandals sandalias, las
sandpaper papel de lija, el
sane cuerdo
satellite satélite, el
Saturday sábado
sauce salsa, la
saucepan cacerola, la
saucer platillo, el
sausage salchicha, la
saw serrucho, el
saxophone saxófono, el
scale báscula, la
scar cicatriz, la
scared espantado
scarf bufanda, la
schedule horario, el
school escuela, la
science ciencia, la
scissors tijeras, las
screen mosquitero, el
screw tornillo, el
screwdriver atornillador,
  el
sea mar, el
seafood marisco, el
season estación, la
seat asiento, el
second segundo
secret secreto, el
secretary secretario, el
security seguridad, la
seed semilla, la
seldom casi nunca
sensitive sensible

September septiembre
seventh séptimo
several varios
sewing machine máquina
  de coser, la
shallow bajo (poco
  profundo)
shame lástima
sharp afilado
she ella
sheep oveja, la
shelves repisas, las
shirt camisa, la
shoes zapatos, los
short (in height) bajo
short (in length) corto
shorts calzoncillos, los
shoulder hombro, el
shoulder pad hombrera,
  la
shovel pala, la
shower ducha, la
shrimp camarón, el
shutters postigos, los
shy tímido
sick enfermo
side lado, el
sidewalk acera, la
sight vista, la
silver plata, la
silverware cubiertos, los
sincere sincero
single soltero
sink lavabo, el
sister hija, la
sister-in-law cuñada, la
sixth sexto
size tamaño, el
skateboard patineta, la
skates patines, los
skating patinaje, el
skiing esquí, el
skin piel, la
skirt falda, la
skunk zorrillo, el
sky cielo, el
skyscraper rascacielos, el
sled trineo, el
sleep sueño, el
sleepy soñoliento
sleeve manga, la
slip fondo, el
slippers zapatillas, las
slow lento
slowly lentamente
slug babosa, la
small chico
smart inteligente

smell olor, el
smile sonrisa, la
smoke humo, el
smooth liso
snack merienda, la
snail caracol, el
snake culebra, la
snowing nieve, la
so así que
soccer fútbol, el
socks calcetines, los
sofa sofá, el
soft blando
soft drink refresco, el
solar system sistema
  solar, el
soldier soldado, el
some algunos
someone alguien
something algo
sometimes a veces
somewhere en alguna
  parte
son hijo, el
son-in-law yerno, el
song canción, la
soon pronto
sore dolorido
soul alma, el
sound sonido, el
soup sopa, la
south sur, el
spa balneario, el
space espacio, el
Spanish español
spark plug bujía, la
sparrow gorrión, el
speedometer indicador de
  velocidad, el
spices especias, las
spider araña, la
spinach espinaca, la
spine espinazo, el
spleen bazo, el
sponge esponja, la
spoon cuchara, la
sport coat saco, el
sports deportes, los
sprain torcedura, la
spring primavera, la
squirrel ardilla, la
stable establo, el
stadium estadio, el
stairs escaleras, las
stamps estampillas, las
staple grapa, la
stapler engrapadora, la
star estrella, la

state estado, el
statue estatua, la
steak bistec, el
steering wheel volante, el
stem tallo, el
step paso, el
stepdaughter hijastra, la
stepson hijastro, el
stepfather padrastro, el
stepmother madrastra, la
steps escalones, los
stereo estéreo, el
still aún
stockings medias, las
stomach estómago, el
stool banquillo, el
stop alto
stop sign señal de parada, la
store tienda, la
storeroom depósito, el
stories cuentos, los
stove estufa, la
straight recto
strainer colador, el
strange extraño
strap correa, la
strawberry fresa, la
stream arroyo, el
street calle, la
streetcar tranvía, el
stress estrés, el
strike huelga, la
strong fuerte
student estudiante, el
subway metro, el
success éxito, el
suffering sufrimiento, el
suit traje, el
summer verano, el
sun sol, el
Sunday domingo
sunflower girasol, el
sunglasses lentes del sol, los
sure cierto
surfing surf, el
surgeon cirujano, el
surprised sorprendido
suspicious sospechoso
swamp pantano, el
swan cisne, el
sweater suéter, el
sweat suit sudadera, la
sweet potato camote, el
swing columpio, el
synagogue sinagoga, la
system sistema, el

T-shirt camiseta, la
table mesa, la
tall alto
tape cinta, la
tape deck casetera, la
taste sabor, el
tattoo tatuaje, el
taxi taxi, el
tea té, el
teakettle tetera, la
teacher maestro, el
tears lágrimas, las
teenager adolescente, el
telephone teléfono, el
television televisor, el
temple templo, el
tennis tenis, el
tennis shoes tenis, los
tenth décimo
terrace terraza, la
territory territorio, el
thank you gracias
that aquel, que
the el, la
theater teatro, el
their su
theirs suyo
them a ellos
then entonces
there allí
there are hay
there is hay
therefore por eso
thermos termo, el
thermostat termostato, el
these estos
they ellos
thick grueso
thief ladrón, el
thin delgado
things cosas, las
third tercero
thirst sed, la
thirsty sediento
this este
those aquellos
thought pensamiento, el
thousand mil
throat garganta, la
Thursday jueves
tie corbata, la
tiger tigre, el
tight apretado
time tiempo, el
tire neumático, el
tired cansado
to a
toaster tostadora, la

today hoy
toe dedo del pie, el
together juntos
toilet excusado, el
toll booth caseta de peaje, la
tomato tomate, el
tomorrow mañana
ton tonelada, la
tongue lengua, la
too también
too much demasiado
tools herramientas, las
tooth diente, el
top trompo, el
touch tacto, el
tourism turismo, el
tow truck grúa, la
towards hacia
towel toalla, la
tower torre, la
town pueblo, el
toy juguete, el
tractor tractor, el
traffic tráfico, el
traffic light semáforo, el
tragedy tragedia, la
train tren, el
training entrenamiento, el
trapped atrapado
trash can cesto de basura, el
tray bandeja, la
treadmill molino, el
treasure tesoro, el
tree árbol, el
trial juicio, el
trip viaje, el
trombone trombón, el
truck camión, el
truck driver camionero, el
trumpet trompeta, la
trunk maletera, la; tronco, el
trust confianza, la
truth verdad, la
Tuesday martes
tulip tulipán, el
tuna atún, el
tunnel túnel, el
turkey pavo, el
turnip nabo, el
turtle tortuga, la
twelfth duodécimo
twig ramita, la
typewriter máquina de escribir, la
typist mecanógrafo, el

ugly feo
umbrella sombrilla, la
uncle tío, el
under debajo
underpants calzoncillos, los
underwear ropa interior, la
universe universo, el
university universidad, la
unless a menos que
up arriba
upholstery tapicería, la
utensils utensilios, los
vacation vacaciones, las
vacuum cleaner aspiradora, la
valley valle, el
value valor, el
vanilla vainilla, la
vase florero, el
VCR videocasetera, la
veal ternera, la
vegetables vegetales, los
vein vena, la
vest chaleco, el
village villa, la
vinegar vinagre, el
violet violeta, la
violin violín, el
visitor visitante, el
voice voz, la
volleyball vóleibol, el
waiter mesero, el
wall pared, la
walnut nogal, el
war guerra, la
warehouse almacén, el
washer lavadora, la
wasp avispa, la
water agua, el
way paseo, el
we nosotros
weak débil
weapons armas, las
weather tiempo
wedding boda, la
Wednesday miércoles
weed hierba, la
week semana, la
weekend fin de semana, el
weight peso, el
weights pesas, las
welcome bienvenidos
west oeste, el
wet mojado
what qué
whatever cualquiera

wheel rueda, la
wheelbarrow carretilla, la
wheelchair silla de ruedas, la
when cuándo
where dónde
wherever dondequiera
which cuál
while mientras
white blanco
who quién
whoever quienquiera
whose de quién
why por qué
wide ancho
widowed viudo

width ancho, el
wife esposa, la
wig peluca, la
wild salvaje
willow sauce, el
wind viento, el
window ventana, la
windowsills antepechos, los
windshield parabrisas, el
wine vino, el
winter invierno, el
wise sabio
with con
without sin
witness testigo, el

wolf lobo, el
woman mujer, la
wonderful maravilloso
woodpecker picaposte, el
word palabra, la
work trabajo, el
world mundo, el
worm gusano, el
worried preocupado
worse peor
worship adoración, la
wren reyezuelo, el
wrench llave inglesa, la
wrinkles arrugas, las
wrist muñeca, la
writer escritor, el

wrong equivocado
yard patio, el
year año, el
yellow amarillo
yesterday ayer
yet todavía
you tú, usted, ustedes
young joven
younger menor
your su, tu
yours tuyo
youth joven, muchacho, el
zebra cebra, la
zipper cierre, el
zone zona, la
zoo zoológico, el

Spanish-English Dictionary
[spánich ínglech díkchenari]
(Diccionario español-inglés)

a to
a él him
a ellos them
a lo largo along
a menos que unless
a menudo often
a veces sometimes
abajo down
abedul, el birch
abeja, la bee
abierto open
abogado, el lawyer
abono, el fertilizer
abrazo, el hug
abrelatas, el can opener
abridor de garajes, el garage door opener
abrigo, el overcoat
abril April
abuela, la grandmother
abuelo, el grandfather
aburrido bored
acción action
aceite, el oil
aceituna, la olive
acera, la sidewalk
acondicionador de aire, el air conditioner
actor, el actor
actriz, la actress
acuario, el aquarium
adelante ahead
además besides
adentro inside
adiós good-bye
adivinanzas, las riddles
adolescente, el teenager
adoración, la worship
adormecido numb
adulto, el adult
aeropuerto, el airport
afilado sharp
afroamericano African-American
afuera outdoor, outside
afueras, las outskirts
agosto August

agotado exhausted
agradable pleasant
agua, el water
ahijada, la goddaughter
ahijado, el godson
ahora now
ajedrez, el chess
ajo, el garlic
al lado next to
al revés backwards
alarma, la alarm
albaricoque, el apricot
albóndiga, la meatball
alcachofa, la artichoke
alce, el moose
alfarería, la pottery
alfombra, la rug
algo something
alguien someone
algunos some
aliento, el breath
allí there
alma, el soul
almacén, el warehouse
almuerzo, el lunch
alto stop, tall
altura, la height
amanecer, el dawn
amante, el lover
amargo bitter
amarillo yellow
ambos both
ambulancia, la ambulance
amigo, el friend
amistoso friendly
amor, el love
anaranjado orange
ancho wide
ancho, el width
anciano, el elderly person
ángel, el angel
anglosajón Anglo-Saxon
animales, los animals
aniversario, el anniversary
año, el year

ansioso anxious
antepechos, los windowsills
antes before
aparatos electrodomésticos, los appliances
apartamento, el apartment
apellido last name
apio, el celery
apretado tight
aquel that
aquellos those
aquí here
araña, la spider
árbol, el tree
arboleda, la grove
arbusto, el bush
arce, el maple
archivo, el file
arco y flecha, el bow and arrow
ardilla, la squirrel
área, la area
arena, la sand
armario, el armoire
armas, las weapons
arquitecto, el architect
arriba up
arroyo, el stream
arroz, el rice
arrugas, las wrinkles
arte, el art
artista, el artist
arvejitas, las peas
ascensor, el elevator
así que so
Asiático Asian
asiento, el seat
asistente, el assistant
áspero rough
aspiradora, la vacuum cleaner
astrología, la astrology
astronauta, el astronaut
ateo, el atheist
atleta, el athlete

atornillador, el screwdriver
atrapado trapped
atún, el tuna
aún still
aunque although
autobús, el bus
avenida, la avenue
avergonzado ashamed
avispa, la wasp
avispón, el hornet
ayer yesterday
azadón, el hoe
azul blue
babosa, la slug
baile, el dancing
bajo shallow
bajo (poco profundo) short (in height)
balcón, el balcony
balde, el bucket
balneario, el spa
banco, el bank
bandeja, la tray
baño, el bathroom
banquillo, el stool
bar, el bar
barbilla, la chin
barco, el boat
barranca, la gulch
barato inexpensive
báscula, la scale
básquetbol, el basketball
bate, el bat
batería, la battery
batidora, la mixer
baúl, el chest
bazo, el spleen
bebé, el baby
becerro, el calf
béisbol, el baseball
bella beautiful
bello beautiful
berenjena, la eggplant
beso, el kiss
betabel, el beet
Biblia, la Bible

biblioteca, la library
bibliotecario, el librarian
bicicleta bicycle
bien fine, OK
bienvenidos welcome
bistec, el steak
blanco white
blando soft
blusa, la blouse
boca, la mouth
bocina, la horn
boda, la wedding
bolera, la bowling alley
boliche, el bowling
bolsa, la bag
bolsillo, el pocket
bomba, la pump
bombero, el firefighter
bondad, la kindness
bonito pretty
bordado, el embroidery
borrador, el eraser
bosque, el forest
botas, las boots
botella, la bottle
botiquín, el medicine chest
botón, el bud, button
botones, el bellhop
boxeo, el boxing
bragas, las panties
brazo, el arm
brocolí, el broccoli
budista Buddhist
buenos días good morning
buenas noches good evening, good night
buenas tardes good afternoon
bueno good
bufanda, la scarf
búho, el owl
bujía, la spark plug
bulevar, el boulevard
buzón, el mailbox
caballero, el gentleman
libélula, la dragonfly
caballo, el horse
cabeza, la head
cacerola, la saucepan
cacto, el cactus
cada each
cadena, la chain
cadera, la hip
café brown
café, el coffee
caja de fusibles, la fuse box

caja de primeros auxilios, la first aid kit
caja, la box
cajero, el cashier
cajones, los drawers
calabaza, la pumpkin
calcetines, los socks
caldo, el broth
calefacción, la heating
calentador para el agua, el hot water heater
calentador, el heater
caliente hot
calle, la street
callejón, el alley
calmado calm
calor hot
calvo bald
calzoncillos, los shorts, underpants
cama, la bed
camarón, el shrimp
camello, el camel
caminata, la hiking
camino, el road
camión, el truck
camionero, el truck driver
camioneta, la pickup
camisa, la shirt
camiseta, la T-shirt
camote, el sweet potato
campamento, el campgrounds
cámper, el camper
campesino, el farmer
campo de golf, el golf course
campo de recreo, el playground
campo, el field
canario, el canary
canasta, la basket
cancha, la court
canción, la song
canela, la cinnamon
cangrejo, el crab
canicas, las marbles
cansado tired
cántaro, el pitcher
cantinero, el bartender
capilla, la chapel
capó, el hood
cara, la face
caracol, el snail
cárcel, la jail
cargo, el charge

carne, la meat
carne molida, la ground beef
caro expensive
carpintero, el carpenter
carrera, la career, race
carretera, la highway
carretilla, la wheelbarrow
carro, el car
carta, la letter
cartero, el mail carrier
casa de perros, la doghouse
casa, la house
casado married
caseta de peaje, la toll booth
casetera, la tape deck
casi almost
casi nunca seldom
castigo, el punishment
castor, el beaver
católico Catholic
cebolla, la onion
cebra, la zebra
cedro, el cedar
ceja, la eyebrow
celoso jealous
cementerio, el cemetery
cena, la dinner
cenicero, el ashtray
ceño, el frown
centavo, el cent
centro, el downtown
cerca near
cerca, la fence
cerdo, el pork
cerebro, el brain
cereza, la cherry
cerrado closed
cerradura, la lock
cerro, el hill
cerveza, la beer
césped, el lawn
cesto de basura, el trash can
chaleco, el vest
champiñón, el mushroom
chaqueta, la jacket
charca, la pond
cheque, el check
chicle, el chewing gum
chico small
chimenea, la chimney
chisme, el gossip
chiste, el joke
chistoso funny

chivo, el goat
chofer, el chauffeur
cicatriz, la scar
ciego blind
cielo, el heaven, sky
cien hundred
ciencia, la science
cierre, el zipper
cierto sure
cigarillos, los cigarettes
cine, el movie theater
cinta, la tape
cinturón, el belt
circo, el circus
ciruela pasa, la prune
ciruela, la plum
cirujano, el surgeon
cisne, el swan
cita, la date
cita, la appointment
ciudadano, el citizen
claramente clearly
clarinete, el clarinet
claro clear
clase, la class
clavel, el carnation
clavo, el nail
cliente, el client
cobarde coward
cocina, la kitchen
cocinero, el cook
coco, el coconut
codo, el elbow
cohete, el rocket
colador, el strainer
colegio, el college
colgaduras, las draperies
colonia, la neighborhood
color, el color
columpio, el swing
comal, el griddle
comedia, la comedy
cómico, el comedian
comedor, el dining room
comercio, el commerce
cometa, el comet
cometa, la kite
comida, la food
cómo how
cómodo comfortable
compañero de cuarto, el roommate
compañero, el buddy
compra, la purchase
computadora, la computer
comunidad, la community

con with
con frecuencia frequently
concierto, el concert
concurso, el contest
condado, el county
condimentos, los condiments
condominio, el condominium
conejo, el rabbit
conferencia, la conference
confianza, la trust
confundido confused
congelador, el freezer
consejos, los advice
conserje, el janitor
construcción, la construction
consultor, el consultant
contaminación, la pollution
contestador telefónico, el answering machine
contratista, el contractor
contusión, la bruise
copiadora, la copier
corral, el pen
corazón, el heart
corbata, la tie
cordero, el lamb
correa, la strap
correo, el mail, post office
cortada, la cut
cortadora de césped, la lawn mower
corte de pelo, el haircut
cortés polite
corteza, la bark
cortinas, las curtains
corto short (in length)
cosas, las things
cosecha, la crop
costa, la coast
costilla, la rib
crema de maní, la peanut butter
criado, el maid
crimen, el crime
cristiano Christian
cristiano, el Christian
cruz, la cross
cuaderno, el folder
cuadra, la city block
cuadro, el picture
cuál which
cualquier cosa anything
cualquier persona anyone

cualquiera whatever
cuándo when
cuánto how much
cuántos how many
cuarto, el room
cuarto fourth, quarter
cuarto de visitas, el guest room
cubiertos, los silverware
cuchara, la spoon
cuchillo, el knife
cuello, el neck
cuentos, los stories
cuerdo sane
cuerpo, el body
cuervo, el crow
cueva, la cave
ciudad, la city
cuidado careful
culebra, la snake
culpa, la blame, fault
culpable guilty
cumpleaños birthday
cuñada, la sister-in-law
cuñado, el brother-in-law
cura, el priest
curioso curious
curva, la curve
dama, la lady
de from, of
de edad mediana middle-aged
de la mañana A.M.
de la tarde P.M.
de quién whose
debajo under
débil weak
décimo tenth
decoración, la decoration
dedo del pie, el toe
dedo, el finger
delgado thin
demasiado too much
dentista, el dentist
departamento de bomberos, el fire department
dependiente, el clerk
deportes, los sports
depósito, el storeroom
deprimido depressed
derecha right
derechos, los rights
desamparado, el homeless
desayuno, el breakfast
descalzo barefoot
descripción, la description
desechador, el garbage

disposal
desfile, el parade
desierto, el desert
desmayado fainted
desnudo naked
después after
desván, el attic
desviación, la detour
detrás behind
día, el day
diario, diariamente daily
dibujo, el drawing
dibujos animados, los cartoons
diciembre December
diente, el tooth
difícil difficult
dinero, el money
Dios God
dirección, la address
disco compacto, el CD
disfraz, el costume
disponible available
distancia, la distance
distrito, el district
diversión, la fun
divorcio, el divorce
doble double
docena, la dozen
doctor, el doctor
dolor de cabeza, el headache
dolor, el pain
dolorido sore
domingo Sunday
dónde where
dondequiera wherever
dormitorio, el bedroom
drogas, las drugs
ducha, la shower
duda doubt
dueño, el owner
dulce, el candy
duodécimo twelfth
durante during
duro hard
edificio, el building
ejemplo, el example
ejercicio, el exercise
él he, the
electricidad, la electricity
elefante, el elephant
ella she
ellos they
embrague, el clutch
embudo, el funnel
emocionado excited
empleado, el employee

empresario, el employer
en at, in, on
en alguna parte somewhere
en cualquier parte anywhere
en ninguna parte nowhere
en todas partes everywhere
enano dwarf
enchufe, el electrical outlet
encías, las gums
encima de on top of
encurtido, el pickle
enemigo, el enemy
enero January
enfermero, el nurse
enfermo sick
enfiteatro, el arena
enfrente de in front of
engranaje, el gear
engrapadora, la stapler
enojado angry
ensalada, la salad
entonces then
entrada, la entrance
entrada para carros, la driveway
entre between
entrenamiento, el training
entrevista, la interview
equipo, el equipment
equitación, la horseback riding
equivocado wrong
escalera mecánica, la escalator
escalera, la ladder
escaleras, las stairs
escalones, los steps
escarabajo, el beetle
escritor, el writer
escritorio, el desk
escuela, la school
espacio, el space
espalda, la back
español Spanish
espantado scared
espárrago, el asparagus
especias, las spices
espejo, el mirror
esperanza, la hope
espinaca, la spinach
espinazo, el spine
esponja, la sponge

esposa, la   wife
esposo, el   husband
esquí, el   skiing
esquina, la   corner
establo, el   stable
estación de autobús, la   bus station
estación de policía, la   police station
estación, la   season
estacionamiento, el   parking lot
estadio, el   stadium
estado, el   state
estampillas, las   stamps
estar   to be
estatua, la   statue
este   this
este, el   east
estéreo, el   stereo
estilador, el   rack
estómago, el   stomach
estos   these
estrecho   narrow
estrella, la   star
estrés, el   stress
estudiante, el   student
estufa, la   stove
europeo   European
excusa, la   excuse
excusado, el   toilet
éxito, el   success
extintor, el   fire extinguisher
extranjero, el   foreigner
extraño   strange
fábrica, la   factory
fácil   easy
facsímile, el   fax
factura, la   invoice
faja, la   girdle
falda, la   skirt
familia, la   family
farmacia, la   pharmacy
faro delantero, el   headlight
favorito   favorite
fe, la   faith
febrero   February
fecha, la   date
felicitaciones   congratulations
feliz   happy
femenino   female
feo   ugly
ferrocarril, el   railroad
fianza, la   bail
fideo, el   noodle

fiebre, la   fever
fiesta, la   party
fin de semana, el   weekend
flojo   loose
flor, la   flower
florero, el   vase
foco, el   lightbulb
fogón, el   fireplace
follaje, el   foliage
fondo, el   slip
formulario, el   form
fósforos, los   matches
foto, la   photograph
freno, el   brake
fresa, la   strawberry
frijoles, los   beans
frío   cold
frontera, la   border
fruta, la   fruit
fuegos artificiales, los   fireworks
fuente, la   fountain, platter
fuerte   strong
furioso   furious
fusible, el   fuse
fútbol americano, el   football
fútbol, el   soccer
gabinete, el   cabinet
galaxia, la   galaxy
galleta salada, la   cracker
galleta, la   cookie
gallina, la   chicken
galón, el   gallon
ganancia, la   gain
garaje, el   garage
garganta, la   throat
gasolina, la   gas
gasolinera, la   gas station
gato, el   cat
gelatina, la   jello
gente, la   people
gerente, el   manager
gigante   giant
gimnasio, el   gym
girasol, el   sunflower
globo, el   balloon
gobierno, el   government
gordo   fat
gorra, la   cap
gorrión, el   sparrow
gracias   thank you
grado, el   degree
grande   big
grano, el   grain
grapa, la   staple
grava, la   gravel

gravedad, la   gravity
grifo, el   faucet
grillo, el   cricket
gris   gray
grúa, la   tow truck
grueso   thick
guante, el   mitt
guantes, los   gloves
guapo   handsome
guardabarro, el   fender
guerra, la   war
guía, el   guide
guitarra, la   guitar
gusano, el   worm
hace   ago
hacha, el   ax
hacia   towards
halcón, el   hawk
hamaca, la   hammock
hambre, el   hunger
hamburguesa, la   hamburger
hámster, el   hamster
harina, la   flour
hay   there are, there is
hebilla, la   buckle
helado, el   ice cream
helecho, el   fern
helicóptero, el   helicopter
heno, el   hay
hermana, la   sister
hermano, el   brother
héroe, el   hero
herramientas, las   tools
hiedra, la   ivy
hielo, el   ice
hierba, la   weed
hígado, el   liver
higo, el   fig
hija, la   daughter
hijastra, la   stepdaughter
hijastro, el   stepson
hijo, el   son
hipopótamo, el   hippopotamus
hispano   Hispanic
hoja, la   leaf
hola   hi
hombre, el   man
hombrera, la   shoulder pad
hombro, el   shoulder
hora, la   hour
horario, el   schedule
hormiga, la   ant
horno de microonda, el   microwave
horno, el   oven

hospital, el   hospital
hoy   today
hoyuelos, los   dimples
huelga, la   strike
huerta, la   orchard
hueso, el   bone
huevo, el   egg
humo, el   smoke
iglesia, la   church
impermeable, el   raincoat
impresora, la   printer
incapacitado, el   disabled
indicador de velocidad, el   speedometer
indicador, el   gauge
tapete individual, el   placemat
infierno, el   hell
influenza, la   flu
ingeniero, el   engineer
ingredientes, los   ingredients
inmigrante, el   immigrant
inseguro   insecure
instalaciones, las   fixtures
inteligente   smart
interesado   interested
interesante   interesting
interruptor, el   light switch
intestino, el   intestine
intoxicado   intoxicated
inversión, la   investment
invierno, el   winter
izquierda   left
jamón, el   ham
jardín, el   garden
jardinero, el   gardener
jefe, el   boss
Jesucristo   Jesus Christ
jip, el   jeep
jirafa, la   giraffe
joven   young
joven, el   youth
judío   Jewish
juego, el   game
jueves   Thursday
juez, el   judge
jugo, el   juice
juguete, el   toy
juicio, el   trial
julio   July
junio   June
junta, la   meeting
juntos   together
jurado, el   jury
la   the
labio, el   lip
lado, el   side

ladrón, el thief
lagarto, el lizard
lago, el lake
lágrimas, las tears
laguna, la lagoon
lámpara, la lamp
langosta, la lobster
lapicero, el pen
lápiz, el pencil
largo long
largo, el length
lástima shame
lata, la can
lavabo, el sink
lavadora, la washer
lavaplatos, el dishwasher
leche, la milk
lechuga, la lettuce
lejos far
leña, la firewood
lengua, la tongue
lentamente slowly
lentes del sol, los sunglasses
lentes, los glasses
lento slow
león, el lion
letra letter
letrero, el billboard
ley, la law
libertad, la freedom
libre free
librería, la bookstore
librero, el bookshelf
libro, el book
licuadora, la blender
ligero light
limón, el lemon
limonada, la lemonade
limpieza de la casa, la housecleaning
limpio clean
liso smooth
listo ready
llave inglesa, la wrench
lleno full
lluvia, la rain
lo it
lobo, el wolf
loco crazy
lodo, el mud
lote de carros, el car lot
loza de porcelana, la china
luces, las lights
lugar, el place
luna de miel, la honeymoon

luna, la moon
lunar, el mole
lunes Monday
luz, la light
maceta, la flowerpot
madrastra, la stepmother
madre, la mother
madrina, la godmother
maduro mature
maestro, el teacher
magia, la magic
maíz, el corn
maletera, la trunk
malo bad
mañana tomorrow
mandado, el errand
mandíbula, la jaw
manga, la sleeve
manguera, la hose
mano, la hand
mantequilla, la butter
manzana, la apple
mapache, el raccoon
máquina, la machine
máquina de coser, la sewing machine
máquina de escribir, la typewriter
mar, el sea
maravilloso wonderful
marco, el picture frame
mareado dizzy
margarina, la margarine
mariquita, la ladybug
marisco, el seafood
martes Tuesday
martillo, el hammer
marzo March
más more
más tarde later
máscara, la mask
masculino male
matrimonio, el marriage
mayo May
mayonesa, la mayonnaise
mayor older
mecánico, el mechanic
mecanógrafo, el typist
media half
medias, las stockings
medicinas, las medicines
medidor de gas, el gas meter
medio middle
mediodía noon
mejilla, la cheek
mejor better
melocotón, el peach

melón, el cantaloupe
menor younger
menos less
mensaje, el message
menta, la mint
mentira, la lie
mercado, el market
merienda, la snack
mermelada, la marmalade
mesa, la table
mesero, el waiter
meses, los months
metro, el subway
mi my
miel, la honey
mientras while
miércoles Wednesday
mil thousand
militar, el military
milla, la mile
minuto, el minute
mío mine
mitones, los mittens
mojado wet
molde, el mold
molino, el treadmill
moneda, la coin
mono, el monkey
montaña, la mountain
morado purple
moreno brunette, dark-skinned
mormón, el Mormon
mosca, la fly
mosquitero, el screen
mostaza, la mustard
mostrador, el counter
motocicleta, la motorcycle
motor, el engine
muchacho, el youth
muebles, los furniture
muelle, el pier
mujer, la woman
muletas, las crutches
mundo, el world
muñeca, la doll, wrist
municipio, el city hall
músculo, el muscle
museo, el museum
música, la music
musulmán Muslim
nabo, el turnip
nacimiento birth
nada nothing
nadie no one
naranja, la orange
nariz, la nose

naturaleza, la nature
navegación a vela, la sailing
Navidad Christmas
negocios, los business
negro black
nervio, el nerve
nervioso nervous
neumático, el tire
nieta, la granddaughter
nieto, el grandson
nieve, la snowing
niñero, el babysitter
ninguno none
niño, el child
niveladora, la bulldozer
no not
noche, la night
nogal, el walnut
nombre name
norte, el north
nosotros we
noveno ninth
novia, la bride, girlfriend
noviembre November
novio, el boyfriend, groom
nube, la cloud
nublado cloudy
nueces, las nuts
nuera, la daughter-in-law
nuestro our
nuevo new
número number
nunca never
o or
obrero, el laborer
océano, el ocean
octavo eighth
octubre October
ocupado busy
odio, el hate
oeste, el west
oficina, la office
ojo, el eye
olla, la pot
olmo, el elm
olor, el smell
onza, la ounce
oportunidad, la opportunity
órbita, la orbit
oreja, la ear
órgano, el organ
ornamento, el ornament
oro, el gold
oscuro dark
oso, el bear
otoño, el fall

otra vez again
oveja, la sheep
paciencia, la patience
paciente, el patient
padrastro, el stepfather
padre, el father
padres, los parents
padrino, el godfather
país, el country
pájaro, el bird
pala de recoger basura, la
  dustpan
pala, la shovel
palabra, la word
pálido pale
palmera, la palm
palomitas, las popcorn
pandilla, la gang
panecillo, el roll
pantano, el swamp
papa, la potato
papel de lija, el
  sandpaper
papel, el paper
paquete package
par, el pair
para for
parabrisas, el windshield
parachoques, el bumper
parada de autobús, la
  bus stop
pared, la wall
pariente, el relative
párpado, el eyelid
parque, el park
parque de atracciones, el
  amusement park
parrilla, la barbecue grill
partido político, el
  political party
partido, el match
pasa, la raisin
pasatiempos, los hobbies
Pascua, la Easter
paseo, el way
pasillo, el hallway
paso, el step
pastel, el pie
pasto, el grass
pastor, el minister
patinaje, el skating
patines, los skates
patineta, la skateboard
patio, el yard
pato, el duck
pavo, el turkey
payaso, el clown
paz, la peace

pecas, las freckles
pecho, el breast, chest
pedazo, el piece
pegamento, el glue
pelicula, la movie
pelirrojo red-headed
pelo, el hair
pelota, la ball
peluca, la wig
pensamiento, el thought
peor worse
pepino, el cucumber
pera, la pear
perdido lost
perejil, el parsley
perezoso lazy
perico, el parakeet
perilla, la doorknob
periódico, el newspaper
perno, el bolt
pero but
perro caliente, el hot dog
perro, el dog
persona, la person
pesado heavy
pesas, las weights
pesca, la fishing
pescado, el fish
peso, el weight
petirrojo, el robin
pez, el fish
piano, el piano
picaposte, el woodpecker
pico, el pick
pie, el foot
piedra, la rock
piel, la skin
pierna, la leg
pijama, la pajamas
piloto, el pilot
pimienta, la pepper
piña, la pineapple
pino, el pine
pintor, el painter
pintura, la paint,
  painting
pinzas, las pliers
piscina, la pool
piso, el floor
pizarrón, el blackboard
planeta, el planet
planta, la plant
plata, la silver
plátano, el banana
platillo, el saucer
plato hondo, el bowl
plato, el plate
playa, la beach

pleito, el lawsuit
plomero, el plumber
pluma, la feather
población, la population
pobre poor
pobreza, la poverty
poco little
poder, el power
policía, la police
polilla, la moth
pollo, el chicken
polvo, el dust
por by
porcentaje, el percent
por eso therefore
por favor please
por qué why
por supuesto of course
porque because
portal, el porch
portillo, el hatch
portón, el gate
postigos, los shutters
postre, el dessert
práctica, la practice
pregunta, la question
premio, el prize
preocupado worried
presidente, el president
presupuesto, el budget
primavera, la spring
primero first
primo, el cousin
princesa, la princess
príncipe, el prince
prisión, la prison
problema, el problem
procesador de datos, el
  data processor
producto, el product
profundo deep
programa, el program
promesa, la promise
pronto soon
propiedad, la property
protestante, el Protestant
próximo next
psicología, la psychology
pueblo, el town
puente, el bridge
puerco, el pig
puerco espín, el
  porcupine
puerta, la door
puesto, el position
pulga, la flea
pulgada, la inch
pulmón, el lung

puño, el cuff
punto, el dot
puntual prompt
que that
qué what
quemadura, la burn
queso, el cheese
quién who
quienquiera whoever
quieto quiet
quinto fifth
quizás maybe
rábano, el radish
radio, el radio
raíz, la root
rama, la branch
ramita, la twig
rápidamente quickly
rápido fast
raqueta, la racket
rascacielos, el skyscraper
rastrillo, el rake
rata, la rat
ratón, el mouse
razón, la reason
recibo, el receipt
recto straight
red, la net
refresco, el soft drink
refrigerador, el refrigerator
regalo, el gift
regla, la rule
reina, la queen
relajado relaxed
religión, la religion
reloj, el clock
repisas, las shelves
repollo, el cabbage
resfriado, el cold
respeto, el respect
responsable responsible
respuesta, la answer
retrato, el portrait
revista, la magazine
rey, el king
reyezuelo, el wren
rezo, el prayer
rico rich
rinoceronte, el rhinoceros
riñón, el kidney
río, el river
risa, la laughter
roble, el oak
rodilla, la knee
rojo red
rollos de foto, los rolls of
  film

romo dull
rompecabezas, el puzzle
ropa, la clothing
ropa interior, la underwear
ropero, el closet
rosa, la rose
rosado pink
rosbif, el roast beef
rubio blonde
rudo rude
rueda, la wheel
ruedo, el hem
ruta, la route
sábado Saturday
sabio wise
sabor, el taste
saco, el sport coat
sal, la salt
sala de familia, la den
sala de juegos, la playroom
sala, la living room
salario, el salary
salchicha, la sausage
salida, la exit
salón de belleza, el beauty salon
salón, el lobby
salsa, la dressing, sauce
saltamontes, el grasshopper
salud, la health
saludable healthy
salvaje wild
sandalias, las sandals
sangre, la blood
sapo, el frog
sartén, el pan
satélite, el satellite
sauce, el willow
saxófono, el saxophone
secador de pelo, el hair dryer
secadora, la dryer
seco dry
secretario, el secretary
secreto, el secret
sed, la thirst
sediento thirsty
segundo second
seguridad, la safety, security
seguro confident
selva, la jungle
semáforo, el traffic light
semana, la week
semilla, la seed

señal de parada, la stop sign
senda, la path
Señor (Sr.) Mr.
Señora (Sra.) Mrs.
Señorita (Srta.) Miss
sensible sensitive
septiembre September
séptimo seventh
ser to be
serrucho, el saw
servicios sanitarios, los rest rooms
servilleta, la napkin
sexto sixth
si if
SIDA, el AIDS
siempre always
silenciador, el muffler
silla, la chair
silla de ruedas, la wheelchair
sillón, el armchair
simpático nice
sin without
sin embargo however
sinagoga, la synagogue
sincero sincere
sino but
sistema, el system
sistema solar, el solar system
sobre above
sobre, el envelope
sobrina, la niece
sobrino, el nephew
socio, el partner
sofá, el sofa
soga, la rope
sol, el sun
soldado, el soldier
soltero single
sombrilla, la umbrella
sonido, el sound
soñoliento sleepy
sonrisa, la smile
sopa, la soup
sordo deaf
sorprendido surprised
sospechoso suspicious
sostén, el brassiere
sótano, el basement
su their, your
su, a ella her
su, suyo his
sucio dirty
sudadera, la sweat suit
suegra, la mother-in-law

suegro, el father-in-law
sueño, el sleep
suerte, la luck
suéter, el sweater
sufrimiento, el suffering
sur, el south
surf, el surfing
suyo hers, theirs
tacto, el touch
taladro, el drill
tallo, el stem
tamaño, el size
también too
tambor, el drum
tampoco neither
tapacubo, el hubcap
tapete, el mat
tapicería, la upholstery
tarde late
tarea, la chore
tarjeta, la card
tarjetas postales, las postcards
tatuaje, el tattoo
taxi, el taxi
taza, la cup
té, el tea
teatro, el theater
techo, el ceiling
tejado, el roof
teléfono phone
teléfono, el telephone
televisor, el television
templo, el temple
temprano early
tenedor, el fork
tener to have
tenis, el tennis
tenis, los tennis shoes
tercero third
termo, el thermos
termostato, el thermostat
ternera, la veal
terraza, la terrace
terreno, el land
territorio, el territory
tesoro, el treasure
testigo, el witness
tetera, la teakettle
tía, la aunt
tiempo weather
tiempo, el time
tienda, la store
tierra, la dirt
tigre, el tiger
tijeras, las scissors
timbre, el doorbell
tímido shy

tina, la bathtub
tío, el uncle
tirador, el handle
títere, el puppet
tiza, la chalk
toalla, la towel
tobillo, el ankle
tocador de casetes, el cassette player
tocador, el dresser
tocino, el bacon
todavía yet
todo, toda, todos, todas all
todo everything
todo el mundo everyone
tomate, el tomato
tonelada, la ton
tonto dumb
topo, el mole
torcedura, la sprain
torcido crooked
tornillo, el screw
toro, el bull
toronja, la grapefruit
torre, la tower
tortuga, la turtle
tosco rough
tostadora, la toaster
trabajo, el job
trabajo, el work
tractor, el tractor
tráfico, el traffic
tragedia, la tragedy
traílla, la leash
traje de baño, el bathing suit
traje, el suit
tranvía, el streetcar
trapeador, el mop
trapo, el rag
tren, el train
tribunal, el court
trineo, el sled
triste sad
trombón, el trombone
trompeta, la trumpet
trompo, el top
tronco, el trunk
trote, el jogging
tu your
tú you
tubería, la plumbing
tuerca, la nut
tulipán, el tulip
túnel, el tunnel
turismo, el tourism
tuyo yours

último last
undécimo eleventh
universidad, la university
universo, el universe
usted you
ustedes you
utensilios, los utensils
uva, la grape
vaca, la cow
vacaciones, las vacation
vacío empty
vainilla, la vanilla
vajilla, la dishes
valiente brave
valle, el valley
valor, el value
varios several
vaso, el glass
vecino, el neighbor

vegetales, los vegetables
vehículo de recreo, el RV
  (recreation vehicle)
vejiga, la bladder
vela, la candle
vena, la vein
venado, el deer
vendaje, el bandage
vendedor, el salesman
veneno, el poison
venta, la sale
ventana, la window
ventilador, el fan
verano, el summer
verdad really
verdad, la truth
verde green
vesícula, la gallbladder
vestido, el dress

vestuario, el dressing
  room
vía del ferrocarril, la
  railroad track
viaje, el trip
vida, la life
videocasetera, la VCR
viejo old
viento, el wind
viernes Friday
villa, la village
vinagre, el vinegar
vino, el wine
violeta, la violet
violín, el violin
visitante, el visitor
vista, la sight
viudo widowed
volante, el steering wheel

vóleibol, el volleyball
volquete, el dump truck
voz, la voice
vuelo, el flight
y and
yerno, el son-in-law
yo I
yo mismo myself
zanahoria, la carrot
zancudo, el mosquito
zapatillas, las slippers
zapatos, los shoes
zarigüeya, el opossum
zona, la zone
zoológico, el zoo
zorrillo, el skunk
zorro, el fox

English-Spanish Verb List
[ínglech spánich verb list]
(Lista de verbos inglés-español)

absorb, to absorber
accept, to aceptar
acquire, to adquirir
add, to añadir
adjust, to ajustar
advance, to avanzar
advise, to advertir
agree, to convenir
allow, to dejar
analyze, to analizar
answer, to contestar
appear, to aparecer
appreciate, to apreciar
arrange, to arreglar
arrest, to arrestar
arrive, to llegar
ask, to preguntar
ask for, to pedir
assist, to atender
attack, to atacar
attend, to asistir
attract, to atraer
balance, to balancear
bathe, to bañarse
be, to estar, ser
be able to, to poder
be born, to nacer
be missing, to faltar
be worth, to valer
beat, to batir
become, to hacerse
beg, to suplicar
begin, to comenzar, empezar
behave, to portarse
believe, to creer
belong, to pertenecer
bend, to doblar
bet, to apostar
bite, to morder
bleed, to sangrar
block, to impedir
blow, to soplar
boil, to hervir
break, to quebrar, romper
breathe, to respirar
bring, to traer

brush, to cepillarse
build, to construir
burst, to estallar
buy, to comprar
call, to llamar
calm, to calmar
caress, to acariciar
carry, to llevar
catch, to atrapar
cause, to causar
change, to cambiar
change address, to mudarse
charge, to cargar
chat, to platicar
choose, to escoger
clean, to limpiar
climb, to subir
close, to cerrar
collect, to coleccionar
comb, to peinarse
come, to venir
communicate, to comunicar
compensate, to compensar
compete, to competir
complain, to quejarse
comprehend, to comprender
concede, to conceder
concentrate, to concentrar
conclude, to concluir
confuse, to confundir
conserve, to conservar
consider, to considerar
consult, to consultar
contain, to contener
contribute, to contribuir
control, to controlar
converse, to conversar
convince, to convencer
cook, to cocinar
correct, to corregir
cost, to costar
count, to contar
cover, to cubrir, tapar

crash, to chocar
cross, to cruzar
cry, to llorar
cure, to curar
cut, to cortar
dance, to bailar
decide, to decidir
dedicate, to dedicar
defend, to defender
deliver, to entregar
deny, to negar
depend, to depender
describe, to describir
destroy, to destruir
die, to morir
dig, to escarbar
discover, to descubrir
discuss, to discutir
dissolve, to disolver
distract, to distraer
distribute, to distribuir
divide, to dividir
do, to hacer
draw, to dibujar
dream, to soñar
dress, to vestirse
drink, to beber
drive, to manejar
drown, to ahogarse
dry, to secar
earn, to ganar (dinero)
eat, to comer
empty, to vaciar
end, to acabar, terminar
enter, to entrar
entertain, to entretener
escape, to huir
evacuate, to evacuar
examine, to examinar
exchange, to cambiar (intercambiar)
explain, to explicar
explore, to explorar
fall, to caer
fall asleep, to dormirse
fall down, to caerse
fear, to temer

feed, to alimentar
feel, to sentir
fight, to pelear
fill, to llenar
find, to encontrar
find out, to averiguar
finish doing something, to acabar de
fish, to pescar
fit, to caber
fix, to arreglar, componer
fly, to volar
follow, to seguir
forget about, to olvidarse
forgive, to perdonar
form, to formar
freeze, to congelar
frighten, to espantar
function, to funcionar
get, to obtener
get angry, to enojarse
get better, to mejorarse
get down, to bajar
get ill, to enfermarse
get married, to casarse
get near, to acercar
get ready, to arreglarse
get up, to levantarse
give, to dar
go, to ir
grind, to moler
grow, to crecer
hang, to colgar
happen, to pasar
hate, to odiar
have (perfect), to haber
have fun, to divertirse
hear, to oír
help, to ayudar
hide, to esconder
hire, to contratar
hit, to pegar
hold, to detener
hug, to abrazar
hunt, to cazar
hurry up, to apurarse
hurt, to doler

imagine, to   imaginar
include, to   incluir
inform, to   informar
insist, to   insistir
install, to   instalar
interpret, to   interpretar
invest, to   invertir
investigate, to   investigar
involve, to   comprometer
judge, to   juzgar
jump, to   saltar
keep, to   guardar
kick, to   patear
kill, to   matar
kiss, to   besar
know (something), to
   saber
know someone, to   cono-
   cer
laugh, to   reír
lead, to   guiar
learn, to   aprender
leave, to   irse, salir
lend, to   prestar
let, to   dejar (permitir)
lie, to   mentir
lie down, to   acostarse
lift, to   levantar
light, to   encender
like, to   gustar
listen, to   escuchar
live, to   vivir
look, to   mirar
loosen, to   soltar
lose, to   perder
love, to   amar
maintain, to   mantener
make, to   hacer
make a mistake, to   equivocarse
make fun of, to   burlarse
mark, to   marcar
mean, to   significar
measure, to   medir
meet, to   encontrarse
melt, to   derretir
move, to   mover
need, to   necesitar
notify, to   notificar

obey, to   obedecer
observe, to   observar
obtain, to   obtener
occur, to   ocurrir
offend, to   ofender
offer, to   ofrecer
open, to   abrir
operate, to   operar
oppose, to   oponer
order, to   ordenar
owe, to   deber
park, to   estacionar
pay, to   pagar
permit, to   permitir
pick up, to   recoger
plant, to   plantar
play, to   jugar
plug in, to   enchufar
polish, to   bruñir
practice, to   practicar
pray, to   rezar
prefer, to   preferir
prepare, to   preparar
prevent, to   prevenir
produce, to   producir
promise, to   prometer
pronounce, to   pronun-
   ciar
protect, to   proteger
prove, to   probar
pull, to   jalar
push, to   empujar
put, to   poner
put inside, to   meter
put on, to   ponerse
quit, to   renunciar
rain, to   llover
reach, to   alcanzar
read, to   leer
realize, to   darse cuenta de
receive, to   recibir
recognize, to   reconocer
recommend, to
   recomendar
reduce, to   reducir
refer, to   referir
remember, to   acordarse,
   recordar
remove, to   quitarse

rent, to   alquilar
repair, to   reparar
repeat, to   repetir
require, to   requerir
respect, to   respetar
respond, to   responder
rest, to   descansar
retire, to   retirar
return, to   regresar, volver
return, to (something)
   devolver
ride, to   montar
run, to   correr
sail, to   navegar
save, to   ahorrar
say, to   decir
say good-bye, to   despe-
   dirse
scratch, to   rascar
search, to   buscar
see, to   ver
seem, to   parecer
select, to   seleccionar
sell, to   vender
send, to   enviar, mandar
separate, to   separar
serve, to   servir
set, to   colocar
sew, to   cocer
shake, to   sacudir
share, to   compartir
shave, to   afeitarse
shine, to   brillar
shoot, to   disparar
shout, to   gritar
show, to   mostrar
sing, to   cantar
sit down, to   sentarse
skate, to   patinar
sleep, to   dormir
smoke, to   fumar
snow, to   nevar
speak, to   hablar
spend, to   gastar
stand up, to   pararse
stay, to   quedarse
stick, to   pegar
stir, to   revolver
stop, to   parar

study, to   estudiar
subtract, to   restar
suffer, to   sufrir
suppose, to   suponer
surprise, to   sorprender
surrender, to   rendir
swallow, to   tragar
sweat, to   sudar
sweep, to   barrer
swim, to   nadar
take, to   tomar
take care of, to   cuidar
take out, to   sacar
talk, to   hablar
teach, to   enseñar
tell, to   decir
thank, to   agradecer
think, to   pensar
threaten, to   amenazar
throw, to   tirar
tire, to   cansar
touch, to   tocar
translate, to   traducir
travel, to   viajar
trim, to   podar
try, to   provocar
turn around, to   voltear
turn off, to   apagar
turn on, to   prender
twist, to   torcer
uncover, to   destapar
understand, to   entender
use, to   usar
visit, to   visitar
vote, to   votar
wake up, to   despertarse
walk, to   andar, caminar
want, to   querer
wash, to   lavarse
wear, to   llevar (puesto)
win, to   ganar (lotería)
wish, to   desear
work, to   trabajar
worry about, to
   preocuparse
wrap, to   envolver
write, to   escribir

Spanish-English Verb List
[spánich ínglech verb list]
(Lista de verbos español-inglés)

abrazar hug, to
abrir open, to
absorber absorb, to
acabar end, to
acabar de finish doing something, to
acariciar caress, to
aceptar accept, to
acercar get near, to
acordarse remember, to
acostarse lie down, to
adquirir acquire, to
advertir advise, to
afeitarse shave, to
agradecer thank, to
ahogarse drown, to
ahorrar save, to
ajustar adjust, to
alcanzar reach, to
alimentar feed, to
alquilar rent, to
amar love, to
amenazar threaten, to
añadir add, to
analizar analyze, to
andar walk, to
apagar turn off, to
aparecer appear, to
apostar bet, to
apreciar appreciate, to
aprender learn, to
apurarse hurry up, to
arreglar (componer) fix, to
arreglar (concertar) arrange, to
arreglarse get ready, to
arrestar arrest, to
asistir attend, to
atacar attack, to
atender assist, to
atraer attract, to
atrapar catch, to
avanzar advance, to
averiguar find out, to
ayudar help, to
bailar dance, to

bajar get down, to
balancear balance, to
bañarse bathe, to
barrer sweep, to
batir beat, to
beber drink, to
besar kiss, to
brillar shine, to
bruñir polish, to
burlarse make fun of, to
buscar search, to
caber fit, to
caer fall, to
caerse fall down, to
calmar calm, to
cambiar change, to
cambiar (intercambiar) exchange, to
caminar walk, to
cansar tire, to
cantar sing, to
cargar charge, to
casarse get married, to
causar cause, to
cazar hunt, to
cepillarse brush, to
cerrar close, to
chocar crash, to
cocer sew, to
cocinar cook, to
coleccionar collect, to
colgar hang, to
colocar set, to
comenzar begin, to
comer eat, to
compartir share, to
compensar compensate, to
competir compete, to
componer fix, to
comprar buy, to
comprender comprehend, to
comprometer involve, to
comunicar communicate, to
conceder concede, to

concentrar concentrate, to
concluir conclude, to
confundir confuse, to
congelar freeze, to
conocer know someone, to
conservar conserve, to
considerar consider, to
construir build, to
consultar consult, to
contar count, to
contener contain, to
contestar answer, to
contratar hire, to
contribuir contribute, to
controlar control, to
convencer convince, to
convenir agree, to
conversar converse, to
corregir correct, to
correr run, to
cortar cut, to
costar cost, to
crecer grow, to
creer believe, to
cruzar cross, to
cubrir cover, to
cuidar take care of, to
curar cure, to
dar give, to
darse cuenta de realize, to
deber owe, to
decidir decide, to
decir say, to; tell, to
dedicar dedicate, to
defender defend, to
dejar allow, to
dejar (permitir) let, to
depender depend, to
derretir melt, to
descansar rest, to
describir describe, to
descubrir discover, to
desear wish, to
despedirse say good-bye, to

despertarse wake up, to
destapar uncover, to
destruir destroy, to
detener hold, to
devolver return, to (something)
dibujar draw, to
discutir discuss, to
disolver dissolve, to
disparar shoot, to
distraer distract, to
distribuir distribute, to
divertirse have fun, to
dividir divide, to
doblar bend, to
doler hurt, to
dormir sleep, to
dormirse fall asleep, to
empezar begin, to
empujar push, to
encender light, to
enchufar plug in, to
encontrar find, to
encontrarse meet, to
enfermarse get ill, to
enojarse get angry, to
enseñar teach, to
entender understand, to
entrar enter, to
entregar deliver, to
entretener entertain, to
enviar send, to
envolver wrap, to
equivocarse make a mistake, to
escarbar dig, to
escoger choose, to
esconder hide, to
escribir write, to
escuchar listen, to
espantar frighten, to
estacionar park, to
estallar burst, to
estar be, to
estudiar study, to
evacuar evacuate, to
examinar examine, to

explicar explain, to
explorar explore, to
faltar be missing, to
formar form, to
fumar smoke, to
funcionar function, to
ganar (dinero) earn, to
ganar (lotería) win, to
gastar spend, to
gritar shout, to
guardar keep, to
guiar lead, to
gustar like, to
haber have (perfect), to
hablar speak, to; talk, to
hacer do, to; make, to
hacerse become, to
hervir boil, to
huir escape, to
imaginar imagine, to
impedir block, to
incluir include, to
informar inform, to
insistir insist, to
instalar install, to
interpretar interpret, to
invertir invest, to
investigar investigate, to
ir go, to
irse leave, to
jalar pull, to
jugar play, to
juzgar judge, to
lavarse wash, to
leer read, to
levantar lift, to
levantarse get up, to
limpiar clean, to
llamar call, to
llegar arrive, to
llenar fill, to
llevar carry, to
llevar (puesto) wear, to
llorar cry, to
llover rain, to
mandar send, to
manejar drive, to
mantener maintain, to
marcar mark, to
matar kill, to

medir measure, to
mejorarse get better, to
mentir lie, to
meter put inside, to
mirar look, to
moler grind, to
montar ride, to
morder bite, to
morir die, to
mostrar show, to
mover move, to
mudarse change address, to
nacer be born, to
nadar swim, to
navegar sail, to
necesitar need, to
negar deny, to
nevar snow, to
notificar notify, to
obedecer obey, to
observar observe, to
obtener get, to; obtain, to
ocurrir occur, to
odiar hate, to
ofender offend, to
ofrecer offer, to
oír hear, to
olvidarse forget about, to
operar operate, to
oponer oppose, to
ordenar order, to
pagar pay, to
parar stop, to
pararse stand up, to
parecer seem, to
pasar happen, to
patear kick, to
patinar skate, to
pedir ask for, to
pegar hit, to; stick, to
peinarse comb, to
pelear fight, to
pensar think, to
perder lose, to
perdonar forgive, to
permitir permit, to
pertenecer belong, to
pescar fish, to
plantar plant, to

platicar chat, to
podar trim, to
poder be able to, to
poner put, to
ponerse put on, to
portarse behave, to
practicar practice, to
preferir prefer, to
preguntar ask, to
prender turn on, to
preocuparse worry about, to
preparar prepare, to
prestar lend, to
prevenir prevent, to
probar prove, to
producir produce, to
prometer promise, to
pronunciar pronounce, to
proteger protect, to
provocar try, to
quebrar break, to
quedarse stay, to
quejarse complain, to
querer want, to
quitarse remove, to
rascar scratch, to
recibir receive, to
recoger pick up, to
recomendar recommend, to
reconocer recognize, to
recordar remember, to
reducir reduce, to
referir refer, to
regresar return, to
reír laugh, to
rendir surrender, to
renunciar quit, to
reparar repair, to
repetir repeat, to
requerir require, to
respetar respect, to
respirar breathe, to
responder respond, to
restar subtract, to
retirar retire, to
revolver stir, to
rezar pray, to
romper break, to

saber know (something), to
sacar take out, to
sacudir shake, to
salir leave, to
saltar jump, to
sangrar bleed, to
secar dry, to
seguir follow, to
seleccionar select, to
sentarse sit down, to
sentir feel, to
separar separate, to
ser be, to
servir serve, to
significar mean, to
soltar loosen, to
soñar dream, to
soplar blow, to
sorprender surprise, to
subir climb, to
sudar sweat, to
sufrir suffer, to
suplicar beg, to
suponer suppose, to
tapar cover, to
temer fear, to
terminar end, to
tirar throw, to
tocar touch, to
tomar take, to
torcer twist, to
trabajar work, to
traducir translate, to
traer bring, to
tragar swallow, to
usar use, to
vaciar empty, to
valer be worth, to
vender sell, to
venir come, to
ver see, to
vestirse dress, to
viajar travel, to
visitar visit, to
vivir live, to
volar fly, to
voltear turn around, to
volver return, to
votar vote, to

Answers to Exercises

1. What's happening?   Nothing new.
   Can I help you?   Yes, please!
   Congratulations!   Thanks a lot!

2. el público
   conveniente
   humanidad

3. old—young
   clean—dirty
   father—mother
   black—white
   student—teacher
   rich—poor
   man—woman

4. book
   clothing
   water
   chair
   food

5. four
   fourth
   fifty

6. classes
   brothers
   friends
   cousins
   watches
   cafeterias
   doors
   windows
   wishes
   teachers
   pencils
   pens
   oxen
   sheep

   lunches
   teeth
   men
   heroes

7. the bathrooms
   those cars
   some friends
   these chairs

8. sick—fine
   tomorrow—today
   sad—happy
   always—never
   before—after

9. Eleven forty-five P.M.
   November second, two thousand one
   On Monday, at noon

10. March, June
    Thursday, Sunday

11. Soy estudiante.
    El es mexicano.
    Tú eres mi amigo.
    Kathy está en el hospital.
    Los estudiantes son inteligentes.
    Susan y Carol tienen diez años de edad.
    Estamos muy contentos.
    ¿Tienen calor tú y John?
    ¿Son las diez y quince?
    ¿Hay un problema?

12. is
    are
    is
    am, is
    Are
    are

13. El Sr. Smith no está aquí.
   Los libros no son azules.
   No soy de Chile.
   No es importante.
   Este no es mi refresco.

14. We are not in the hospital.
   It is not seven o'clock.
   They are not hungry.

15. Walk!
   Eat!
   Clean!

16. Don't give this to him.
   Don't close the door.
   Don't open the book.
   Don't wait in the other office.
   Please give this to him.
   Please close the door.
   Please open the book.
   Please wait in the other office.

17. drives
   plays
   writes
   walks

18. teaches
   studies
   drives

19. los platos   las cajas
   las clases   los relojes
   los autobuses   los besos
   las iglesias   los almuerzos
   los vestidos   las playas

20. s
   z
   z
   z
   s
   z
   z
   s

21. dream—soñar
   fight—pelear
   find—encontrar
   help—ayudar
   swim—nadar
   should—deber
   cut—cortar
   cook—cocinar
   kiss—besar
   cry—llorar

22. She lives
   She is
   She wants
   She teaches
   She is
   She goes
   She does
   She sees

23. Levántese, por favor.
   Busque el libro, por favor.
   Apúrese, por favor.
   Quítese los zapatos, por favor.
   Bájese del autobús, por favor.

24. don't
   doesn't
   don't
   doesn't
   don't

25. doesn't
   don't
   doesn't
   don't

26. ¿Trabaja todos los días tu amigo?
   ¿Hablas español o italiano?
   ¿Toma café Fred?

27. Do
Does
Do
does
do
do

28. No fumes en la casa.
No nos gusta la comida caliente.
No hablo mucho inglés.
Mi madre no vive en México.
Ese televisor no funciona bien.
El no quiere la silla.
¿Tienes cerveza?
Ellos no tienen dinero.
Francisco no tiene trabajo.

29. have
have
has
has
have
has
has
have

30. pot—pan
fork—spoon
stove—oven
portrait—picture frame
rug—mat

31. El está trabajando ahora.
El trabaja hoy día.
El trabajará mañana.

32. Bill y Cecilia se están besando en el carro.
Mi padre no está escuchando al estéreo.
El bebé está llorando y su hermana está gritando.
Los árboles en el jardín están creciendo rápido.
¿Está usando la secretaria la computadora en la oficina?

33. is going
is waiting
is beginning
are painting
are taking
am beginning
are making
is ringing
are studying
is leaving

34. is going
are coming
is taking
is filling
are using
is putting
is cooking
am eating
is eating
is doing
are learning
is preparing
is speaking
is putting

35. is not—isn't
are not—aren't
is not—isn't
is not—isn't
are not—aren't
are not—aren't
is not—isn't
are not—aren't
is not—isn't

36. Is Kathy washing the dishes?
    Are they sitting at the table?
    Is she working on the fourth floor?
    Is the man cleaning the room now?
    Are they walking in the park?
    Are you having lunch outside?
    Is John doing well now?
    Are we watching a video?
    Is he looking for the book?

37. I drive.
    Do they sell?
    Raul writes.
    We aren't working.
    John is eating.
    I am getting up, I am cleaning.

38. Usa tus propias palabras.

39. Ellos se besan cada día.
    El sonríe mucho.
    ¿Puedo ayudarte?
    ¿Tomas cerveza?
    Quiero planear una fiesta.
    Se está vistiendo ahora.
    Es un besito.
    Mira su sonrisa.
    Necesito ayuda.
    Queremos una bebida.
    Miramos el plan.
    Le gusta su vestido.

40. son-in-law—daughter-in-law
    young person—adult
    friend—enemy
    tall—short

41. Portuguese
    Greek
    French
    Italian
    Canadian

42. narrow
    wrong
    quiet
    dry
    brave
    full

43. necesario
    terrible
    sentimental
    magnífico
    intoxicado
    probable
    posible
    fantástico
    profesional
    diligente
    romántico
    cruel
    imaginativo
    intelectual

44. no es profesional
    no es necesario
    no es imaginativo

45. Ella tiene arrugas en la cara.
    Hay mucha sangre en las venas.
    Me duelen las muñecas y los tobillos.
    Señale la cortadura en la mano.
    La quemadura está en la piel.

46. We dance.
    They close.
    You drink.

47. Crea tus propias frases.

48. She'll work.
    You'll speak.
    I'll go.
    They'll walk.

49. He won't see.
    We won't be.
    I won't drive.
    They won't open.
    She won't meet.

50. El estará estudiando.
    Estaré en el trabajo.
    ¿Irá con nosotros?
    Te gustará la película.
    No jugarán.
    Habrá comida.

51. Joe is going to leave.
    We're going to have.
    He's going to work.

52. Tienen varios significados. Consulta el diccionario.

53. No vamos al Ecuador.
    Fred va a correr.
    La Sra. Smith no va a cocinar.
    Bailaremos en el club.
    No manejaremos a tu casa.
    ¿Adónde vas después del trabajo?

54. We are going to eat—We're going to eat
    I am going to leave—I'm going to leave
    They are going to move—They're going to move
    We are going to get up—We're going to get up
    She is going to drive—She's going to drive

55. She isn't going to go.

    They aren't going to sleep.

    Is she going to go?

    Are they going to sleep?

56. furniture store—table
    market—food
    bank—money
    library—book
    gas station—car
    railroad—train
    post office—mail
    jail—criminal

57. la clínica
    la prisión
    el supermercado
    la agencia
    el hotel
    la cafetería
    el mall
    el centro
    el aeropuerto

58. la antena
    el acelerador
    el aire acondicionado
    el exterior
    el radiador
    el instrumento
    el pedal
    la transmisión
    el estéreo
    el interior

59. la compra
    la ganancia
    la factura
    la computadora
    la venta
    la pérdida
    el recibo
    la engrapadora

60. one pound
    one mile
    seven in the morning
    five tenths
    one half
    four feet
    December
    sixty-eight percent
    Thursday
    seventh
    one gallon

61. towel—la toalla
    drill—el taladro
    hammer—el martillo
    nail—el clavo
    shovel—la pala
    rake—el rastrillo
    bucket—el balde

62. degree—el grado
    height—la altura
    weight—el peso
    width—el ancho
    half—la mitad

63. We'll sell.
    I'll buy.
    She'll cut.
    They'll drink.
    I'll mix.
    We'll serve.
    I'll use.
    I'll cook.
    We'll take.
    You'll prepare.

64. butter
    salad
    ice cream
    pepper
    vinegar

65. 2
    2
    2
    1
    2
    1
    1
    2
    2
    1

66. t
    t
    d
    d
    d
    t
    t
    d
    d
    d

67. arrived
    ended
    lived
    stopped
    walked
    needed
    carried

68. sold
    went
    drove
    drank
    had
    was

69. ¿Qué pasó a las doce?
    Pete y yo hicimos el trabajo en el jardín.
    Tuvieron una fiesta fantástica en el hotel.
    Todos fueron al cine.
    El Sr. y la Sra. Thomas compraron el carro inmediatamente.
    Los niños jugaron en el parque el sábado.
    Escribimos mucho en nuestra clase de inglés.
    Mi hermano comió el sandwich y bebió la leche.

70. have, has
    buy
    put
    say
    are
    live

71. She didn't come.
    We didn't eat.
    I didn't buy.
    They didn't drink.

72. irreg.
    reg.
    irreg.
    reg.
    reg.
    irreg.
    irreg.
    irreg.
    reg.
    reg.

73. Did she buy?
    Did George sing?
    Did they cook?
    Did Sally go?

74. When did they sell their home?
    What time did the meeting begin?
    How much did the tickets cost?
    How did he pay for the car?

75. Vi el partido.
    Me gustó el gimnasio.
    ¿Jugaste fútbol?
    ¿Aprendiste cómo pescar?

76. el tambor—drum
    el juguete—toy
    el ajedrez—chess
    la sonrisa—smile
    el columpio—swing
    el rompecabezas—puzzle
    la risa—laughter
    el concierto—concert

77. I was working.
    They were buying.
    We were writing.
    She was singing.
    You were drinking.

78. stayed
    stopped
    painted
    pulled
    pushed
    played

79. Hemos parado.
    No he cocinado.
    ¿Han regresado?

80. has visited
    has studied
    has rained
    have learned

81. jumped
    tried
    has studied
    have looked
    have learned

82. stayed
    have worked
    have played
    have studied

83. have been talking
    have been traveling
    has been raining
    have been looking

84. have been living
    have been trying
    has been dancing
    has been working

85. has not (hasn't) been living
    has not (hasn't) been snowing
    has not (hasn't) been sick
    have not (haven't) returned

86. Has she been living?
    Has it been snowing?
    Has he been sick?
    Have they returned?

87. How long have they been married?
    How long have they been living in that
    house?
    How long has she been studying English?
    How long have they been friends?

88. have been
    have heard
    have bought
    have slept
    have lost
    has gone
    have driven
    have done

89. They had gone.
    She had spoken.
    I had gotten up.
    You had eaten.
    We had studied.

90. had looked
    had left
    had sold
    had gone
    had eaten

91. had visited
    had stolen
    had taken
    had had
    had found

92. knew—known
    got—gotten
    arrived—arrived
    had—had
    made—made
    found—found
    grew—grown
    left—left
    walked—walked
    showed—showed

93. vestido
    amado
    preparado
    separado
    cansado
    preocupado

94. cortado
    congelado
    vendido
    pegado

95. The books are written.
    His room is cleaned.
    The dinner is prepared.
    The house is painted.

96. cannot (can't) be finished
    has not (hasn't) been written
    was not (wasn't) cleaned
    is not (isn't) taught

97. Can this be finished?
    Has the letter been written?
    Was the car cleaned last week?
    Was the class taught by Ms. Bittleman?

98. It's done.
    They're frozen.
    We're closed.
    They're married.
    It was sold.
    It had been lost.

99. dog—bark
    fish—swim
    bird—fly

100. moose
     bear
     deer

101. Los halcones han buscado al conejo.
     El cuervo se había comido toda la comida.
     El tigre ha encontrado la carne.
     El ratón se había llevado el queso.
     El niño ha comprado dos tortugas.
     Las ranas habían visto las moscas.
     Las hormigas han ido a la casa.
     La rata había corrido hacia la cocina.

102. I will leave.
     I left.
     I have left.

103. They come.
     They're coming.
     They will come.
     They came.

104. Bill arrives.
     Bill is arriving.
     Bill has arrived.

105. knew, would

106. had
     owned
     worked
     knew

107. had won
     had called
     had been
     had driven

108. were
     had had
     will
     would have been killed
     had seen

109. peace—war
     hate—love
     truth—lie
     crime—law
     guilty—innocent

110. ¡Claro!
     Cálmate.
     Casi.
     No hay.
     Pienso que sí.
     ¡Qué suerte!
     No sabía.
     Todo.
     ¿De verdad?
     Yo también.

111. Por allá.
     Despiértate.
     Toma asiento.
     Qué bueno.
     Claro que no.
     A la vez.
     ¡Oye!
     Así.
     No sé.
     Al revés.

112. please
     four
     five
     save
     sits

113. después
     debajo
     abajo
     arriba
     sobre
     por
     entre
     hasta
     detrás
     enfrente
     al lado
     cerca
     lejos
     hacia
     al lado
     adentro
     afuera
     adelante
     entre

114. drove
     drive
     is driving

115. cannot
     do not
     will not
     He is
     It is
     We will
     They are
     It will
     She is

116. to look for = buscar
     to stay for good = quedarse permanen-
     temente
     to talk over = conversar, tratar
     to look over = examinar
     to throw away = tirar, botar
     to make believe = fingir

to be mixed up = estar confundido
to learn by heart = memorizar
to blow up = explotar
to be out of order = estar descompuesto

117. pagar las facturas
     buscar trabajo
     celebrar los días de fiesta tradicionales
     seguir una receta
     abrir una cuenta de crédito
     ir al correo
     hacer negocios
     usar la computadora
     conseguir una receta médica

118. do
     does
     does
     do
     do

119. big
     in
     go
     close
     before
     old
     over
     first
     after
     wife
     lose
     open
     up
     boy
     hard
     lose
     man
     happy

120. physical studious
university independent
education dictionary
distance impossible

121. el sofá
la foto
la calle

122. excitement
death
choice
proof
growth
marriage
entrance
beginning